로드니 스타크는 1960년대 이래 무려 반세기가 넘도록 세계 종교사회학계를 이끌어온 거장이다. 특히 그가 주도적으로 창안한 종교경제 패러다임은 수십 년 동안 사회과학계를 지배했던 세속화 패러다임을 일거에 궁지로 몰아넣었다. 그는 이 책에서 '현대' 사회를 대상으로 도출한 이론들을 초기 기독교의 성공적 생존과 확산이라는 '고대의' 현상에 적용하는 야심찬, 그러나 그만큼 위험부담이 따를 수밖에 없는 흥미진진한 시도를 펼쳐 보였다. 주로 동원된 자원은 개종이론, 신종교 이론, 합리적 선택이론과 종교경제론인데, 스타크는 경탄할 만한 냉정함과 신중함, 세련됨으로 신학계와 역사/고고학계의 오랜 난제들을 새롭게 조명하고 나름의 독창적이고 설득력 있는 대답을 제시했다. 이 책이 촉발한 엄청난 반향 속에서, 스타크는 한편으론 신학-역사/고고학-사회학의 경계를 허물면서 다른 한편으론 이들을 이어주는 튼실한 가교를 세웠다. 저자의 원숙한 글 솜씨와 뛰어난 번역이 잘 어우러져, 주제의 만만찮은 무게에도 불구하고 술술 재미있게 읽히는 것도 이 책의 또 다른 장점으로 내세울 만하다.
강인철 한신대학교 종교문화학과 교수

『기독교의 발흥』은 열두 사도로 시작한 예수님 나라 운동이 불과 300년 만에 로마 제국을 집어삼킬 정도의 교세로 성장한 과정에 대한 사회과학적 탐구서다. 독자들은 전적으로 기적처럼 보이는 기독교의 성장 과정 속에 다양한 사회과학적 요인들이 작용했음을 깨닫게 될 것이다. 이 책은 기독교 신앙의 본질을 다시 한번 확인시켜 줄 뿐만 아니라, 침체되어 있는 한국 교회가 어떻게 다시 성장을 도모할 수 있을지에 대한 중요한 힌트를 제공하고 있다.
김구원 개신대학원대학교 구약신학 교수

『기독교의 발흥』은 소위 '예수 운동'이라 불리는 초기 기독교를 새롭게 이해하게 하는 로드니 스타크의 기념비적 저작이다. 갈릴리와 유다에서 시작된 작은 운동이 불과 3세기 만에 로마 제국에서 가장 지배적인 종교가 되었다. 과연 그 이유는 무엇이었을까? 저자가 밝히는 기독교 성장의 열쇠는 초기 교회가 지켜 온 복음을 위한 순교와 사랑, 돌봄과 나눔, 가정과 여성, 아동의 보호와 같은 이른바 기독교의 본질이었다. 교회의 정체성에 대한 혼란을 겪고 있는 오늘, 교회의 본 모습을 알고 되찾기 원하는 이들에게 이 책을 권한다.
김영래 감리교신학대학교 대학원장, 기독교교육학 교수

일반 은총의 관점에서 특별 은총의 총아인 기독교의 교회를 조감해 본다는 것은 신선한 느낌마저 든다. 특히 2천 년 전 초기 기독교의 교회는 오늘날처럼 이교도에게 둘러싸인 교회인 바, 일반 사회과학자의 시선에서 분석한 이 책은 오늘 21세기를 살아가는 우리에게 새로운 착상을 선물하고 있다.
한정국 한국세계선교협의회(KWMA)사무총장, 선교사

로드니 스타크는 1세기의 보잘것없는 종교 운동에 어떻게 그 많은 사람들이 참여했는지를 밝히고자 동시대의 사회과학적 자료를 활용하여 기독교 형성의 역사를 탐색한다. 그 여정 가운데 이 책이 펼치는 주장들은 우리에게 깊은 영감을 준다.
〈퍼블리셔스 위클리〉지

로드니 스타크는 기독교인들이 '낡은' 방식으로 번성했다는 것을 알아냈다. 말하자면 보다 나은, 보다 행복한, 그리고 보다 안전한 생활 방식을 영위했다는 것이다. 스타크는 "종국에는 기독교인들이 로마 제국을 '재활성화'시켰다"고 결론지었다.
케네스 우드워드 〈뉴스위크〉지 편집자

기독교의 발흥

기독교의 발흥

초판 1쇄 발행 | 2016년 6월 27일
초판 6쇄 발행 | 2022년 10월 16일

지은이 | 로드니 스타크
옮긴이 | 손현선
펴낸이 | 신은철
펴낸곳 | 좋은씨앗
출판등록 제4-385호(1999. 12. 21)
주소 | (06753) 서울시 서초구 바우뫼로 156(양재동, 엠제이빌딩) 402호
주문전화 | (02) 2057-3041 주문팩스 | (02) 2057-3042
페이스북 | www.facebook/goodseedbook
이메일 | good-seed21@hanmail.net

ISBN 978-89-5874-261-6 03230

The Rise of Christianity
by Rodney Stark

Copyright ⓒ 1996 by PRINCETON UNIVERSITY PRESS
All rights reserved. No part of this book may be reproduced or transmitted in any form or by any means, electronic or mechanical, including photocopying, recording or by any information storage and retrieval system, without permission in writing from the Publisher.
Korean translation copyright ⓒ 2016 by GoodSeed Publishing Company
Korean translation rights arranged with Princeton University Press, through EYA(Eric Yang Agency)
이 책의 한국어판 저작권은 EYA(Eric Yang Agency)를 통해 Prinston University Press와 독점계약한 〈좋은씨앗〉에 있습니다. 저작권법에 의하여 한국 내에서 보호를 받는 저작물이므로 무단전재 및 복제를 금합니다.

기독교의 발흥

로드니 스타크 지음 | 손현선 옮김

좋은씨앗

차례

***

감수의 글 · 7

들어가며 · 9

1장 개종과 기독교의 성장 · 17

2장 초기 기독교의 계급적 기반 · 53

3장 유대인 선교: 성공의 개연성과 성공 요인 · 81

4장 역병, 네트워크, 개종 · 115

5장 기독교의 성장과 여성의 역할 · 149

6장 도시 제국의 기독교화: 정량적 접근 · 197

7장 도시의 혼돈과 위기: 안디옥의 사례 · 221

8장 순교자: 희생은 합리적 선택이었다 · 243

9장 기회와 조직 · 285

10장 미덕에 관한 소고(小考) · 313

미주 · 323

참고문헌 · 327

찾아보기 · 347

감수의 글

이제껏 복음주의자들은 교회가 직면한 이슈들에 대해 시대를 관통하는 역사적 관점과 성서를 근거로 하는 영적 관점에서 적지 않은 연구 결과물을 내놓았다. 하지만 이를 사회학적 관점에서 고찰하고 통찰을 얻는 일에는 소홀했던 것이 사실이다.

『기독교의 발흥』의 저자 로드니 스타크는 종교적 현상에 대한 예리한 분석으로 정평이 나 있다. 그는 사회학자로서 오랫동안 필립 젠킨슨과 함께 21세기 기독교가 직면한 여러 이슈들에 대해 명쾌한 분석과 더불어 대안이 될 만한 길을 제시해 왔다.

스타크가 제시하는 사회학적 고찰에 따른 결과물은, 오늘날의 교회는 물론, 21세기의 다변화하는 선교 환경 속에서 어떻게 하면 하나님의 복음이 핍박과 저항이 거센 이슬람과 힌두권에서 뿌리를 내리고 변혁적인 돌파를 이룰 수 있을지 고민하는 우리에게 신선하게 다가온다.

스타크는 2천 년 전에 시작된 미약했던 예수 운동이 300년 만에 어떻게 그 거대한 로마제국을 복음화할 수 있었는지에 대해 초자연적인 설명을 잠시 내려놓고 사회 문화적 맥락에서 분석, 진단하고 있다. 초기 기독교의 예수 운동이 그토록 오랜 기간(기원후 40-350년) 엄청난 박해와 핍박에도 불구하고 지속적으로 성장할 수 있었던 요인은 무엇일까?

저자가 사회학적 이론과 모델 등을 동원하여 다층적으로 분석한 초기 기독교와 그로부터 도출된 사회학적 통찰은 오늘 새로운 부흥을 꿈꾸는 한국교회에 반드시 필요한 지침이 된다고 믿는다. 지금은 영적 추수가 필요한 때이며, 이러한 때에 초기 교회가 로마 제국을 복음화할 수 있었던 요인을 살펴보는 것은 즐겁고도 기대감이 넘치는 여정이 될 것이다. 이 글을 감수하면서 나름 즐거움이 있었을 뿐 아니라 교회와 복음을 향한 간절한 기도가 솟아올랐다.

21세기는 주님이 허락하실 새로운 영적 추수가 있는 때이기에, 2천년전 초대 교회로 돌아가서 하나님이 어떻게 모든 것 가운데 개입하시고 일하셨는지를 보는 것은 우리에게 큰 축복이 아닐 수 없다.

이현수 선교사, 프론티어스코리아 대표

들어가며

나는 늘 역사광이었지만 사회학자라는 직업으로 살면서 내가 직접 사료(史料)를 가지고 작업하리라는 생각은 한번도 해본 적이 없었다. 내가 사회학자라는 것에 만족했고 일정 범위 안의 주제들에 관해 보다 엄격한 이론을 생성하고 검증하는 데 시간을 쓰는 게 좋았다. 물론 그 주제들이 대부분 종교 사회학에 관한 것이었지만 말이다. 그러다가 1984년에 웨인 믹스의 『최초의 도시 기독교인』을 읽게 되었다. '히스토리 북 클럽'에서 충동구매한 것이었는데, 썩 마음에 들었다. 이 주제에 관해 여러 새로운 사실을 알게 된 점도 좋았지만, 믹스가 사회과학을 활용하려고 노력한 점에 강렬한 인상을 받았다.

몇 개월 후 또 다시 운이 따랐다. 우연히 종교학 서적 카탈로그를 손에 넣게 되었는데, 카탈로그에는 믹스의 책뿐 아니라 초기 교회사(史)에 관한 여러 신간 제목들이 실려 있었다. 그날 내가 주문한 책은 이 세 권이다. 램지 맥멀른의 『로마 제국의 기독교화』, 로버트 윌켄의 『로마인의 눈에 비친 기독교인』, 하워드 클라크 키의 『초기 기독교 세계의 기적』이었다. 초기 기독교 시대에 관해 이보다 더 좋은 책을 골라내기는 어려울 것이다. 믹스와 마찬가지로 이 저자들을 통해 나는 이 분야에 절실히 요구되는 것은, 보다 시대에 걸맞고 엄격한 유형의 사회과학이라는 확신을 가지게 되었다.

1년 후 나는 〈초기 기독교의 계급적 토대-사회학적 모형을 통한 추론〉이라는 제목의 논문 한 편을 기고하면서 학술지 편집자에게 나의 주목적은 내가 "그레코-로만 리그에서 뛸 만한 실력이 되는지" 알아보기 위함이라고 귀띔했다. 신약 역사학자 몇 명이 그 에세이에 대해 상당히 호의적인 반응을 보여 왔다. 그러고는 세계성서학회(SBL)의 '초기 기독교 사회사(史) 분과'의 1986년 연례회의를 위한 주제 논문을 한 편 써 달라고 내게 부탁했다. 나는 정말 기뻤다. 그 때 쓴 논문에서 나는 유대인에 대한 포교가 신약성서와 초기 교회 교부들이 주장하는 것보다 훨씬 성공적이었고 오래 지속되었다는 나의 이단아적 견해를 피력했다. 존 엘리엇, 로널드 호크, 캐롤린 오시크, 마이클 화이트가 그 에세이에 대해 공식 대응을 한 후, 나는 패널 토론자들과 대규모 청중석에 앉은 많은 사람들 앞에서 오랫동안 질의응답 시간을 가졌다. 보통 질의응답

시간에는 썰물처럼 다 빠져버리는 사회과학 회의에 길들여져 있던 나로서는 그 때 일어난 지적 담화는 퍽 의외의 사건이었다. 그것은 내 평생 학술 모임에서 보낸 가장 보람 있는 세 시간이었다. 아울러 "내가 초기 교회 연구에 뭐라도 보탬이 될 만한 게 있을까" 하는 나의 의문에 대한 답을 얻은 시간이기도 했다.

나는 신약학자가 아니며 결코 그렇게 될 일도 없을 것이다. 최근에 미국 종교사(핑카와 스타크 1992)에 뛰어들기도 했지만 그래도 나는 역사가가 아니다. 나는 사료를 가지고 작업하며 이 저서를 준비하는 과정에서 비록 영어책이 대부분이었지만 관련 문헌을 섭렵하려고 최선을 다했던 사회학자다. 내가 주로 초기 교회 연구에 기여하고자 하는 부분은 더 나은 사회과학, 그러니까 더 나은 이론과 엄격한 분석 방법을 통해서다. 가능하고 적합한 영역이 있다면 최대한 수량화를 하는 것도 포함된다. 그러므로 이 책에서 나는 역사학자들과 성서학자들에게 진짜 사회과학을 소개하려는 시도를 할 것이다. 여기에는 제대로 된 합리적 선택론, 기업이론, 개종에 있어 사회적 네트워크와 대인적 애착관계의 역할, 역동적 인구 모형, 사회 역학론, 종교 경제 모형 등이 포함된다. 역으로 나는 사회학자들과는 근대에 이루어진 고대 연구의 방대한 학문적 보고를 공유하고자 한다.

이 분야에 관한 정규 교육이 일천한 나에게 조언을 해 주고 특히 혼자서는 찾지 못했을 문헌들을 안내해 준 많은 학자들에게 빚진 바가 크다. 특별히 나와 한동안 공동작업을 했던 산타클라라 대학의 로렌스 얀나코네에게 많은 유익한 논평과 8장과 9장의 기저를 이루는 근본적 통찰의 많은 부분을 빚졌다. 또한 오벌린 대학의 L. 마이클 화이트와 나의 동료인 워싱턴 대학의 마이클 A. 윌리엄스는 내게 문헌을 다루는 데 꼭 필요한 도움을 주었고 이 주제를 계속 파고들라고 격려해 주었다. 세인트 마이클 대학의 윌리엄 R. 개럿에게 초반의 격려와 소중한 제안을 해 준 것에 감사를 표한다. 텍사스 크리스천 대학 브라이트 신학교의 데이빗 L. 발취는 〈마태 공동체의 사회사에 관한 국제 대회〉에 참여할 수 있도록 나를 초청해 주었고 이제는 본 책의 7장이 된 논문을 쓰도록 나를 설득했다. 브라운 대학의 스탠리 K. 스토워스는 그 대학에서 수차례 강의하도록 나를 초청하는 배려를 해주었고 그 강의 때문에 도시 제국의 기독교화에 관한 나의 연구를 끝마칠 수 있었다. 데이빗 브롬리는 종교사회학협회(ASR)의 회장으로 재직하는 동안 내가 폴랜리펄피 강좌를 하도록 기회를 주었고 그 결과물이 바로 이 책의 5장이다. 반덜빈트 대학의 대런 셔르캇은 가능성의 산술 속으로 파고든 나의 몇몇 시도에 대해 유용한 제안을 해주었다. 마지막으로 콜럼비아대학의 로저 바그날은 몇몇 불필요한 추측에서 나를 건져내 주었다.

많은 고전 책을, 종종 같은 책의 여러 다른 역본들을 찾아내 준 미시건 주 이스트 랜싱의 챌스돈 북스의 벤자민과 린다 드위트에게도 꼭 감사하고 싶다. 번역에 의존해야 하는 상황에서 너무 많은 역본들이 오히려 부담으로 작용했음은 나로서도 상당히 의외였다. 일례로 내 책장 선반에는 유세비우스의 네 가지 다른 역본이 있는데, 내 연구에서 인용한 여러 구절들은 역본마다 매우 큰 차이가 있었다. 어느 역본을 쓸 것인가? 산문 문체를 잣대로 삼자면 G. A. 윌리엄슨의 1965년 역본이 내가 단연코 선호하는 역본이었다. 그러나 이 분야의 정규교육을 받은 동료들은 유세비우스의 산문 문체는 실상 매우 평이하고 어눌했다면서 로로르와 올튼의 역본에 의지해야 한다고 설명해 주었다. 역자가 구절 하나하나의 의미에 충실하려면 원문의 따분함까지 담아내야 한다는 주장은 납득이 안 된다. 여러 비교를 해본 후 다양한 역본이 존재하는 경우 항상 적용할 한 가지 원칙을 세웠다. 그러니까 내가 그 자료에서 인용하려는 논점이 어느 특정 역본 한 군데에만 있지 않다면 그 논점을 가장 선명히 표현한 역본을 사용하기로 했다.

로버트와 도널드슨이 편집한 『니케아 이전 교부들』의 그 유명한 10권짜리 역서를 가지고 작업하는 동안 내가 얼마나 다수의 번역에 빚진 자인지 절감했다. 특히 5장에서 낙태, 산아제한, 성행위 관행에 관해 쓸 때 그랬다. 교부들이 이 문제에 관해 진솔하게 글을 쓸 때마다 로버트와 도널드슨 역본은 헬라어 원문을 영어가 아닌 라틴어로 번역했다. 일례로 『알렉산드리아의 클레멘트』를 읽다보면 라틴 문자로 표기된 뭉텅이와 마주치는 일이 잦았다. 자로슬라브 펠리칸(1987:38)은 이런 식의 라틴어역 관행이 매우 오래된 전통이라는 점을 알려주었다. 그러므로 에

드워드 기번은 그의 『자서전』에서 "나의 영어 텍스트는 순전하다. 모든 음탕한 구절은 배운 사람의 언어에 가려져 있다"고 보고했다(1961:198). 다행히 식자층의 언어에 무지한 우리 같은 사람들을 위해 기번이나 에딘버그 출신의 빅토리아 신사들만큼 감수성이 세련되지 못한 학자들이 번역한 최신 역본들도 존재한다. 종합하자면 이 모든 경험을 통해 상당히 많은 것을 배웠다.

이 책은 출간되는 데 오랜 시간이 걸렸다. 처음부터 나는 각 장의 도입부에 적시해 놓은 대로 책의 여러 장의 초판을 다양한 학술지에 발표하며 분위기를 살폈다. 더군다나 이 책이 동시다발적으로 진행하던 작업들의 중심에 있었던 적은 한번도 없었다. 이 책 2장의 맨 처음 판을 완성했던 1985년 초반, 나는 다른 책을 몇 권 출판했다. (그 가운데 하나는 후에 다섯 차례 개정본을 낸 사회학 입문서였다.) 이렇게 다른 활동을 하는 와중에 나의 각별한 취미 생활인 기독교의 발흥에 관한 재구성을 시도했다. 이 시도를 빌미로 이제는 서재 벽 한 면을 가득 채운 책과 문서를 읽는 것을 합리화할 수 있었다. 그 저자들로부터 얼마나 많은 기쁨을 얻었는지 적절히 표현할 방법을 찾지 못하겠다. 고대를 연구하는 학자들은 평균적으로 학문의 세계에서 가장 신중한 연구자들이며 가장 우아한 저술가들이라고 나는 믿게 되었다. 슬프게도 이것으로 나의 취미생활은 일단락되었고 그들의 세계로 떠났던 여정도 끝에 다다랐다.

삽화

콘스탄티누스 황제의 흉상 · 16
기독교인 어머니와 두 자녀의 초상화 · 54
디투스 개선문에 새겨진 저부조 · 80
로마의 의료 기구 · 114
여성의 두상 · 148
제국의 지도 · 196
그라피티 · 220
순교자 · 244
이시스 여신상 · 284
"엄지를 내리라" · 314

〈콘스탄티누스 황제의 흉상〉 콘스탄티누스 황제의 '밀라노 칙령'은 기독교의 승리를 가져온 원인이 아니라 기독교가 급속도로 성장하며 주요 정치세력으로 부상한 현실에 대한 기민한 '대응'이었다.

1
개종과 기독교의 성장

결국 기독교의 발흥에 관한 모든 물음은 하나로 수렴된다. 어떻게 그런 일이 일어났을까? 어떻게 로마 제국 변방에서 시작된 미약하고 이름 없는 메시아 운동이 고전시대의 이방 종교를 밀어내고 서구 문명의 지배적 신앙으로 자리매김했을까? 하나의 물음이지만 답은 여러 갈래로 도출되어야 한다. 단 하나의 요소가 기독교의 승리를 이끌어낸 것은 아니기 때문이다.

*이 책에 나오는 'conversion'은 '회심'뿐 아니라 '개종'이라는 단어로도 번역되며, 종교 서적에선 주로 '회심'이 선호되는 편이다. 종교사회학과 종교심리학 쪽의 다수의견은 "종교 소속을 바꾸지 않은 채" 신앙심의 큰 변화를 겪을 경우를 회심으로, 신앙심의 변화뿐 아니라 "종교 소속까지 바꾸는" 경우를 개종으로 보고 있다. 스타크가 이 책에서 줄곧 기독교를 신앙심뿐 아니라 종교적 소속의 변화까지 요구하는 '새로운 종교'로 다루고 있으므로, 회심이 아닌 개종이 더 적절한 번역이라 판단해 '개종'으로 일괄 표기했다.

나는 후속 장에서 기독교의 발흥이 왜 일어났는가를 설명하기 위해 그 과정을 재구성하려는 시도를 할 것이다. 그러나 본 장에서는 이제까지보다는 더 정확한 방식으로 질문을 상정하려고 할 것이다. 첫째, 기독교의 발흥이라는 위업을 보다 분명히 파악하기 위해 성장의 산술(算術)을 탐구할 것이다. 기독교 운동이 역사가 허락한 이정표대로 확장하기 위해 요구되는 최소한의 성장률은 어느 정도일까? 기독교가 이토록 급성장하기 위해서는 반드시 대규모의 집단 개종(conversion)이 있어야만 했을까? 사도행전이 입증하고 유세비우스부터 램지 맥멀른까지 모든 역사학자들이 믿는 바는 대규모의 집단 개종이 일어났다는 것이다. 나는 먼저 기독교의 발흥을 보여주는 개연성 있는 성장곡선을 정립한 후 사람들이 새로운 종교로 개종하는 프로세스에 관한 사회학적 지식을 검토할 것이다. 검토 목적은 기독교인과 주변 그레코-로만 사회의 사회적 관계에 대한 일정한 요구조건을 유추하기 위함이다. 그리고 실제로 무슨 일이 일어났는지에 관한 적실한 정보가 부재한 상태에서 역사를 재구성하기 위해 사회과학 이론들을 사용하는 것의 타당성을 논하며 본 장을 맺을 것이다.

이 책은 역사와 사회과학 두 가지 모두를 다루고 있다. 그러므로 나는 비전문가인 청중을 위해 이 책을 썼다. 이 작업 방식은 초기 교회를 연구하는 역사학자들에게는 사회과학에 온전한 접근성을 허용하고, 사회과학자들에게는 생소한 역사나 텍스트 문헌 속에서 헤매지 않도록 하는 효과가 있을 것이다.

시작하기 전에 "기독교의 발흥을 설명하려는 시도가 다소 신성 모독적이지 않은가?"에 관한 나름의 해명을 하는 게 적절할 듯하다. 예컨대 내가 기독교의 발흥이 우월한 출산력과 풍부한 여성 잉여인구로 족외혼 비율이 높아졌기 때문이라고 설명한다면, 거룩한 위업을 세속적인 원인으로 환원하는 것은 아닐까? 나는 아니라고 생각한다. 신성(神性)에 관해 무엇을 믿든 믿지 않든, 이 세상이 아직까지 기독교화하지 않은 것을 보면 하나님은 세상을 자연스레 기독교화 하도록 만들지 않으신 것이 자명하다. 도리어 신약성서는 신앙을 전파하기 위한 인간의 노력을 회술한다. 인간의 언어로 인간의 행동을 이해하려는 탐색에는 어떤 신성모독적 요소도 개입되지 않는다. 더욱이 나는 기독교의 발흥을 순전히 '물질적인' 또는 사회적인 요인으로만 환원시키지 않는다. 교리가 성공의 관건이다. 기독교 성공의 핵심 요소는 '교인들이 무엇을 믿었는가?'였다.

성장의 산술

기독교의 발흥에 관한 연구를 보면 하나같이 그 운동의 빠른 성장세를 강조하지만 어떤 수치가 제시되는 일은 드물다. 최근에 피에르 슈뱅은 "고대사(史) 전반이 정량(定量) 평가를 거부하는 영역으로 남아 있다"고 했다(1990:12). 어쩌면 이것은 역사학자 전반이 공유하는 태도인

지도 모르겠다. 우리가 로마의 '소실된' 인구조사 데이터를 발견하거나 로마 제국의 각 시기별 종교 구성에 관한 권위 있는 통계를 입수할 일은 아마 없을 것이라는 점을 인정해야 한다. 그럼에도 불구하고 우리는 정량화를 시도해야만 한다. 적어도 가능성 있는 산술을 탐색하는 차원에서라도 정량화해야 한다. 그래야만 향후 설명할 현상의 광대함을 파악할 수 있을 것이다. 가령 기독교가 주어진 기간 안에 성공 궤도에 진입하기 위해서는 현대의 경험을 기준으로 볼 때 믿기 어려울 정도의 속도로 성장해야 했을까? 만일 그랬다면 우리는 개종에 관한 새로운 사회과학적 명제를 정립해야 한다. 그러나 그런 일이 일어나지 않았다면 이미 충분히 검증된 명제를 끌어다 쓸 수 있다. 우리에게 필요한 것은 초기 기독교의 개연성 있는 성장률을 추론할 기준점이 될 만한, 최소한 두 개의 설득력 있는 숫자다. 여기서 도출한 성장률을 이용하여 여러 시기별로 기독교인 수를 투사(投射)한다면 그 다음에는 이런 투사치에 견주어 다양한 역사적 결론과 추정을 검증해 볼 수 있을 것이다.

시발점이 되는 수치로 사도행전 1:14-15에서 십자가 사건이 있고 수개월 후에 120명의 기독교인이 있었다고 한 것을 꼽을 수 있다. 그 후 사도행전 4:4에서는 총 5천 명의 신도가 있었다고 주장한다. 그리고 사도행전 21:20에 따르면, 1세기의 60년대에 이르러 신자가 된 "수천 명의 유대인"이 예루살렘에 있었다고 한다. 이런 것은 통계치는 아니다. 당시 예루살렘 거민 수는 2만 명에 불과했고, J. C. 러셀(1958)의 추정을 따르자면 1만 명 미만이었을 수도 있다. 그러니까 예루살렘에 그렇게 많은 개종자가 있었다면 예루살렘이 최초의 기독교 도시가 되었을 것이다. 한스 콘젤만이 지적했듯이, 이런 수치들은 "바로 여기에 주님이 직접 역사하셨다는 경이로운 인상을 부각시키려는 의도"일 뿐이었다(1973:63). 실제로 로버트 M. 그랜트는 "고대의 수치는 … 수사학적 표현의 일환이었음을 늘 명심해야 한다"(1977:7-8)면서 진짜 문자적으로 받아들여서는 안 된다고 했다. 이것은 비단 고대사회에만 국한된 일은 아니다. 1984년 토론토의 모 잡지는 토론토시에 1만 명의 하레 크리슈나 신도들이 있다고 주장했다. 그러나 어빙 헥샘, 레이몬드 F. 커리, 조앤 B. 타운센드(1985)가 확인해 본 결과 정확한 신도 수는 총 80명이었다.

오리겐은 "처음에는 기독교인이 소수였음을 인정하자"(『켈수스를 반박함』 3.10, 2989 편)고 했는데, 과연 몇 명을 두고 소수라 했을까? 여기서는 보수적으로 접근하는 게 더 현명할 듯하다. 그러므로 나는 40년대에는 1천 명의 기독교인이 있었다고 가정할 것이다. 그리고 본 장 뒷부분의 몇몇 지점에서 이 가정에 단서를 달 것이다.

이제 종착점이 되는 수치다. 오리겐은 3세기 중반까지도 기독교인은 인구의 "단지 작은 일부분"을 구성한다고 인정했다. 그러나 겨우 60년이 지난 후에는 기독교인이 어찌나 수가 많아졌던지 콘스탄티누스가 교회를 포용했을 때 따라올 유리한 면에 눈을 뜰 정도가 되었다. 그래서 많은 학자들은 성장의 측면에서 3세기 후반에 무언가 정말 경이로운 일이 일어났다고 생각하게 되었다(게이저 1975 참조). 이 점을 보면 왜 문헌에 나타나는 그나마 얼마 안 되는 수치의 대부분이 300년경의 신도수인지 헤아릴 수 있다.

에드워드 기번은 아마도 최초로 기독교 인구를 추정하려고 시도했던 사람일 것이다. 그는 콘스탄티누스 개종 당시의 기독교 인구를 "제국 백성의 20분의 1"을 넘지 않는 수준으로 잡았다([1776-1788] 1960:187). 후대의 저술가들은 기번의 수치가 지나치게 낮다고 거부했다. 구디너프(1931)는 콘스탄티누스 시대에는 기독교인이 제국 인구의 10퍼센트에 달했을 것이라고 추정한다. 이것이 의미하는 바는 당시 총인구가 가장 널리 받아들여지는 추정치인 6천만 명이라고 본다면(보우크 1955a, 러셀 1958, 맥멀른 1984, 윌켄 1984) 4세기 초입에는 600만 명의 기독교 인구가 있었다는 것이다. 폰 헤르틀링(1934)은 300년경 기독교 인구의 최대 추정치는 1,500만 명이라고 본다. 그랜트(1978)는 1,500만 명은 지나치게 높다고 거부하고 폰 헤르틀링의 최소 추정치인 750만 명도 높다고 거부했다. 맥멀른(1984)은 300년도의 기독교인 수를 500만 명으로 잡았다. 다행히 우리는 이보다 더한 정밀성은 필요치 않다. 300년도의 실제 기독교인 수가 500-750만 명 범위 내에 있다고 전제한다면 260년간 특정 범위에 도달하기 위해 필요한 성장률을 탐색할 만한 적정한 토대가 마련된 것이다.

우리의 출발 수치를 기준으로 할 때 기독교가 매10년당 40퍼센트의

표 1.1

10년당 40퍼센트로 투사한 기독교 인구 성장

연도	기독교인 수	인구 가운데 비율(퍼센트)[a]
40	1,000	0.0017
50	1,400	0.0023
100	7,530	0.0126
150	40,496	0.07
200	217,795	0.36
250	1,171,356	1.9
300	6,299,832	10.5
350	33,882,008	56.5

[a] 전체 인구 추정치 6천만 명을 기준으로 함.

속도로 성장했다면 100년도에는 7,530명의 기독교인이 존재했을 것이며 200년도에는 21만 7,795명의 기독교인이, 300년도에는 629만 9,832명의 기독교인이 있었을 것이다. 성장률을 10년당 30퍼센트로 하향조정하면 300년도에는 91만 7,334명의 기독교인밖에 없었을 것이며, 이 수치는 그 누구라도 받아들일 수 없을 정도로 지나치게 낮다. 다른 한편, 성장률을 10년당 50퍼센트로 상향조정한다면 300년도에는 3,787만 6,752명의 기독교인이 있었을 것이고, 이것은 헤르틀링의 최대 추정치의 두 배가 넘는다. 그러므로 10년당 40퍼센트(또는 연 3.42퍼센트)가 초기 수 세기간 기독교의 실질성장률에 대한 추정치로 가장 그럴 듯해 보인다.

이것은 매우 고무적인 발견이다. 왜냐하면 지난 1세기 동안 몰몬교가 보여준 10년당 43퍼센트라는 평균 성장률의 초근사치이기 때문이다(스타크 1984, 1994). 그러므로 우리는 기독교가 달성해야 했던 수적 목표가 (몰몬교의 성장에서 볼 수 있듯) 근대의 경험과 전적으로 일치하며 굳이 이례적인 설명을 찾아 나서지 않아도 된다는 것을 알 수 있다. 오히려 우리 시대의 사회과학을 통해 이해할 수 있듯, 역사 속에서 정상적인 개종 프로세스가 일어날 시간은 충분했다는 것이다.

그러나 개종이라는 화두를 다루기 전에 잠시 멈춰, 기독교의 성장이 3세기 후반에 들어와서 급격히 가속화되었다는 보편적인 인상에 관해 생각해 보는 게 좋겠다. 성장의 '속도'에서 보면 아마도 그런 가속화는 일어나지 않은 듯하다. 그러나 지수 곡선(指數曲線)이 보여주는 다소 이례적인 특성 때문에 이 시기는 아마도 '절대 숫자'라는 측면에서 보면 '기적적으로 보이는' 성장기였던 것 같다. 이 모든 것은 표 1.1에 분명히 드러난다.

1세기에는 고통스러우리만치 서서히 진전이 일어났던 것으로 보인다. 100년도에 이르면 총 기독교인의 투사치는 고작 7,530명이다. 2세기 중반에는 더 큰 폭으로 증가했지만 기독교인의 투사치는 여전히 4만 명을 약간 넘는 정도다. 이 투사치는 로버트 L. 윌켄이 이 시기를 추정한 "5만 명 미만의 기독교인"에 매우 가까운 수치이며 "인구 6천만 명에 육박하는 사회에서 극미한 수"에 불과하다(1984:31). 실제로 L. 마이클 화이트(1990:110)에 의하면 로마의 기독교인들은 그 당시까지 여전히 개인 가정에서 모임을 가졌다. 그 후 3세기 초엽에 기독교인 인구 투사 규모는 소폭 반등하여 250년도에는 인구 대비 1.9퍼센트로 추정되는 수준에 이르렀다. 이 추정치는 한 걸출한 역사학자가 그 시대에 대해 가지고 있는 '감'(感)과도 통한다. 로빈 레인 폭스는 기독교로의 개종 프로세스를 논하면서 "기독교인의 총수를 보다 큰 틀에서 조망해야"한다고 권고한다. 그는 "기독교 신앙은 지중해 지역에서 단연코 가장 빨리 성장하는 종교였지만 그들의 총 교인 수는 절대치로는 여전히 미미한 수준이었으며 아마도 (짐작해 보건대) 250년에는 제국 전체 인구의 2퍼센트에 불과했을 것"(1980:317)이라고 했다. 그러나 우리의 시선을 무엇보다 사로잡는 것은 역사학자들이 보고하는 바와 같이[1] 어떻게 (전체 인구 대비 기독교인의 퍼센트 비율뿐 아니라) 기독교 인구의 절대치가 250년과 300년 사이에 갑자기 수직 상승했는가 하는 점이다. 이 점은 두라-유로포스가 행한 최근의 고고학적 발굴에 의해서도 뒷받침된다. 출토된 한 기독교 건물은 3세기 중반의 가정 교회로서 "종교 기능을 전담하도록 용도를 변경"하는 대대적인 리모델링을 거친 후 "모든 가사 활동이 중단되었다"는 것을 보여준다(화이트 1990:120). 집수리 과정은 주로 파티션 벽을 철거하여 회합 장소용 홀을 확장하는 식으로 진행되었다. 이것이 시사하는 바는 더 많은 예배자를 수용할 필요가 대두되었다는 것이다. 이것은 내가 시도한 기독교 성장의 재구성 작업에서 오랫동안 3세기 후반에 일어났다고 간주되던 "급작스러운 대약진"을 실제로 보여주는 대목이다. 더불어 이것은 내가 재구성한 수치에 설득력을 더해 준다.

이런 투사치는 그레이든 F. 스나이더가(1985) 첫 3세기에 걸친 기독교의 모든 알려진 고고학적 증거를 검토한 결과와도 극히 높은 일치도를 보여준다. 스나이더의 판단에 의하면 180년 이전에는 기독교의 고고학적 증거는 전혀 존재하지 않는다. 그는 이 사실이 나타내는 바는 180년 이전에는 "장례 예술, 새김 문자, 문자, 상징, 그리고 아마도 건물"에서 기독교와 비기독교적 문화를 분간하는 게 불가능했기 때문이며 [그 이유는] "새로운 신앙 공동체가 차별화된 자기표현 양식을 개발하는 데 1세기가 넘게 걸렸기 때문"이라고 해석한다(스나이더 1985:2). 그럴 수도 있지만 잔존하는 기독교인의 고고학적 증거는 애당초 얼마나 많은 양이 존재했는가에 비례한다는 점을 지적해야겠다. 현존하는 180년 이전 시기의 유물이 부재하거나 빈한하다는 것은 족적을 남길 만한 기독교인의 수가 미미했음을 기준으로 평가되어야만 한다. 1세기 말 7,535명의 기독교인이 어떤 자취도 남기지 않았다는 것은 경이로운 일이 아니다. 내가 전체 기독교 인구가 최초로 10만 명 선을 돌파했다고 추산하는 180년에는 마침내 기독교인의 흔적이 세월을 극복하고 남을 만큼 수적으로 충분했다고 볼 수 있다. 그러므로 스나이더의 발견은 초기 2세기의 기독교 인구를 매우 미미한 수준으로 보는 나의 추정과 상당히 일치한다.

이런 투사치에 대한 추가 검증을 하자면, 로버트 M. 그랜트는 2세기 말 로마에는 7천 명의 기독교인이 있었다고 산정한다(1977:6). 200년도의 로마 인구를 70만 명으로 잡은 그랜트의 추정치를 우리가 받아들인다면 로마 인구의 1퍼센트가 개종한 셈이다. 200년 당시 제국의 전체 인구를 6천만으로 잡는다면 그 해의 투사치를 기준으로 할 때 기독교인은 제국 인구의 0.36퍼센트를 구성한다. 기독교인의 비중은 전체 제국보다는 로마에서 더 높았을 것이므로 수치들이 완전히 설득력 있게 맞아떨어진다. 먼저 역사학자들은 로마의 교회는 예외적으로 강고했다는 전제를 가지고 있다. 익히 알려진 대로 로마 교회는 타지의 기독교인들에게 부조를 보냈다. 170년경 고린도의 디오니시우스는 로마 교회에 이렇게 편지했다. "처음부터 당신들은 모든 기독교인들에게 한결 같은 친절을 베풀었고 각 도시의 여러 교회들에 헌금을 보냈습니다. 그렇게 때로는 궁핍함의 고통을 덜어주었고 수렁에 있는 당신들의 형제의 필요를 공급해 주었습니다"(유세비우스,『교회사』4.23.6, 1965 편). 둘째, 200년이 되면 로마시 인구에서 기독교인이 차지하는 비중은 제국 전체에서 차지하는 비중보다 월등히 컸다. 로마 서편 지역에서는 기독교가 아직 큰 진전을 보이기 전이었기 때문이다. 6장에서 살펴보겠지만, 200년도가 되면 제국의 최대 도시 22곳 가운데 아직 기독교 교회가 없는 도시는 4곳이었던 것으로 보인다. 나는 제국 전반의 기독교인 수를 추정했지만 기독교의 성장이 동방(소아시아, 이집트, 북아프리카)에 집중되었다는 것 또한 충분히 인식하고 있다. 더군다나 인구 가운데 기독교인이 차지하는 비중이 당시 농촌 지역보다 도시에서 훨씬 높았다는 데에 역사학자들(하르낙 1908, 보우크 1955a, 믹스 1983)은 일반적으로 의견을 같이한다. 그래서 '시골사람'을 뜻하는 '파가누스'(paganus)라는 단어가 비(非)기독교인(이교도-pagan)을 지칭하게 된 것이다. 여하튼 여기서도 독립적인 출처에 근거한 추정치와 투사치가 근접하게 일치하고 있다.

이제 기독교 성장의 미래 속으로 조금만 더 깊이 들어가보자. 만약 4세기 전반 동안 성장이 10년당 40퍼센트로 계속되었다면 350년에는 3,388만 2,008명의 기독교인이 있었을 것이다. 350년에는 인구가 최소한 6천만 명은 되는 제국에서 기독교인의 수는 3,300만 명은 되었을 개연성이 크다. 이미 당대의 기독교 저술가들은 기독교가 다수파라는 주장을 펼치고 있다(하르낙 1908:2:29). 기독교 다수파의 등장을 순전히 지속적인 성장률의 작용으로 보는 것은, 유세비우스나 다른 이들이 콘스탄티누스의 개종에 따른 영향을 강조하는 것에 심각한 반론을 제기하는 것이다(그랜트 1977). 10년당 40퍼센트의 성장률을 지속가능하게 했던 조건들에 변화가 없었다면 콘스탄티누스의 개종은 대대적이고 폭발적인 도약의 물결을 일으킨 원인이 아니라 이에 대한 대응으로 보는 게 바람직할 것이다.

이런 해석은 셜리 잭슨 케이스가 계발하여 미국교회사학회(ASCH)의 1925년 학술대회에서 발표한 학설과 전적으로 일치한다. 케이스는

303년에 디오클레티아누스 황제가 시작하고 305년에 후임 갈레리우스에 의해 지속된 기독교인에 대한 박해가 기독교인들이 국가를 지지하도록 강제하는 데 실패했음을 지적했다. 실패의 원인은 "300년대에는 이미 정부 측 박해가 성공하기에는 기독교가 로마 사회에서 너무 널리 수용된 상태였다"(1928:59). 그 결과 케이스에 의하면 311년 갈레리우스 황제는 작전을 바꿔 기독교인이 로마의 신에 기도하지 않아도 되는 면제권을 주며 다만 "우리의 안전과 국가의 안전을 위해 그들 자신의 신"에게 기도할 것을 기독교인에게 당부했다(케이스 1928:61). 그러므로 2년 후에 반포된 콘스탄티누스의 관용 칙령은 이 국가 시책의 연장선상 위에 있었을 따름이다. 케이스는 콘스탄티누스 칙령을 평가하며 기독교인의 수적 성장이 이 시책에 미친 효과를 강조했다.

칙령 문서를 보면 콘스탄티누스가 기독교에 호의를 보인 진짜 이유를 어렵지 않게 간파할 수 있다. 첫째, 자신의 통치에 대한 초자연적 지지를 구하는 전형적인 황제의 태도다. 둘째, 인구 가운데 기독교인이 너무 큰 비중을 차지한다는 사실을 받아들이는 것이다. 콘스탄티누스와 리시니우스는 기독교를 여전히 반대하는 그들의 정적들과 정쟁을 벌일 때 기독교인의 지지를 받는 것이 매우 가치 있음을 알았다. 그래서 황제들은 기독교의 신인 하나님의 초자연적인 능력이 국가의 다른 신들과 동등한 수준이라고 평가하기를 주저하지 않았던 것이다(1928:62).

표 1.1이 보여주는 기독교인 숫자의 투사치가 독립적으로 산출된 몇몇 추정치와 매우 잘 맞아떨어질 뿐 아니라 3세기 후반에 기독교 인구가 급증했다는 등의 주요 역사 인식, 그리고 지난 1세기 동안 몰몬교가 달성한 성장의 기록과도 이렇게 잘 맞아떨어지는 것은 고무적인 일이다. 그러나 이 수치들은 추정치일 뿐 기록된 사실이 아님을 명심해야 한다. 썩 그럴 듯해 보이지만 실제로는 훨씬 굴곡진 것이었을 거라고 누군가가 지적해도 나는 전적으로 편안하게 받아들일 것이다. 아마도 가장 초창기에는 성장이 다소 더 빨랐을 것이며 내가 40년도의 출발 수치로서 기독교인을 1천 명으로 잡은 건 약간 낮은 수준일 것이다. 그러나 초창기에는 주기적인 소실(loss)이 있었을 가능성도 꽤 된다. 아직 소규모에 불과한 무리에게 이런 소실은 지대한 타격을 입혔을 것이다. 예컨대 야고보의 처형과 그에 잇따른 예루살렘의 파괴 이후에 팔레스타인의 기독교 공동체는 거의 말살된 것처럼 보인다(프렌드 1965, 1984). "엄청난 다수"(『연대기』 15.44, 1989 편)가 약 65년도에 네로에 의해 살육되었다는 타키투스의 주장은 많이 과장된 것이지만 (8장 참조) 수백 명의 기독교인이 죽음을 당했다 해도 그 일은 매우 심각한 퇴보로 다가왔을 것이다.

나는 성장곡선의 굴곡을 상쇄하기 위해 매우 보수적인 숫자를 출발점으로 잡았다. 아울러 이런 수치를 도출하는 목적은 '사실'을 발견하기 위함이 아니라 이 주제에 필요한 규범(discipline)을 정립하기 위함이었다. 즉, 단순한 산술에 의존함으로써 기독교의 발흥이 기적적인 개종률이 요구되는 것은 아님을 적절하게 예증했다고 믿는다.

내가 초기 기독교 성장의 산술에 대한 이 탐구를 완성한 지 수년 후, 그러니까 이 책이 거의 완성될 시점에, 나의 동료 마이클 윌리엄스가 로저 S. 바그날이 이집트에서의 기독교 성장에 관한 탁월한 재구성 작업을 했다는 사실에 대해 일러주었다(1982, 1987). 바그날은 이집트의 파피루스를 조사하여 여러 시기별로 전체 인구 중에서 기독교식 이름을 가진 사람의 비율을 규명했다. 그리고 이것을 가지고 이집트의 기독교화 곡선을 재구성했다. 이것은 비록 한 분야에서 도출된 것이라도 나의 투사치를 비교하여 검증할 수 있는 진짜 데이터이다. 바그날의 데이터 시점 가운데 두 개는 나의 투사치가 끝나고 한참 후이다. 그러나 나의 시간대와 겹치는 6개 년도를 비교해 보니 표 1.2에 드러나듯이 경이롭다고밖에 할 수 없는 수준의 일치도를 보여준다.

239년도에는 기독교인이 없었다는 바그날의 발견은 무시해도 좋다. 분명 그 당시 이집트에는 기독교인이 있었겠지만 아직 매우 적은 숫자였기 때문에 바그날의 데이터에는 포착되지 않았을 것이다. 이것은 당연한 일이다. 그러나 그 이후 두 지역의 추정치가 서로 대응을 이루는 사실은 충격적이며 두 곡선 간 0.86이라는 상관도(相關度)는 가히 기적에 가깝다고 할 만하다. 이렇게 이질적인 수단과 자료를 통해 도달한 두 추정치가 경이로울 정도로 잘 맞아떨어진다는 것은 양자에 대한 강력

표 1.2

기독교화에 관한 두 추정 비교(투사치)

연도	그레코-로만 사회에서 기독교인이 차지하는 비율	이집트에서 기독교인이 차지하는 비율[a]
239	1.4	0
274	4.2	2.4
278	5.0	10.5
280	5.4	13.5
313	16.2	18.0
315	17.4	18.0
		r = 0.86

[a] 바그날 1982, 1987.

한 확증이라고 여겨진다.

비록 350년까지의 투사치는 매우 개연성이 있어 보이지만 결국 기독교의 성장률은 4세기 중 어느 시점에서 급격히 둔화되었을 것이다. 그 원인은 별다른 것이 아니라 그저 제국에 더 이상 전도할 사람이 남아 있지 않아서일 수 있다. 4세기 내내 40퍼센트의 성장률이 지속되었다면 400년도에는 1억 8,222만 5,584명의 기독교인이 있었을 것이다. 이 수치는 불가능하다. 더욱이 종교 운동은 인구 가운데 상당 부분이 개종한 후에는 점진적으로 잠재적 개종자의 '어장 고갈' 현상이 일어나 어김없이 성장이 둔화된다. 또는 바그날이 피력했듯이 "개종 곡선이 점근적

(asymptotic)으로 변해 일정 시간이 지난 후에는 점증적(incremental) 개종은 미미해진다"(1981: 123). 그렇다면 분명 내가 세운 모형의 투사치는 350년도 이후에는 유효하지 않을 것이다. 그러나 나의 관심사는 기독교의 발흥에 있으므로 그 이후 시점까지는 탐구할 필요가 없다.

개종에 관하여

유세비우스는 초기 기독교 선교사들이 너무도 강하게 '성령'의 권능에 사로잡힌 결과로 "온 무리가 첫 설교를 듣고는 일제히 우주의 창조주를 섬기기로 결신했다"고 기록했다(『교회사』 3.37.3, 1929 편). 초기 교회를 연구하는 많은 근대의 역사학자들은 공적 설교와 기적 행사에 대한 반응으로 집단 개종이 일어났다는 유세비우스의 주장을 받아들인다. 그뿐 아니라 종종 기독교 발흥의 빠른 속도를 설명하려면 집단 개종이라는 전제가 필요하다고 본다. 그러므로 램지 맥멀른은 그의 역작 『로마 제국의 기독교화』에서 대규모 개종에 대한 보고를 필요조건으로 받아들일 것을 촉구한다.

우리가 목도하는 변화의 속도를 더 잘 설명하기 위해서는 대규모 개종이 요구된다. 전체 개종 프로세스에는 굉장히 큰 수가 연루되어 있음이 자명하다. … 만일 우리가 … 개인 전도로 우리의 시야를 제한한다면 … 어떻게 성장에 필요한 개종 규모를 충족시킬지 상상이 잘 안 된다. 그러나 [이런 식의 개인전도가] 대규모 군중을 대상으로 이루어진 성공의 증거와 결합되면, 양자의 결합은 우리가 일어났다고 알고 있는 일을 설명하기에 충분할 것으로 보인다(1984:29).

맥멀른의 관점은 아돌프 하르낙의 관점을 반영한 것이다(1908:2:335-336). 하르낙은 기독교 성장의 성격을 "상상할 수 없는 고속 성장"과 "경이로운 확장"으로 규정했다. 그는 또한 "기독교는 기적이라는 수단을 통해 스스로 재생산했음이 분명하다. 어떤 기적 없이 이런 경이로운 확장을 이뤘다면 그것이야말로 가장 위대한 기적일 것"이라고 했다(335n.2).

바로 이런 이유로 산술을 대체할 만한 것이 없다는 것이다. 투사치를 보면 기적이나 집단 개종 없이도 4세기 중반이 되면 기독교가 인구의 절반 수준에 무리 없이 다다랐을 것임을 알 수 있다. 이는 몰몬교가 보여주는 현재까지의 성장 곡선과 동일한 궤적인데, 우리가 아는 한 몰몬교에는 집단 개종이 없었다. 더욱이 기독교로의 집단 개종이 군중이 자발적으로 전도자에게 반응하면서 일어났다는 주장은 개종 프로세스의 구심점이 교리의 흡인력이라는 것을 전제한다. 그러니까 사람들이 메시지를 듣고 그 메시지에 매력을 느껴 신앙을 가지게 된다는 것이다. 그러나 현대 사회과학은 교리의 흡인력은 매우 부차적인 역할을 한다고 본다. 그러니까 대다수의 사람이 새로운 신앙이 전하는 교리에 큰 애착을 가지게 되는 것은 개종한 이후(後)라는 것이다.

60년대 초에 존 로플랜드와 나는 실제로 사람들이 신흥종교 운동으로 개종하는 현장에 들어가 그 과정을 지켜본 최초의 사회과학자들이었다(로플랜드와 스타크 1965). 그 때까지만 해도 개종에 관해 가장 각광 받는 사회과학적 설명은 박탈(剝奪)과 이데올로기적(또는 신학적) 호소력을 짝짓는 것이었다. 즉, 한 집단의 이데올로기를 조사하여 어떤 유형의 박탈을 취급하는지 파악하고, 그 다음 개종자들은 해당 유형의 박탈로 고통 받는다고 결론(결론이라고 말하기도 이상하지만!) 짓는 것이다(글록 1964). 이 접근의 일례로 건강 회복을 약속하는 크리스천사이언스교는 신자의 대다수가 만성적인 건강 문제가 있거나 아니면 최소한 건강염려증이라도 앓고 있는 사람들이어야만 한다는 것이다(글록 1964). 물론 그럴 듯한 반론을 펼칠 수도 있다. 가령 건강 상태가 양호한 사람들만 병은 모두 마음의 작용이라는 크리스천사이언스의 교리를 장기적으로 견지할 수 있다는 것이다.

여하튼 로플랜드와 나는 진짜 실상을 파악하기 위해 개종 과정을 거치는 사람들을 지켜보기로 결심했다. 더욱이 우리는 단순한 활성화(活性化)가 아닌 개종을 목도하고 싶었다. 그러니까 평생 기독교 신자로 살던 사람이 어느 날 거듭나는 것을 조사하려는 게 아니라, 기독교에서 힌두교로 개종하는 것 같은 주요한 종교적 이행(移行)을 하는 사람을 보고 싶었다. 전자 역시 상당히 흥미롭지만 당시 우리의 관심사는 아니었다.

우리는 또한 우리 둘이서 충분히 관찰할 수 있을 만큼 작은 집단을 원했다. 또 성장 초기의 낙관성을 가진 신생 집단을 원했다. 샌프란시스코만 지역의 여러 일탈적 종교 집단을 훑어본 후 정확히 우리가 찾고 있던 것을 발견했다. 바로 오리건 주 유진에서 샌프란시스코로 이제 막 이전해 온, 약 10여 명의 청년으로 구성된 집단이었다. 이 집단의 리더는 서울의 이화여대 종교학 교수였던 김영운이라는 한국 여성이었다. 그녀가 몸담은 운동은 본부가 한국에 있었고, 그녀는 미국 선교지부를 개척하고자 1959년 1월 오리건 주에 상륙했다. 미스[2] 김과 그녀의 젊은 추종자들은 문선명교로 널리 알려진 통일교의 가장 최초의 미국 교인들이었다.

로플랜드와 나는 이 집단에 안착하여 사람들이 통일교로 개종하는 과정을 지켜보았다. 우리가 맨처음에 발견한 것은 현재의 교인들은 모두 미스 김과 접촉하기 이전, 교인 사이에 긴밀한 친교의 끈으로 결속되어 있었다는 것이다. 실제로 최초의 개종자 3명은 미스 김이 세 들어 살던 집의 주인과 그 옆집에 살던 젊은 주부들이었다. 그들이 미스 김의 친구가 된 후, 그 남편들이 몇 명 합류했고, 그 후 남편들의 직장 동료 몇 명이 그 뒤를 좇았다. 로플랜드와 내가 이들을 연구하기 위해 도착했을 당시 이 집단은 그 때까지는 낯선 사람을 포섭하는 데는 한 번도 성공한 적이 없었다.

로플랜드와 내가 발견한 또 다른 흥미로운 점은 비록 모든 개종자들이 개종 이전의 자신들의 영적 상태에 대해 공허하고 황폐했다고 앞다투어 묘사했지만 과거에는 종교에 별 관심이 없었다고 말한 사람도 꽤 되었다는 것이다. 한 남자는 나에게 이런 말을 했다. "만일 누군가 나에게 당신이 교회에 다니고 선교사가 될 것이라고 했다면 나는 배꼽이 빠져라 웃었을 겁니다. 나는 교회와 담을 쌓고 살았거든요."

유익한 발견 하나는 미스 김은 미국에서 보낸 첫 해, 대부분의 시간을 다양한 집단에서 강연하거나 다수의 보도 자료를 내보내는 등, 메시지 전파에 힘쓰며 보냈다는 것이다. 훗날 샌프란시스코에서도 이 집단은 라디오 출연이나 강당을 임대하여 공식 모임을 가지는 식으로 추종자를 포섭하려고 노력했다. 그러나 이런 방법은 아무 소득이 없었다. 시간이 흐름에 따라 로플랜드와 나는 사람들이 실제로 문선명 교인이 되어가는 것을 관찰할 수 있었다. 최초의 몇몇 개종자들은 오리건에서 교인들을 찾아왔던 옛 친구나 일가친척이었다. 그 후에 일어난 개종자들은 이 집단의 구성원 가운데 한 명 또는 그 이상과 가까운 친구로 지내던 사람들이었다.

우리가 곧 깨달은 바는 문선명 교인들이 전도하기 위해 접촉했던 사람들 가운데 입교한 사람은 '구성원에 대한 대인적 애착'이 '비구성원에 대한 애착'보다 컸던 사람들이었다. 실제로 개종의 본질은 이데올로기의 추구나 포용이 아니었다. 개종의 본질은 한 사람의 종교적 행동을 친구나 가족 구성원의 종교적 행동과 일치하도록 조정하려는 것이었다.

이것은 크게 인정 받는 일탈 행동에 관한 통제 이론을 적용한 것뿐이다(토비 1957, 히얼쉬 1969, 스타크과 베인브리지 1987, 고트프레드슨과 히얼쉬 1990). 통제 이론가들은 "사람들이 왜 일탈하는가?", "왜 법과 규범을 어기는가?" 같은 질문을 하기보다는 "왜 어떤 사람들은 순응하는가?"라는 질문을 던졌다. 그들의 답은 '순응 지분'(順應 持分)으로 언어화되었다. 사람들은 일탈 행위로 얻을 소득보다 일탈이 발각될 경우 잃을 게 더 많다고 생각할 때 순응한다. 어떤 이는 일탈하는 한편 어떤 이는 순응하는 이유는 사람들마다 순응 지분이 다르기 때문이다. 그러니까 어떤 사람들은 일탈하더라도 다른 사람보다 잃을 게 훨씬 적다는 것이다. 타자(他者)에 대한 우리의 '애착'은 주요한 순응 지분이다. 우리는 대부분 친구와 가족에게 좋은 평판을 유지하려고 순응한다. 그러나 어떤 이들은 이런 애착이 부족하다. 그들은 풍성한 애착을 가진 사람보다 일탈도가 훨씬 높다.

 오늘날 문선명 교인이 되는 것은 일탈 행위이다. 1세기에 기독교인이 되는 것도 그랬다. 이런 개종은 적법한 종교적 소속과 정체성을 정의하는 '규범'을 거스르는 것이다. 로플랜드와 내가 많이 만난 부류는 문선명 교인들과 일정한 시간을 보내고 그들의 교리에 상당한 관심을 표하지만 결코 합류하지는 않은 사람들이었다. 각각의 경우마다 이런 사람들은 이 집단을 못마땅하게 여기는 비구성원들과 더 강하고 깊은 애착관계를 맺고 있었다. 가담자 가운데 많은 이들이 기존의 애착관계는 먼

타지에 남겨 두고 오거나 샌프란시스코에 도착한 지 얼마 안 되는 신착자들이었다. 이들이 문선명 집단의 구성원과 강한 친교를 형성하게 되면 이를 상쇄할 세력이 없었다. 타지의 친구와 가족은 현재 진행중인 개종에 관해 아는 바가 없기 때문이다. 간혹 개종 소식을 접한 부모나 형제가 만류하려고 샌프란시스코로 오는 경우가 몇 건 있었다. 그러다 잔류한 자들은 결국 그들도 입교했다. 문선명 교인이 된다는 것은 외부자에게는 일탈하는 것으로 비칠지 모르나, 문선명 교인들과 가장 유의미한 애착관계를 맺고 있던 사람들에게는 순응 행위임을 유의해야 한다.

로플랜드와 내가 (애착관계가 개종의 핵심이므로 개종은 대인적 애착관계에 의해 형성된 사회적 네트워크를 타고 진행되는 경향이 있다는) 우리의 결론을 처음 발표한 후 사반세기 동안 다른 많은 이들이 세계 각지의 엄청나게 다양한 종교 집단에서 이 결론이 참이라는 것을 확인했다. 네덜란드 데이터에 근거한 최근의 한 연구(콕스, 메우스, 트하르트 1991)는 우리의 최초 발견을 뒷받침하는 25개의 실증적인 연구를 추가로 제시했다. 그 목록에 수록되지 못한 연구사례도 많다.

비록 몇몇 다른 요인들이 개종 프로세스에 개입되어 있지만 개종에 관한 중심적인 사회학적 명제는 이것이다: '일탈적인 신흥종교 집단으로의 개종은 다른 모든 조건이 동일하다면 사람들이 비구성원보다는 해당 집단의 구성원과 더 강한 애착관계를 형성했을 때 일어난다.'

몰몬 선교회장이 보유한 기록에 근거한 데이터는 이 명제를 강력하게 뒷받침해 준다. 선교사들이 낯선 집에 불시에 방문하여 문을 두드릴 경우 개종으로 귀결될 확률은 1천분의 1이었다. 그러나 어떤 사람이 몰몬교 친구나 친척의 자택에서 몰몬교 선교사와 첫 접촉을 하는 경우, 개종으로 이어지는 확률은 50퍼센트였다(스타크와 베인브리지 1985).

개종과 관련하여 네트워크를 통한 명제적 접근 방식을 벗어난 하나의 변종은, 새로운 신앙의 성공적인 창시자들은 전형적으로 그들과 이미 강력한 애착관계가 형성된 사람들에게 먼저 다가갔다는 것이다. 즉, 그들은 가족과 친한 친구들 중에서 최초의 추종자를 모집했다. 이런 맥락에서 모하메드가 얻은 최초의 개종자는 그의 아내 카디야였고 두 번째는 그의 사촌 알리였으며 그 다음은 그의 하인 제이드였고 그 다음은 옛친구 아부 바크르였다. 몰몬교는 1830년 4월 6일 조셉 스미스와 그의 형제 히룸과 사무엘, 그리고 조셉 스미스의 친구들인 올리버 바우더리, 데이빗과 피터 위트머 형제에 의해 창시되었다. 이 법칙은 예수에게도 적용된다. 그가 제일 먼저 전도한 자들은 그의 형제들과 어머니였던 것으로 보인다.

개종의 두 번째 측면은, 이미 특정 신앙에 깊이 헌신한 사람은 어느 날 뛰쳐나가 다른 신앙에 합류하지 않는다는 것이다. 그러므로 문선명 교인들을 방문한 몰몬 선교사들은 몇몇 문선명 교인들과 훈훈한 관계로 발전했음에도 불구하고 문선명 교인이 되지 않았다. 실제로 "예전에는 교회와는 담쌓고 살았던" 문선명 교인이 전형적인 경우다. 개종자들은 과거에 무신론자는 아니었지만 전형적으로 교회에 다니지 않으며 종교적인 문제에 대해선 별 관심이 없던 사람들이었다. 그러므로 문선명 교인들이 재빨리 학습한 바는, 교회의 지역 행사나 학생 종교서클에 들락거리는 것은 시간 낭비라는 점이다. 그들이 훨씬 좋은 성적을 거둔 건 비헌신자들과 접촉한 때였다. 이 발견은 후속 연구를 통해서도 상당한 지지를 받았다. 신흥종교 운동으로 개종한 사람 중에는 상대적으로 비종교적 배경 출신이 압도적으로 많았다. 현대 미국의 신종교(cult)** 집단으로 개종한 사람의 다수는 그들의 부모가 종교적 소속이 없었다고 보고한다(스타크와 베인브리지 1985). 이것을 이론적 명제로 기술하고자 한다. '신흥종교 운동은 주로 종교적으로 소극적이며 불만이 있는 사람들과, 가장 순응화된(세속화된) 종교 공동체에 소속된 사람들로부터 주로 개종자를 모집한다.'

우리가 만약 직접 현장에 나가 사람들이 개종하는 것을 지켜보지 않았다면 이 논점을 완전히 놓쳤을지도 모른다. 사람들은 자신의 개종을 회고할 때 신학에 방점을 두는 경향이 있기 때문이다. "왜 개종했는가?"라는 질문에 문선명 교인들은 하나같이 『원리 강론』(통일교 경전)의 불가항력적인 매력을 거론하며, 이렇게 분명하고도 강력한 진리를 거

** "Cult"라는 단어에 가장 일반적인 번역은 "사교"이지만, 우리말 "사교"라는 표현에는 부정적인 가치판단이 들어가 있다. 이 책에서 스타크는 기성종교에서 일탈한 sect(종파)와 cult를 구분하면서 이 단어를 중립적인 의미로 사용하고 있다. 그러므로 "사교"라는 표현 대신 "신종교"라는 표현을 사용한다.

부활 자는 맹인밖에 없다고 했다. 이런 주장을 할 때 개종자들이 암시(그리고 종종 적시)하는 바는, 개종은 그들이 신앙을 모색하는 여정에서 찾은 최종 산물이었다는 것이다. 그러나 로플랜드와 나는 그들이 교리의 가치를 배워 알기 훨씬 전부터, 즉, 그들이 신앙을 간증하는 법을 배우기 이전, 그들이 전혀 신앙을 모색하지 않던 시절부터 그들과 교류해 왔기 때문에 이 말에 넘어가지 않았다. 실제로 우리는 그들 대부분이 새로 사귄 친구들의 종교적 신념이 퍽 이상하다고 여기던 때를 기억한다. 한 사람은 어떻게 이렇게 괜찮은 사람들이 재림 예수를 자칭하는 "한국의 어떤 남자"에 대해 이렇게 열광할 수 있는지 도통 모를 일이라고 내게 말했다. 그러던 어느 날, 그 사람 역시 이 남자에 대해 열광하기 시작했다. 나는 1세기의 사람들이 초림 예수라고 자칭하는 어떤 사람에 대해 열광했던 것도 이런 과정이었다고 본다. 로빈 레인 폭스도 동일한 주장을 편다. "무엇보다도 우리는 친구의 존재와 영향에 가중치를 두어야 한다. 이것은 종종 기록이 놓치는 동인(動因)인데, 실상 모든 개인의 삶이 어떤 모습이 될지를 결정하는 건 바로 친구의 존재와 영향이다. 한 친구가 다른 친구를 신앙으로 인도한다. … 그렇게 한 사람이 신께로 나아오면 그는 다른 이들, 즉 같은 길을 함께 걷는 새로운 '형제'들을 찾아 냈다"(1987:316). 피터 브라운도 유사한 관점을 피력했다. "가족, 결혼, 가장에 대한 충성심의 끈은 교회가 새로운 신자를 모집하는 가장 효과적인 수단이었으며, 평균적인 신자가 기독교라는 신종교 집단에 지속적으로 붙어 있게 한 요인이었다"(1988:90).

누군가를 개종시키려는 운동이 성공하기 위한 기반은 사회적 네트워크를 통한 성장, 그리고 '직접적이고도 친밀한 대인 애착관계'라는 구조'를 통한 성장이다. 대부분의 신흥종교 운동이 실패로 돌아가는 이유는 재빨리 폐쇄적이거나 반(半)폐쇄적인 네트워크로 변하기 때문이다. 즉, 외부인과 애착관계를 형성하고 유지하는 데 실패하면서 성장 동력을 상실하게 되는 것이다. 성공적인 운동은 개방적인 네트워크로 남아 있는 기법을 발견함으로써 바깥으로, 주변의 새로운 사회적 네트워크 속으로 뻗어나간다. 바로 여기에 운동이 장기간에 걸쳐 폭발적인 성장률을 유지하는 것을 가능케 하는 역량이 존재하는 것이다.

어떤 독자들은 250년과 350년 사이에 새로운 기독교 신자의 절대치가 급속도로 불어난 것은 비록 개종 속도가 10년당 40퍼센트의 상수로 유지되었다고 하더라도 집단 개종이 있어야만 가능한 일이 아니었겠는가 하는 의구심을 품을 수 있다. 성장 지수 곡선은 반(反)직관적이며 믿기 어려운 것처럼 보이기 쉽다는 점은 인정한다. 그럼에도 불구하고 '개종 프로세스의 역학'은 지수 곡선을 따라 절대치가 고속성장 단계에 도달했을 때에도 변함이 없다. 폭발적인 성장의 이유는 운동이 성장함에 따라 비례적으로 그 운동의 사회적 표면적이 늘어나기 때문이다. 즉, 각각의 새로운 신자가 해당 종교 집단과 잠재적 개종자 사이에 형성하는 애착관계 네트워크의 규모가 늘어나는 것이다. 그러나 상기한 바와 같이 이런 일은 그 집단이 '개방형 네트워크를 유지할 때에만' 일어난다. 그러므로 기독교의 발흥을 더 잘 이해하고 설명하려면 어떻게 초기 기독교인이 개방형 네트워크를 유지했는지를 밝혀내야만 한다. (초기 기독교인이 개방형 네트워크를 유지했음은 확실한 것으로 보인다.) 마지막 발언을 하고 보니 사회과학 이론의 적절한 범위와 특정 시공간의 명제를 다른 시대와 문화에 적용하는 것이 가능한 것인지에 관한 간략한 논의를 해야 할 시점이 된 것 같다.

과학적 일반화에 관하여

많은 역사학자들은 모든 문화와 시대는 제각각 남다른 독특성이 있다고 믿는다. 그러므로 로널드 F. 호크는 내가 '개종에 관한 네트워크 이론'을 유대인에 대한 성공적인 선교(3장 참조) 논의에 적용한 것을 두고 매우 신중한 반응을 보였다. 그는 내가 네트워크를, 예컨대, "이 시대와 저 시대, 이 사회와 저 사회 간에 별반 차이가" 없는 것으로 생각하는 것 같다고 했다(1986:2-3). 이어서 그는 이같이 지적했다.

몰몬교인들이 사용한 네트워크는 교인의 가족, 친척, 친구로 구성된 것이었지만 고대의 네트워크가 과연 이와 같았을까? 고대 도시는 근대 도시가 아니며, 귀족 가정을 중심으로 한 고대 네트워크는 가족과 친구 그 이상을 포괄했다. 집안의 노예, 자유인, 그리고 어쩌면 식객, 선생, 운동트레이너, 여행자 등이 포함되었을 것이다. 게다가 도시인의 삶은 공공영역에서 이루어지는 부분이 더 많았다. 그래서 고대의 교인 포섭은 핵가족과 익명성을 특징으로 하는 우리의 도시와 교외의 몰몬교 네트워크보다 폭넓고 복합적인 네트워크를 따라 진행되었을 것이다.

나는 호크가 옳다고 확신하지만 돌이킬 마음은 없다. 그가 고찰한 바는 우리가 고대 안디옥으로 이주했을 때 어떻게 네트워크를 발견할지에 관한 디테일이다. 다만 이것이 네트워크 명제 그 자체에 대해 함의하는 바는 없다. 사람들이 어떤 식으로 직접적인 대인 애착관계 구조를 형성하든지간에 그 구조는 그것을 타고 개종이 가장 쉽게 진행될 수 있는 인맥(line)으로 규정된다. 네트워크의 정의는 시공간에 갇힌 것이 아니며 개종에 관한 명제 또한 그러하다.

많은 역사학자들은 개념(concepts)과 개체(instances)를 구분 짓는 훈련을 받지 못했기 때문에 일반 이론이라는 개념을 사용하는 데 상당한 애로를 겪는 것 같다. 제대로 된 과학적 개념은 추상적이며, 동일한 것으로 간주되어야 할 "것들"(things)의 범주(class)를 규명한다. 그렇다고 할 때, 개념은 과거, 현재, 미래의 한 범주에 속한, 또는 속할 수 있는 모든 가능한 구성원에 적용되어야만 한다. 의자의 개념을 한 개인이 홀로 앉아 등을 기댈 수 있도록 고안된 모든 물체라고 정의할 때, 그 개념은 추상이다. 우리는 의자의 개념을 볼 수 없다. 개념은 우리 머릿속에만 존재하는 지적 창조물이다. 그러나 우리는 실제의 의자들을 많이 본다. 몇몇 의자들을 보면 그 크기, 모양, 원자재, 색깔 등에서 엄청난 편차가 있음을 발견할 수 있다. 더욱이 고대 사회에서 사용된 의자를 보면 오늘날의 의자와 아주 확연한 차이가 있음을 느낄 것이다. 그럼에도 불구하고 상기한 정의를 충족시키는 한, 모두 의자다. 다른 유사한 물체들은 스툴이나 소파 같은 다른 사물 범주에 속한다.

이런 논점들은 의자의 개념과 마찬가지로 사회적 네트워크라는 개념에도 고스란히 적용된다. 사회적 네트워크의 개념은 우리 머릿속에만 존재한다. 우리 눈에 보이는 것은 한 범주에 속한 구체적 개체, 즉, 일련의 개인들로 구성된 네트워크인 것이다. 의자와 마찬가지로 사회적 네트워크의 형태와 규모는 시공간에 따라 큰 편차가 있을 것이며 네트워크의 형성 과정 역시 의자 제조 기술이 제각각인 것처럼 큰 편차를 보일 것이다. 그러나 이런 디테일의 차이가 의자를 피아노로 만드는 결과로 이어지지는 않는 것처럼 구성 요소의 편차가 사회적 네트워크를 낯선 사람의 군집으로 변모시키는 것은 아니다.

추상적 명제로 연결된 추상적 개념을 사용해야만 과학이 된다. 우주의 각 사물마다 새롭게 중력의 법칙을 생성해야 하는 물리학을 상상해 보자. 정확히 이런 과학의 추상적 일반성 때문에 사회과학이 역사 이해에 뭔가 기여할 바가 생기는 것이며, 역사를 재구성하려는 노력이 정당화되는 것이다. 이 중요한 사안으로 이제 관심을 돌려보고자 한다.

사회 이론과 역사 재구성

지난 수십 년간 신약 시대를 연구하는 역사학자들은 사회과학과 점점 더 친숙해졌다. 사회과학적 모형(model)을 사용해 역사적, 고고학적 기록의 빈 구멍을 메우며 "확실히 일어났다고 보이는 무언가"를 유추하는 경향도 점증하고 있다. 로빈 스크록스가 그의 영향력 있는 에세이에서 지적했듯이 "사회학적 모형이 우리의 무지를 보완하는 데 실질적인 도움이 될 수 있다. 만일 우리의 데이터가 하나의 알려진 모형의 총체(gestalt) 가운데 '일부분'을 입증하지만 다른 부분에 대해서는 침묵한다면, 우리는 실종된 부분들의 부재(不在)는 우발적이며, 전체 모형이 초기 교회의 실제 현실이었다고 조심스럽게 결론'지을 수' 있다"(1980:166). 이 몇 줄이 발표된 후 스크록스가 제안한 방법은 일반적인 것이 되었다(바르톤 1982, 1984, 홀름버르그 1980, 엘리옷 1986, 폭스 1987, 게이저 1975, 1983, 그린 1985, 말리나 1981, 1986, 믹스 1983, 1993, 키 1983, 크레머 1992, 샌더스 1993, 타이센 1978, 1982, 윌켄 1984, 와이어 1991). 그러나 이 문헌들을 살펴보고 난 후 나는 착잡한 심경이 되었다. 어떤 연구들은 기쁨으로, 경탄해 마지 않으며 읽어 내려갔다. 하지만 어떤 연구들은 사용한 사회과학 "모형들"이 너무 부적절했기에 마음이 썩 불편해졌다. 가령 "종교는 사회의 자기 숭배"라는 뒤르켐의 "발견"처럼, 이렇게 비유를 넘어서지 못하는 모형들이 있었다. 이런 진술이나, 아니면 "종교는 신경증적 환상"이라든가 "영혼의 시"(詩)라는 취지의 주장을 어떻게 거짓이라고 입증할 수 있겠는가? 비유의 문제점은 그것이 거짓이라는 데 있는 게 아니라 '공허'하다는 데 있다. 많은 비유는 심오함이 철철 흐르지만 기껏해야 정의에 불과할 뿐이다. '카리스마'라는 용어를 고려해 보자.

막스 베버는 '신이 내린 재능'이라는 뜻의 이 용어를 헬라어에서 차용해 왔다. 자신들의 권위가 하늘로부터 왔음을 타인에게 설득시키는 능력을 규명하기 위함이었다. "카리스마의 보유자는 자신에게 적합한 과제를 장악하고 자신의 사역이 가지고 있는 미덕을 근거로 내세우며 복종과 추종을 요구한다. 그의 성공 여부는 추종자들을 찾는가에 의해 판가름 난다. 만약 그가 보냄을 받은 대상이라고 느끼는 자들이 그의 사역을 인정하지 않으면 그의 카리스마적 주장은 붕괴된다. 만일 그들의 인정을 받는다면 그는 그들의 주인이 된다"(1946:246). 카리스마는 흔히 종교 지도자들에게서 관찰된다. 분명 예수와 다수의 사도들과 초기 전도자들이 카리스마를 가졌다는 점에 이의를 제기할 사람은 없을 것이다. 그러므로 초기 교회에 관한 문헌은 카리스마라는 용어로 충만하다. 안타깝게도 카리스마는 개인이 어떤 평가를 받는가에 관한 표현이라기보다는 거의 마술 같은 능력으로 이해되는 경우가 다반사다. 즉, 타인에 대한 그들의 역량의 근원이 그들의 카리스마에 있다고 보는 것이다. 그리고 종종 특정 종교 지도자들이 아주 강력했던 이유는 그들이 카리스마를 가졌기 '때문'이라고 한다. 일례로 로이 월리스는 하나님의 자녀들(Children of God)의 창시자인 모세 다윗(실명은 데이빗 버그)이 그의 추종자들을 조종할 수 있었던 이유는 그의 "카리스마적 지위" 때문이었다는 주장을 펼쳤다(1982:107). 그러나 이것은 완전히 순환논법이다. 이것은 사람들이 모세 다윗이 신적 권위를 가졌다고 믿었던 이유는 그가 신적 권위를 가졌다고 사람들이 믿었기 때문이라고 말하는 것과 같다. 베버의 카리스마에 관한 담론은 정의적, 묘사적 진술을 넘어서지 않았다. 그리고 베버는 카리스마의 근원에 관해서는 아무런 언급도 한 적이 없다. 그렇기 때문에 카리스마라는 개념은 단지 어떤 정의에 붙인 명칭에 지나지 않는다. 누군가의 권위가 신으로부터 기원한 것이라고 믿는 사람이 있다면 우리는 이것을 카리스마라고 부르기로 선택할 자유가 있다. 그러나 그렇게 부른다고 해도 왜 이런 현상이 발생했는지 원인을 규명하는 데는 전혀 보탬이 되지 않는다. 그러므로 초기 교회에 관한 연구에서 '카리스마'라는 용어를 사용할 경우 우리가 마주하는 것은 너무 자주 무언가를 설명해 준다고 생각되지만 실상 아무것도 설명하지 못하는 어떤 이름일 뿐이다.

비유와 단순 개념과 아울러 이 문헌들에서 사용된 다른 "모형"은 유형이나 일련의 개념 그 이상도 이하도 아니었다. 가장 각광 받는 것 중에 종교 집단을 '교회' 또는 '종파'(sect)로 구분하기 위한 다양한 정의가 있었다. 이런 정의 중에서 가장 유용한 것은 한 집단과 그 집단이 처한 사회문화적 환경 사이의 긴장도를 척도로 양 극점에서 교회와 종파를 규명하는 정의였다(존슨 1963; 스타크와 베인브리지 1979, 1987). 종파는 주변의 환경과 상대적으로 높은 긴장 상태에 있는 종교 집단이다. 교회는 상대적으로 낮은 긴장 상태에 있는 집단이다. 이런 것들은 매우 유용한 개념이다. 안타까운 점은 사회과학자들조차도 마치 이런 것들이 무언가를 설명하는 양 사용하는 이들이 많다는 점이다. 이런 모든 시도들은 순환적이다. 그러므로 브라이언 윌슨이 종종 그랬듯(1970), 어떤 특정한 종교 단체가 종파이기 '때문에' 세상을 거부한다고 말하는 것은 순환적이다. 교회와 종파의 개념은 다양한 종교 단체를 분류하는 일을 가능케 하는 것일 뿐, 그 이상은 (또는 이하도) 아니다. 그러나 이런 개념을 사용하는 이론은 그런 개념 자체에 머무르지 않는다. 일례로 종교 단체가, 특히 성공적인 단체인 경우, 고(高)긴장상태에서 저(低)긴장상태로의 변화를 겪는 경우가 많다는 것은 익히 알려진 사실이다. 종파가 종종 교회로 변모하기도 하는 것이다. 그러나 이런 교회와 종파의 개념 정의 속에서는 이런 변화에 관한 설명을 찾을 수 없다. 대신 우리는 명제를 사용하여 교회와 종파의 개념을 사회적 상향 이동이나 하향평준화와 같은 다른 개념들과 연계해야 한다(스타크와 베인브리지 1985, 1987).

내가 강조하려는 점은 이것이다. 개념은 '명칭'이지 '설명'은 아니다. 어떤 사물이나 현상을 명명하는 행위는 '왜' 그런 현상이 일어나는지 또는 그들이 '어떻게' 영향을 끼치는지에 관해 아무것도 우리에게 알려주는 바가 없다. 설명하려면 이론이 요구된다. 이론이란 '왜' 또는 '어떻게' 일련의 현상이 연결되는지 알려주는 추상적 진술이며 그것으로

부터 거짓으로 입증될 수 있는 진술들이 파생될 수 있는 것이다(포퍼 1959, 1962). 비유, 유형(typology), 개념은 수동적이다. 그들은 자체 발광체가 아니며 기록되지 않은 역사의 어두운 구석에 빛을 비출 수 없다(스타크와 베인브리지 1979, 1985, 1987). 그러나 개념이 일련의 현상들 간에 유용한 비교를 허락하는 것은 사실이다. 일례로 우리는 두 가지 종교 운동의 사회 계급적 구성을 비교하면서 많은 시사점을 얻을 수 있다. 그러나 한 모형이 '분류' 이상의 것을 제공하며 '설명'을 제시하려고 시도한다면, 그 모형은 단순한 개념이 아니라 반드시 명제를 포함해야만 한다. 여기서의 차이는 엔진의 부품 카탈로그와 작동 설명서 간의 차이다. 즉, 하나의 모형은 부품 간의 일련의 구체적인 상호관계에 관한 완벽한 해명이 포함되어야 한다. 이런 모형은 왜 그리고 어떻게 사물들이 교합되며 작동하는지 설명한다. 이 작업을 충족시키려면 개념적 체계가 아니라 하나의 이론이 있어야만 한다.

역사학과 텍스트 해석에 훈련을 받은 학자들이 과학적 이론보다는 비유를 취급했던 구세대 사회 "과학자들"과 더 편하게 어울리는 건 놀라운 일은 아니다. 그들의 작업 역시 문학적 인용으로 충만하며 케케묵은 도서관 먼지 냄새가 난다. 그러나 과학은 파피루스학과는 달리 더 묵은 것이 더 좋은 법은 거의 없음을 짚고 넘어가야겠다. 그리고 내가 보기에는 이 책을 통해 내가 해야 할 핵심 과제는 초기 교회를 살피는 역사학자들이 더 강력하고 현대적인 사회과학적 도구들과 친숙해지도록 돕는 것이다. 그리고 특히 설명력이 있는 듯 가장하는 개념, 비유, 유형론이 아니라 진짜 이론들과 친숙해지도록 돕고자 한다.

그러나 우리가 최고의 사회과학 이론을 역사 재구성의 길잡이로 사용한다고 해도 그 이론들이 견고한지, 적용이 적절했는지는 운이 많이 작용한다. 그런 조건들이 충족된다면, 물리학 원칙을 가지고 우물에 떨어뜨린 동전은 바닥으로 갈 것이라는 논리를 전개하는 것과 정확히 같은 방식으로 일반 법칙에서 추론하여 구체를 유추할 수 없다고 볼 이유가 없다. 물론 실제 동전이 바닥에 떨어지는 것을 지켜보는 게 더 낫긴 하다. 역사적 공백을 메우기 위해 사회과학을 적용하는 것을 정당화하는 유일한 근거는 '필요성'이다. 그러나 우리는 공백을 환상과 공상과학으로 메우지 않도록 각별히 유의해야 할 것이다.

이 책에서 나는 기독교의 발흥을 재구성하려는 시도를 할 것이다. 그 토대는 근대 사회과학 이론에서 얻은 많은 추론들이다. 그리고 종교와 종교 운동에 관해 내 자신이 정식으로 이론화한 학설들을 구체적으로 사용할 것이다(스타크와 베인브리지 1979, 1980, 1985, 1987; 스타크와 얀나코네 1991, 1992). 나는 다양한 전제들을 검증하기 위해 가능성과 개연성 있는 산술을 자주 사용할 것이다. 오류를 막기 위해 나는 내가 본 장[3]에서 했던 것처럼 나의 재구성을 가능할 때마다 역사적 기록에 비추어 검증해 볼 것이다.

2
초기 기독교의 계급적 기반

20세기 대부분의 기간 동안 역사학자들과 사회학자들은 형성기의 기독교는 사회 취약계층의 운동이었다는 데에, 즉 로마의 노예와 빈곤한 대중들의 도피처였다는 데에 의견을 같이 했다. 이 견해의 초기 주창자였던 프레드릭 엥겔스에 의하면 "기독교는 원래 억압받는 민중의 운동이었다. 기독교는 노예와 해방된 노예, 모든 권리를 박탈당한 빈민층, 로마에 의해 예속되거나 흩어진 민족들의 종교로 처음 그 모습을 드러냈다"(마르크스와 엥겔스 1967:316). 이런 견해가 처음에 지배적인 정설이 된 것은 독일 학자들 사이에서였다. 신약 학자들은 이 견해의 계승자로

본 장의 초판은 『사회학 분석』 47호 216-225쪽에 게재되었다.

〈기독교인 어머니와 두 자녀의 초상화〉 유리에 금박을 입힌 이 〈기독교인 갈라 플라시디아와 그녀의 자녀들〉(약 300년으로 추정)이라는 초상화가 예시하듯 초기 기독교는 노예와 빈곤한 대중들의 도피처와는 거리가 멀었다.

다이스만을 지목하며([1908] 1978, 1929), 그에 비해 사회학자들은 실상 모든 종교 운동은 '하층민'의 산물이라는 주장을 편 트뢸취를 계승자로 본다([1911] 1931). 마르크스주의자들은 같은 시기 독일의 카우츠키([1908] 1953)를 지목한다. 카우츠키는 엥겔스의 관점을 유려하게 확장하여 기독교가 프롤레타리아 운동이었으며 잠시나마 진정한 공산주의를 실현했다고까지 주장했다. 뿐만 아니라 많은 학자들은 초기 기독교인의 사회적 출신 배경에 관한 이런 개념화의 근거로 바울이 고린도 교인들에게 쓴 첫 서신을 자신 있게 지목한다. 바울은 고린도에서 믿음으로 부름 받은 사람 가운데 지혜롭고 권세 있고 신분이 고귀한 사람이 많지 않다고 썼다. 1930년대까지만 해도 기독교인의 출신 배경에 관한 이 견해에 도전장을 내미는 이가 없었다.[1] 저명한 예일대학교의 역사학자 어윈 R. 구디너프는 널리 채택된 대학 교재에 이렇게 기술했다. "로마인이 기독교를 마땅치 않은 눈으로 바라봤음이 분명하게 드러나는 대목은 개종자의 압도적 다수가 사회 최하위 계층이었다는 사실이다. 예나 지금이나 지배계급은 사회의 하층민과 노예를 공고한 비밀 조직으로 규합하는 이런 운동을 우려 섞인 시선으로 바라보았다"(1931:37).

그러나 최근 수십 년간 신약 역사학자들 가운데 초기 기독교 운동의 사회적 기반에 대한 이런 개념화를 거부하는 움직임이 일어나기 시작했다. E. A. 저지는 아마도 현(現) 세대의 주요 학자 가운데 최초로 반대 의견을 격렬히 제기한 사람일 것이다. 그는 귀한 신분의 기독교인이 적다는 발언은 별 의미가 없다고 평가했다.

> 만일 기독교인 집단이 사회의 하위계층으로 구성되었다는 흔한 주장이 함의하는 바가 로마 계급 구조 내에서 상류층을 포섭하지 못했다는 것이라면 그 관찰은 옳은 동시에 무의미하다. 지중해 동편 지역에서 로마 귀족의 일원이 현지의 신종교 집단 모임에 들어가지 않았을 것은 지당한 일이었다. … [아울러 귀족이] 전체 인구에서 차지하는 비중은 극미했다(1960:52).

문헌에서 언급된 사람들의 계급 서열과 직업을 신중히 분석한 후 저지는 이렇게 결론지었다.

> 그 당시 기독교인들은 사회적으로 위축된 집단이기는커녕 … 오히려 대도시 인구 가운데 사회적 허세가 있는 그룹이 주류였다. 뿐만 아니라 당시 기독교 집단의 구성원은 아마도 사회 지도층 가구에 종속된 피부양자들의 인적 구성을 반영하는 것처럼 보이는 폭넓은 계층으로 이루어져 있었다 …
> 도시 가정에 속한 구성원은 사회의 밑바닥 집단이 전혀 아니었다. 그들은 자유의 제약은 있었지만 그래도 물질적인 안정과 소박하나마 풍요를 누리던 사람들이었다. 농민계층과 토지에서 일하는 노예들이 가장

불우한 계층이었으며, 이들은 기독교에서 거의 접근하지 않았다(60).

아울러 저지는 "증거 텍스트"인 고린도전서 1:26-28은 과잉해석되었다고 예리하게 지적했다. 그러니까 바울이 말한 바는 그의 추종자 가운데 학식과 권세와 높은 지위를 가진 사람이 전무하다는 게 아니라 "많지 않다"는 뜻이었으며 그 뜻은 "어느 정도는" 있었다는 것이다. 실제로 다수의 학자들이 1929년 고린도에서 발굴된 한 새김 문자와 로마서 16:23, 디모데후서 4:20을 근거로 고린도 교인 가운데 "시 재정관(재무관)"인 에라스도(에라스투스)가 있었다는데 이제 의견을 같이한다(퍼니쉬 1988:20). 그리고 역사학자들은 57년에 타키투스가 "이방 미신"을 따른다는 비난을 받았다고 보고한 상원의원 계급에 속한 여성 폼포니아 그레시나(『연대기』 13.32,1989 편)가 기독교인이었다는 사실을 수긍한다(소르디 1986). 마르타 소르디에 의하면 폼포니아의 경우는 고립된 사례가 아니었다. "믿을 만한 출처를 통해 우리가 알게 된 바는 1세기 후반에 [로마] 귀족 가운데 기독교인이 있었다는 점이다(아실리우스 글라브리오와 크리스천 플라비안스). 그리고 바울이 로마에 도착하기 이전인 1세기 전반에도 그러했을 개연성이 있어 보인다"(1986:28).

저지가 초기 교회를 프롤레타리아로 보는 견해에 최초로 도전장을 내민 이래 신약 역사학자들 사이에는 기독교의 기반이 중상류층이었다는 공감대가 형성되었다(스크록스 1980). 이 맥락에서 쟝 다니엘루와

헨리 머로우(1964:240)는 초기 교회의 여러 일상에서 "부유한 시혜자들"의 역할이 두드러졌다고 했다. 로버트 M. 그랜트(1977:11) 역시 초기 기독교가 "프롤레타리아 민중 운동"이었다는 점을 부정하며 "대부분이 중산층 출신인 다소 작은 규모로 구성된 매우 열심 있는 집단"이었다고 주장한다. 아브라함 J. 말러비(1977:29-59)는 초기 교회 저술가들이 사용한 언어와 문체를 분석한 후 그들이 학식과 교양을 갖춘 사람들이라고 결론지었다. 1세기의 고린도 교회에 관한 세밀한 연구를 통해 거드 타이센(1982:97)은 "상류층"에 속하는 사람들을 포함하여 부유한 기독교인들이 존재했음을 규명했다. 로빈 레인 폭스(1987:311)는 "귀한 신분의 여성"이 존재했다고 썼다. 실상 저지의 책이 발간된 지 얼마 되지 않아 마르크스주의 역사학자 하인츠 크라이시히(1967)는 프롤레타리아 논제 포기를 선언했다.[2] 크라이시히는 초기 기독교인들이 "사회적으로 충분히 자리 잡은 장인, 상인, 자유로운 전문직으로 이루어진 도시민 부류"에서 유입되었다고 규명했다(믹스에서 인용 1983:214).

신기하게도 이 새로운 관점은 더 초기의 역사적 전승으로 회귀하는 것이다. 에드워드 기번은 프롤레타리아 설을 지지하는 입장으로 곧잘 인용되었다. ― "기독교라는 신흥 분파는 거의 전적으로 인구의 찌꺼기들, 농민과 기술공, 어린 소년과 여성, 걸인과 노예로 이루어져 있다"([1776-1788] 1960:187) ― 하지만 실제로 기번은 이 인용글 직전에 이것이 "매우 거부감이 드는 책임 지우기"라고 규정했다. 그리고 오히려

역으로 기독교에 하층민이 다수 포함된 것은 자연스러운 일이며 이는 단지 인구 대부분이 하위 계층에 속해 있기 때문이라고 했다. 기번은 기독교인 가운데 하층민이 차지하는 비중이 유달리 높았으리라고 간주할 근거는 없다고 보았다.

19세기에 이르러 여러 역사학자들이 기번보다 한 발 더 나아가, 초기 교회에서 하층민이 차지하는 비중은 전체 인구 대비 하층민의 비중보다 오히려 '낮았다'는 주장을 전개했다. 실제로 W. M. 램지는 그의 고전적 연구에서 기독교는 "못 배운 사람보다 배운 사람들 사이에서 더 빨리 확산되었다. 기독교가 가장 큰 장악력을 보인 곳은 다름 아닌 … 황실과 궁중이었다"(1893:57)고 주장했다. 램지는 저명한 독일 고전주의자 테오도어 몸젠도 비슷한 견해를 표명했다고 주장했다. 또한 아돌프 하르낙(1908:2:35)은 동시대의 독일학자 다수가 프롤레타리아설을 주창할 때, 이그나티우스가 로마의 기독교 교인에게 쓴 서신에서 교인들이 자신의 순교를 가로막을까 봐 걱정된다고 말했던 대목을 주목했다(8장을 참조하라). 하르낙에 의하면 이그나티우스는 로마의 기독교인이 자신을 사면시킬 만한 "힘"이 있다고 보았으며 "만일 로마 교회에 이런 식으로 뇌물을 쓰거나 개인적 연줄을 사용하여 개입할 만한 부와 명망을 소유한 교인이 없었는데도 이런 우려를 했다면 그건 비이성적"이라고 결론지었다.

그러므로 우리는 다시 원점으로 회귀한다. 기독교의 발흥에 관해 이해하려면 응당 기본적인 교인 모집 기반에 관해, 즉 "누가 기독교에 합류했는가?"에 관해 무언가를 알아내야 한다. 나는 역사학자들 사이에 새롭게 대두된 이러한 관점이 본질적으로 정확하다고 본다. 그럼에도 불구하고 초기 기독교의 사회적 기반에 관한 '어떠한' 주장도 위태로울 수밖에 없다. 적어도 직접적 증거라는 측면에서 보면, 이미 우리 수중에 있는 단편적인 역사적 데이터를 훨씬 능가하는 무언가를 입수할 가능성은 희박하다는 점에서 그러하다. 그러나 이 문제에 달리 접근할 수도 있다. 바로 신흥종교 운동의 사회적 토대와 관련하여 이미 검증된 사회학의 명제들을 사용함으로써 기독교의 개연성 있는 계급적 기반을 재구성하는 것이다. 실상 이 주제는 역사학자들의 의견이 크게 엇갈리는 영역이 아니라는 점에서 나의 재구성 시도의 출발점으로서 최상일 듯하다. 나의 이론적 결론과 역사학자들이 취합한 데이터 간에 밀접한 상관 관계가 있음을 보여줄 수 있으므로 후자는 나의 재구성 작업 자체에 더 큰 신빙성을 부여할 것이다. 근본적인 논제를 단순화하자면 이렇다. 만일 초기 교회가 훌륭한 데이터가 존재하는 다른 모든 신종교 운동과 같았다면, 초기 교회는 프롤레타리아 운동이 아니라 좀 더 기득권층에 기반을 둔 운동이었다.

계급, 종파, 신종교

윌리엄 심스 베인브리지와 나는 종파(sect) 운동과 신종교(cult) 운동을 구분한 바 있다(스타크와 베인브리지 1979, 1985, 1987). 전자는 기성 종교 내에서 신앙의 세속화 대신 내세를 더욱 지향하고자 갈망하는 이들이 그 종교와 주변환경 간에 좀 더 높은 수위의 긴장 수준을 "회복"시키려고 분립할 때 생겨난다. 이것이 H. 리처드 니버(1929)가 분석한 종파 형성 프로세스다. 사회학자들은 종파 운동에 참여한 사람들은 취약계층이 아니라고 해도 적어도 모체(母體) 기관에 잔류하는 사람보다는 사회적 지위가 낮다는 것을 보여주는 이론과 상당한 연구 자료를 가지고 있다.

한편 신종교 운동은 단지 낡은 신앙의 새로운 조직이 아니다. 신종교 운동은 '새로운 신앙'이며 적어도 조사 대상인 사회 내에서는 새로운 것이다. 신종교 운동은 늘 소규모로 시작한다. 누군가가 새로운 종교 사상을 가지고 그 신앙으로 사람들을 끌어들이거나, 이질적인 종교가 한 사회로 유입되어 그 사회 속에서 사람들을 끌어들이는 것이다. 어떤 경우든 새로운 신앙으로서 신종교 운동은 지배적인 종교의 규범을 침해하고 이로 인해 상당한 적개심의 표적이 되기 일쑤다.

오랫동안 종교 운동이 하위계층의 박탈감에서 비롯된다는 학설은 종파뿐 아니라 신종교 운동까지 아우르는 모든 종교 운동에서 일반화되었다. 그래서 자유감리교와 제7일 안식일 예수재림교 같은 종파뿐 아니라 몰몬교, 신지론자(神智論者), 문선명교 등도 모두 하층민의 운동으로 간주되었다. 신종교와 종파 간에 어떤 구분도 두지 않은 것이다

(월리스 1975를 참조하라). 그 결과 신종교와 종파 모두 저항 운동으로, 본질상 프롤레타리아 운동으로 간주되었다(니부르 1929). 아울러 많은 종교 운동의 기반이 프롤레타리아라는 주장을 기정사실화하여 실제로 어떤 사람들이 참여했는지를 조사하려는 최소한의 시도조차 이루어지지 않았다. 그러므로 게이는 영국의 몰몬 개종자들에 대해 이렇게 장담했다. "그들은 대부분 가난했다"(1971). 그는 어떻게 이 사실을 알게 되었는지에 관해서는 일말의 단서도 제공하지 않는다. 차차 보겠지만 19세기 영국이라는 맥락에서 몰몬이 신종교가 아니라 개신교의 한 종파로 인식되었던 게 아니라면, 이 주장은 사실이 아닐 가능성이 매우 크다.

최근 들어 많은 신종교 운동을 프롤레타리아 기반으로 귀속시키는 것이 앞뒤가 맞지 않음이 확연히 드러나자 기존의 사회학적 확신이 압박에 처하게 되었다. 실제로 (기성 신앙에 근거를 두지만 보다 열정적인 종파 조직으로 유입되는 것과 대조적으로) 신종교의 새로운 신앙을 받아들이는 과정을 검토해 보면, 왜 이런 운동이 신도 모집에 있어서 더 기득권층에 다가가야 하는지 쉽게 알 수 있다. 이 논의를 시작하기에 앞서 먼저 사회 계급과 종교적 헌신 간의 관계에 대한 근래의 사회학 이론 일반을 평가하는 것이 유용해 보인다.

계급과 헌신

종교 운동의 사회적 기반에 관해 그랬던 것처럼 사회학자들은 오랫동안 하층 계급이 부유층보다 더 종교적이라는 전제를 견지해 왔다. 현대 사회과학의 창시자인 마르크스부터 프로이드까지 모두 종교를 좌절된 욕망의 보상책이나 허위의식, 신경증적 환상으로 간주했다. 이렇게 종교적 헌신의 주된 기능은 빈곤층의 고통을 달래주는 것이라는 견해가 사회학의 지배적인 정설이었다. 그렇기에 초기 현장 조사를 통한 발견을 토대로 한 연구 결과는 당혹스럽기 그지없는 것이었다. 여러 차례에 걸쳐 조사자들이 교회 인원을 점검하여 발견한 바는 등록 교인과 주일예배 출석 교인 가운데 취약계층의 부재가 두드러진다는 것이다(스타크 1964). 또한 종교적 헌신은 다소 독립적인 몇 가지 차원으로 이루어지며 어떤 차원에서는 가난한 자들이 더 종교적이지만 또 다른 차원에서는 부자가 더 종교적이라는 발견이 있었다. 이 발견과 위의 현장 조사 결과로 인해 박탈 이론은 수정되기에 이르렀다(글록 1959; 스타크와 글록 1968). 그렇게 '사회 계급'과 전통적 종교 신념의 수용, 종교/신비 체험, 개인 기도 횟수 사이에는 부정적인 상관 관계가 있음이 밝혀졌다. 반면 '사회 계급'과 교회 등록, 예배 참석, 교회 활동 참여, 식사 때 기도하기 사이에는 긍정적인 상관 관계가 있었다. 그러나 사회 계급과 내세나 천국의 존재를 믿는 것 사이에는 상관 관계가 없어 보인다. 최근에 이루어진 이런 일련의 실증적 발견들은 권력이나 계급에 따른 지위를 종교적 헌신 형태와 결부하는 세 가지 명제로 종합되었다.

출발점은 종교가 무언가를 욕망하지만 획득하지 못하는 사람의 무능(無能)을 보상할 수 있다는 점을 인지하는 것이다. 그러나 욕망을 충족시키지 못하는 인간의 무능에는 두 가지 상당히 다른 차원이 있다. 첫째, 자원의 '희소성'으로 인해 남들은 획득하거나 더 풍성하게 누릴 수 있는 것들을 얻지 못하는 사람들이 있다. 여기에는 부와 건강 같은 유형적인 보상이 있다. 이런 것의 결핍은 종교에 대한 모든 박탈 해석의 근저에 깔려 있다. 분명 종교는 사람들이 이런 박탈감을 견뎌내는 데 도움이 되는 다양하고 효과적인 기제를 제공한다. 여기에는 땅에서 희생하면 천국에서 보상 받을 자격이 생긴다는 약속도 포함된다. 그러나 우리는 박탈의 '두 번째' 측면을 인지해야 한다. 말하자면 가지고 싶지만 '그 누구도 결코 가질 수 없는' 것들에 관해 사람들을 보상하는 종교의 능력이다. 이런 보상의 극명한 예이자 아마도 인간이 가장 열렬히 추구하는 보상이 죽음의 정복일 것이다. 부자나 빈자나 현세에서 영생을 획득할 직접적인 수단을 가진 자는 없다. 이런 보상을 유일하게 제공할 수 있는 것이 종교다. 그리고 이 약속의 성취는 종교적인 수단을 통해서만 인지할 수 있는 내세로 유보되어 있다. 마지막으로, 종교는 조직화된 사회적 체제로서 구성원에게 직접적인 보상의 원천이 된다는 점을 인식해야 한다. 즉, 종교 조직은 어떤 이들에게 지위, 소득, 자존감, 사회적 관계, 유흥과 오락, 그리고 그 밖에 그들이 소중하게 여기는 온갖 것을 보상으로 제공한다. 이런 구분을 통해 다음의 명제에 도달하게 된다 (스타크와 베인브리지 1980).

첫째, '한 개인이나 집단의 권력은 종교 조직의 통제와 종교 조직이 제공하는 보상을 획득하는 것과 긍정적인 연관성이 있을 것이다.'

둘째, '한 개인이나 집단의 권력은 실제로 존재하는 보상(reward)에 대한 종교적 보상장치(compensator)를 받아들이는 것과 부정적인 연관성이 있을 것이다.'

셋째, '권력과 무관하게 개인이나 집단은 현세에는 존재하지 않는 보상에 대한 종교적 보상장치를 수용하는 경향을 보일 것이다.'

이 가운데 두 번째 명제는 가난한 자는 기도하고 부유한 자는 놀러 다닌다는 종교의 박탈 이론에 대한 오랜 전승의 축약이다. 우리는 이것을 종교적 헌신의 '내세적'(otherworldly) 또는 종파적(sectlike) 형태라고 부를 수 있을 것이다. 한편 첫 번째 명제는 기득권층의 종교적 표현을 포착한 것이다. 이 명제는 보다 기성화된 종교 조직에서 하층민이 상대적으로 부재한 연유를 설명해 준다. 우리는 이 명제를 종교적 헌신의 '세속적'(worldly) 또는 교회적(churchlike) 차원이라고 부를 수 있을 것이다. 세 번째 명제는 어떤 면에서는 모든 사람이 박탈을 경험하고 신앙의 위로가 필요한 존재임을 인지하는 것으로, 종교적 헌신의 '보편적'(universal) 측면이라고 할 수 있을 것이다. 이 명제는 애당초 왜 상류층이 종교성을 가지는지, 왜 그들도 신앙에 민감하게 반응하는지를 설명해 준다. (마르크스 이론에서는 이것을 단지 정신이상, 또는 프롤레타리아를 허위의식으로 포섭하려는 교묘한 기만전술이라고 치부할 것이다.) 더욱이,

세 번째 명제는 기득권층이 왜 신종교 운동에 더욱 끌리는지를 설명하는 데 도움을 준다.

신흥종교의 매력

묵은 종교에 만족하는 사람은 당연히 새로운 신앙을 받아들이지 않을 것이다. 신흥종교(new religion)가 시장에 진입하려면 사회의 기성 종교(들)의 약점으로 인해 벌어진 틈을 비집고 들어가야 한다. 나는 후속 장에서 인구의 상당 부분이 기성 신앙에서 도움을 얻는 데 실패하는 조건을 고찰할 것이다. 여기서는 기성 신앙체계에 허점이 드러나면 '어떤' 사람은 남보다 한 발 앞서 이 허점을 간파하고 반응할 것이라는 점을 지적하는 것으로 족하다. 예컨대 근대 과학의 대두로 인해 전통적인 기독교의 특정 가르침에 문제가 생겼다면 이 점을 기민하게 파악하는 이들은 교육수준이 높은 자들이다. 마찬가지로 헬라와 로마의 과학과 철학이 부상하자 이교도의 가르침에 문제가 생겼고 이것 역시 교육받은 자들이 먼저 간파했다(드브리스 1967). 이것을 명제로 표명하면 이렇다. "종교적 회의론은 기득권층에서 가장 만연하다."

그러나 회의론이 모든 종교의 본질인 초자연주의에 대한 일체의 면역을 제공하는 것은 아니다. 가령 사회학자들은 오랫동안 "무교"(無教)를 표방하는 사람들이 주로 세속적 인본주의자일 것이라고 믿었으나 이것이 사실이 아님을 보여주는 연구가 최근에 상당히 많이 나왔다. 이런 사람들은 대부분 단지 기성 브랜드의 신앙에 확신이 없음을 '무교'로 표현한 것뿐이다. 이들은 반기성적 신비주의, 주술, 종교 교리를 믿는 것에 관심을 표할 가능성이 '가장 큰' 집단이기도 하다. 가령 미국인 가운데 "무교"를 표방한 사람들은 별자리, 요가, 윤회설, 유령의 존재 등을 가장 적극적으로 받아들이는 집단이기도 하다. 더군다나 신흥종교 운동의 개종자 가운데 극히 큰 비중을 차지하는 이들이 바로 과거에 종교란에 "무교"라고 답한 사람들이었다(스타크와 베인브리지 1985).

기성 신앙에 정착하지 못한 사람이 새로운 신앙을 포용하기 가장 쉽다는 것은 분명 놀랄 일이 아니다. 기득권층이 기성 신앙에 대한 끈이 더 약하다는 점도 전혀 놀랄 대목이 못 된다. 그러나 기득권층이 신흥종교 운동을 포용할 개연성이 가장 크다니? 신흥종교로 개종한다는 것은 '새로운 문화'에 관심을 가지는 것이며 실제로 새로운 문화를 체득할 소양을 갖췄다는 것이다. 이 점을 인식할 때 기득권층의 신흥종교 운동 포용은 정확히 예견할 수 있는 일이다.

문화적 혁신을 초기에 수용했던 이들에 관한 연구를 보면 그들이 수입이나 학력 면에서 평균을 훨씬 웃도는 수준임이 드러난다(랄센 1962). 새로운 기술이나 패션이나 태도에 적용되는 것은 신앙의 영역에도 적용될 것이다. 신흥종교는 항상 '새로운 사상'을 의미하기 때문이다. 로마 세계의 시민들이 처음 바울의 교회를 접했을 때를 상상해 보자. 이것은 단지 (종파 운동이 항상 그러하듯이) 익숙한 신앙에 대한 헌신을 새롭게 하라는 초대가 아니었다. 바울은 로마인에게 신들에게로 복귀하라고 촉구한 게 아니라 새로운 세계관을, 현실에 대한 새로운 개념을, 그러므로 실상 '새로운' 신(God)을 받아들이라고 호소한 것이었다. 종파는 낡고 익숙한 문화를 반복 주입함으로써 지적 수준이 낮은 사람들을 포섭할 수 있지만, 새로운 종교는 이런 사람들에게 접근하기가 쉽지 않다. 그래서 새로운 종교는 사회적 지위와 특권을 가진 사람들을 청중으로 삼아야만 했다.

그러나 도대체 왜 이런 사람들이 신흥종교에 합류할까? 대개의 경우 대부분은 합류하지 않는다. 신흥종교가 수천 개씩 생겨나도 성공하는 경우는 드문 연유가 여기에 있다. 그러나 더러 사회 기득권층 가운데 기성 신앙에 큰 불만을 품은 이들이 있다. 종교 조직이 너무 세속화된 나머지 더 이상 희귀한 보상에 대한 강력한 보상장치를 제시하지 못할 때 비(非)기득권층이 불만을 품게 된다는 것(명제 2)은 익히 알려진 사실이다. 이것이 종파 운동(sect movements)의 토대다. 그러나 때로는 전통적인 신앙과 그 조직화된 표현이 너무 세속화된 나머지 종교적 보상장치에 대한 보편적인 필요도 충족시키지 못한다는 점에 대해서는 인식이 부족하다(명제 3). 즉, 종교 기구에 초자연주의가 너무 결핍된 나머지 기득권층의 종교적 필요조차도 충족시키지 못하게 된다는 것이다. 이런 순간에 기득권층은 새로운 대안을 물색한다. 실제로 기성 신앙이 내세웠던 설득력 구조가 허물어지는 것을 가장 예리하게 인식하는 것은 기득권층이다.

간략히 말하자면, 신흥종교를 이해하고 신흥종교의 필요성을 인지할 만한 교양을 갖추려면 일정 정도의 기득권을 소유한 사람이어야 한다. 그렇다고 초특권층이 신흥종교 운동을 포용할 개연성이 가장 크다는 말은 아니다. 그저 신흥종교의 개종자는 기득권을 덜 가진 사람보다는 더 가진 계층에서 나오기 쉽다는 말이다. 실제로 웨인 믹스(1983)는 상대적 박탈이 초기 교회에서 새로운 신자를 모집하는 주요 원천이었다고 한다. 그러니까 자신의 기대에는 못 미치나 상당한 기득권을 누리고 있는 사람들이 개종할 개연성이 유독 높았다는 것이다.

현대 신흥종교의 계급적 구성

근래에 들어 어떤 사람들이 신흥종교 운동에 가담하는가에 관한 상당 양의 데이터가 축적되었다(스타크와 베인브리지 1985). 먼저 수 세기 동안 출현한 신흥종교 가운데 가장 성공적이었으며 이제 새로운 세계 종교로 부상하는 문턱에 선 몰몬교부터 살펴보자(스타크 1984, 1994).

몰몬교는 과거에도 프롤레타리아 운동이 아니었고 현재도 아니다. 몰몬교의 발원지는 뉴욕 서부의 가장 "풍요롭고 상대적으로 세련된 지역"이다. 이 지역은 주민의 상당수가 글로벌한 양키 백인들이며 뉴욕 주의 여타 지역보다 아동 취학률이 높다(오디 1957:10). 조셉 스미스의 가르침을 처음 받아들인 사람들은 주변 이웃에 비해 고학력자이며 상당한 지성주의를 과시하던 이들이었다. 미국에 고등교육이 거의 존재하지 않았던 1841년에 몰몬은 이미 최초의 몰몬 도시인 일리노이 주 노부에서 시립대학을 설립했음을 상기해 보자. 교회 창립 후 수년 만에 미주리와 일리노이 주의 비(非)몰몬교 이웃들은 최고의 땅은 죄다 몰몬이 사들여 자기들의 터전을 앗아가고 있다고 불평하기 시작했다. 땅 매입은 교회에서 집단적으로 한 게 아니라 몰몬 교인들이 개별적으로 개인 사업 차원에서 한 것이었다. 이는 몰몬 개종자들이 상대적 기득권층이었음을 더 확실히 입증하는 대목이다(애링튼과 비튼 1979).[3]

유사한 방식으로 크리스천사이언스 역시 사회적으로 억압받는 사람들이 아닌 상대적 부유층을 끌어들임으로써 단시간에 명망을 얻었다. 윌슨(1961)은 영국의 크리스천사이언스 교인 가운데 귀족 작위를 가진 사람과 이름만 대도 알 만한 귀족 집안 출신이 이례적으로 많음을 지적했다. 미국 종교 분포에 관한 인구 조사 데이터를 보면 크리스천사이언스 신도의 1인당 지출은 다른 모든 종교 집단을 훨씬 앞지른다. 이 집단이 압도적으로 부유층이 많다는 인상(印象)을 실증하는 대목이다. 심령주의(spiritualism) 역시 미국과 영국에서 모두 중상류층을 근거지로 삼고 출발했다(넬슨 1969; 스타크, 베인브리지, 켄트 1981). 아일린 바커(1981, 1984)의 (문선명교로 더 많이 알려진) 통일교 연구에서 밝힌 바로는 영국의 통일교 개종자가 대학 나온 사람일 확률은 동일 연령대의 평균치보다 몇 배나 높았다. 미국의 통일교 개종자 역시 마찬가지였다.

표 2.1
교육수준과 신종교 집단에 매력을 느끼는 정도

	대학 다님	대학 안 다님
매력을 느낌		
– 초월적 명상	17%	6%
– 요가	27%	12%
– 선(禪) 사상	17%	5%
이 단체 가운데 하나라도 참여한 적이 있다고 주장함	16%	5%

표 2.2
교육수준과 신종교 및 종파 참여도

	대학	고등학교	초등학교
종파 참여			
– 신유에 참여한 적이 있다	6%	7%	11%
– '거듭남'의 체험이 있다	27%	36%	42%
신종교 참여			
– 참여한 적이 있다			
요가	5%	2%	0%
초월적 명상	7%	3%	2%
동방 종교	2%	1%	0%
신비주의	3%	1%	0%

다양한 힌두교에 합류한 미국인 역시 이 법칙에 맞아떨어진다. 아난다 (Ananda) 교도의 89퍼센트(놀드퀴스트 1978)와 사치다난다(Satchidananda) 교도의 81퍼센트(볼린 1982)가 대학을 다녔다.

일반인을 대상으로 한 설문 조사 연구도 이런 사례 연구 결과를 확인해 준다. 표 2.1은 샌프란시스코 지역의 1973년 표본에 근거한 것이다(우드나우 1976). 우리는 여기서 대학을 다닌 사람 가운데 미국이라는 환경에서 신종교 운동으로 분류되는 동방의 세 종교에 어느 정도 이끌린 적이 있다고 답한 사람의 비율이 몇 배는 높음을 본다. 뿐만 아니라 이 세 집단 중 하나에 참여한 적이 있다고 응답한 사람 가운데 대학에 다닌 사람의 비율도 세 배나 높았다. 표 2.2는 미국 성인 인구를 대상으로 한 1977년 갤럽 여론조사에 근거한 것이다. 표의 맨 윗부분을 보면 저학력자 가운데 "거듭남"이나 "신유"의 경험이 있다고 응답한 비율이 훨씬 더 높았다. 미국이라는 맥락에서 거듭남과 신유는 고(高)긴장 기독교 교단과 관련된 '종파' 활동이기에 이는 지당한 결과다. 그러나 표의 나머지 부분은 신종교 활동에 관한 것이다. 여기서 우리는 다시금 유경험자 가운데 가장 큰 비중을 차지한 것은 대학 학력자이며 그 다음이 고졸자임을, 그리고 최종학력이 초등학교인 사람 중에는 거의 없음을 본다.

마지막으로 표 2.3은 〈1989-1990 종교 정체성에 관한 전국적 설문조사〉의 결과를 소개하고 있다. 배리 A. 코스민과 그의 동료들이 수행

표 2.3
현대 미국 종교 집단의 학력 수준

	대학 진학자 비율
교파[a]	
로마 가톨릭	48%
유대교	76%
성공회	70%
회중교회(그리스도연합교회)	63%
장로교	61%
감리교	46%
루터교	45%
종파	
하나님의 성회	37%
나사렛	34%
여호와의 증인	23%
하나님의 세계교회	10%
신종교	
뉴에이지	67%
사이언톨로지	81%
위칸	83%
엑켄카	90%
디어티(Deity)	100%
합계	----
몰몬	81%
비종교	55%
무신론	53%
불가지론	72%

a 침례교는 제외시켰다. 그 이유는 침례교가 워낙 복잡하게 종파와 교단이 뒤섞여 있고 인종으로 인한 교락효과(confounding effect, 실험연구 등에서 연구자가 인과관계를 관찰하기 위해 조작한 독립변인 이외의 기타 변인이 종속변인에 영향을 미치는 현상—편집자)를 초래하기 때문이다.

한 미국인의 종교 정체성에 관한 조사는 11만 3천 명을 대상으로 한 역대 최대의 설문조사였다. 표본이 워낙 방대했기 때문에 종교 정체성을 묻는 질문에 신종교 운동을 명시한 사람들도 상당수 취합할 수 있었다. 이 데이터를 검토해 보면, 주요 교단에 속한 사람은 대학에 다닌 사람이라는 그다지 놀랄 바 없는 사실이 드러난다. 실제로 미국 유대인의 4분의 3이 대학을 다녔다. 개신교 종파에 속한 대다수 교인들이 교육 수준이 높지 않다는 것 역시 놀랄 바가 못 된다. 하나님의 세계교회(WCG)는 교인의 단 10퍼센트만이 대학 진학자다.

그러나 신종교 집단을 살펴보자.[4] 이들이야말로 가장 고학력자 집단이다. 교인 가운데 대학 진학자 비율은 유대인과 성공회보다도 높았다. 물론 신종교 집단의 각 퍼센트에 해당하는 사례 수는 많지 않음을 인정한다. 단 12명만이 뉴에이지를 자신의 종교 정체성으로 꼽았고 단 10명이 엑켄카를 지목했다. 그러나 조사 결과는 여러 집단에 걸쳐 지극히 일관성을 보인다. 사례들을 다 종합하면 전반적으로 미국 신종교 운동의 일원 가운데 81퍼센트가 대학 진학자임을 알 수 있다. 실제로 신종교 집단 회원들은 선호하는 종교가 없다거나 불가지론자라고 주장하는 사람들과 비교해서도 대학 진학자 비율이 높았다.

엄밀히 말하자면, 몰몬교는 미국에서 아직 통용되는 종교 정의의 틀 안에서는 신종교 운동에 해당한다. 그러나 몰몬교는 너무 오랜 세월을 버텨왔고 너무 큰 규모로 성장하여 주변 사회환경과의 긴장도는 크게 감소한 상태다. 그리고 기독교가 영구히 중산층과 상류층 운동으로 머물러 있지 않고 결국 모든 계층으로 파고 들어갔듯이 몰몬교 역시 표에 나타난 다른 신종교 운동처럼 식자층이라는 단일 기반에 머무르지 않았다. 더욱이 몰몬교의 데이터는 최근의 개종자만이 아니라 전체 몰몬교인을 포함하는 것이다. 다른 집단의 데이터는 2세대 구성원이 전혀 포함되어 있지 않을 가능성이 크다. 그런데도 몰몬교인 가운데 대학 진학자의 비율은 높게 나타난다(55퍼센트). 그러므로 신흥종교 운동은 기득권층에 기반을 두고 있다는 일반적 명제를 확증해 준다.

그렇다면 분명 모든 반(反)기성적 종교가 다 프롤레타리아 계급의 불만에서 비롯된 표출구인 것은 아니다. 현대 미국에서는 가난한 집 자녀들이 가출해 신종교 운동에 가담하는 것이 아니다. 실제로 볼린(1982)은 사치다난다의 회원 가운데 3분의 2 이상이 부모가 대학에 다닌 사람이라는 사실을 밝혀냈다! 신종교 운동은 구성원에 관한 데이터가 확보되는 경우에 한해 볼 때, 적게 가진 자가 아니라 많이 가진 자를 본산지로 삼는다. 그러나 이 법칙을 과연 초기 기독교에도 적용할 수 있을까?

신종교 운동으로서의 기독교

예수는 공생애 기간에는 유대교 내(內) 한 종파 운동의 지도자처럼 보였다. 실제로 십자가 사건 직후에도 예수의 제자와 동족 유대인 간에는 별 차별점이 없어 보였다. 그러나 십자가 사건이 일어나고 사흘째 되는 아침에 어떤 사건이 일어났고 그로 인해 기독교 종파는 하나의 신종교 운동으로 변신했다.

기독교인은 그 날 예수가 죽은 자 가운데서 살아났으며 그 후 40일 동안 다양한 추종자 무리에 거듭 출현했다고 믿는다. 꼭 부활을 믿어야만, 사도들이 부활을 믿었기에 더 이상 유대교의 한 종파로 남아 있을 수 없었다는 점을 이해할 수 있는 것은 아니다. 비록 이 사실을 온전히 인식하는 데 시간이 걸렸지만 (당시 유대교 자체가 엄청난 내적 다양성이 있었던 것도 한 연유다.) 부활 사건을 분기점으로 해서 기독교인은 새로운 종교의 참여자가 되었다. 이 신흥종교는 하나의 내부적인 종파 운동이라고 치부하기에는 너무나도 많은 새로운 문화를 유대교로 가지고 들어왔다. 물론 교회와 회당이 완벽히 분리되는 데는 수 세기가 걸렸다. 하지만 예루살렘의 유대인 당국은 재빨리 기독교인을 공동체의 테두리 바깥에 있는 이단으로 낙인찍었다. 마치 오늘날의 기독교 연합체들이 문선명교를 배척한 것과 같은 식이다.

더욱이 기독교와 유대교의 관계가 어떠했든 역사학자들이 '초기'(early) 교회라고 칭하는 것은 예루살렘에 있던 교회가 아니라 바울이 세운 교회다. 바울이 세운 교회야말로 역사의 물길을 바꾼, 승리한 교회였다. 그리고 기독교가 기성 이방 종교 내의 종파 운동이 아니었음은 의심의 여지가 없다. 초기 교회는 제국이라는 맥락 안에서 신종교 운동이었다. 마치 몰몬교가 19세기 미국이라는 맥락 안에서는 신종교 운동이었던 것처럼 말이다(그리고 복음주의 기독교인의 눈에는 여전히 신종교다).

만일 그러하다면, 그리고 신종교 운동의 기반이 상대적으로 특권을 누리는 계층이었다면, 신약 역사학자들이 오늘날 믿는 것처럼 바울의 선교 사역이 가장 큰 성공을 거둔 대상은 중산층과 중상위층이라고 추론할 수 있지 않을까? 나는 이 추론이 충분히 타당성이 있다고 판단한다. 물론 로마 시대와 지금 시대는 기본적인 사회/심리 프로세스가 다르다고, 그러니까 고대에는 인간의 정신이 지금과는 다른 원리로 작동했다고 주장하지 않는 한 말이다. 어떤 역사학자들은 이런 주장에 솔깃하겠지만 실력 있는 사회과학자라면 이것이 일고의 가치도 없음을 알 것이다. 이슬람에서 가장 초창기 개종자들의 명단에 근거한 증거를 보면 출발부터 모하메드의 추종자들은 상당한 특권을 누리던 젊은 청년층이었다는 결론을 뒷받침한다(와트 1961).

결론

나는 본 장이 초기 교회에 가장 매력을 느꼈던 대상은 제국의 안정된 시민층이었다는 것을 "입증"하지는 않음을 충분히 인지한다. 만일 바울이 서신만 보내지 않고 설문지도 같이 보냈더라면 증거를 제시할 수도 있었을 것이다. 그러나 확실성이 획득불가한 분야에서 확실성을 요구하는 것은 지적인 나태다. 과학은 모든 이론을 각각 하나씩 경험적으로 적용하여 검증하는 식으로 진행되지 않는다. (물리학자가 야구 경기를 관람하면 모든 플라이볼이 아래로 떨어지는지 집계하는 대신 보통 사람들처럼 안타, 도루, 에러를 집계할 것이다.) 이론을 만드는 본질적인 이유는 '일반화'하기 위함이다. 그래서 영속적인 시행착오의 굴레를 탈피하려는 것이다. '신종교 운동에 유입되는 사람 가운데 기득권층 출신의 비중이 높다'는 것 같은 사회학적 일반화를 하는 이유는 각각의 개별 집단에 관한 적실한 증거가 아직 없다는 핑계로 무지를 주장하는 상황을 극복하기 위함이다.

마지막으로 초기 기독교가 상대적으로 기득권층의 운동이었든 억눌린 자의 운동이었든 그게 뭐 그리 큰 차이가 있었을까? 내 판단에는 매우 큰 중요성이 있다. 기독교가 실제로 프롤레타리아 운동이었다면 국가는 기독교를 단순한 불법 종교가 아니라 '정치적인' 위협으로 간주하고 대처했을 것이다. 마르타 소르디(1986)에 동조하여 나도 국가가 초기 기독교를 정치적으로 간주했다는 주장을 거부한다. 만일 기독교 초창기에 국가가 진짜 전방위적으로 기독교 죽이기에 나섰다면 과연 기독교가 살아 남을 수 있었을지는 아무도 장담할 수 없다. 로마 국가가 정치적 위협으로 간주하는 대상에 자행한 탄압 조치는 무자비할 뿐 아니라 가차 없고 철두철미했다. 마사다(Masada)가 퍼뜩 떠오르는 일례다. 허나 기독교도에 대한 핍박은 가장 살벌한 핍박조차도 산발적이며 제한적이었다. 그리고 8장에서 보게 될 것처럼, 국가는 수천 명의 기독교인이 새로운 종교를 믿는다고 대놓고 선언해도 못 본 척 무시했다. 만일 기독교가 기득권층의 것이었다는 논점을 펼친다면 국가의 이런 행태는 일관성이 있는 것으로 보인다. 현재 믿는 것처럼 기독교인이 비천한 아웃사이더의 패거리가 아니라 초창기부터 그 구성원이 고위층과 황실에 친구와 친인척을 둔 사람들이었다면 억압과 핍박은 대폭 순화되었을 것이다. 그래서 바로 숱한 기독교인의 사면 사례가 존재하는 것이다. 이 주제는 후속 장들에서 다시 돌아보려 한다.

맺기 전에 본 장의 기초가 된 에세이를 쓰게 된 계기가 무엇이었는지 실토하는 게 좋을 듯하다. 초기 교회에 관한 책읽기를 시작한 지 얼마 되지 않아 기독교가 프롤레타리아 운동이 아니었다는 새로운 견해를 주창하는 로빈 스크룩스(1980)의 글을 접하게 되었다. 나의 첫 반응은 이랬다. "당연히 아니었지. 신종교 운동은 절대 프롤레타리아 운동이 아니라고." 바로 이 점을 해명하려고 본 장을 쓰게 되었다.

〈티투스 개선문에 새겨진 저부조〉 이 저부조는 70년 로마 군대가 예루살렘 성전에서 메노라와 다른 성물을 약탈해 가는 장면을 묘사하고 있다. 유대인에 대한 선교가 이 시점에 끝났다는 주장은 사회학적으로 개연성이 없다.

3
유대인 선교: 성공의 개연성과 성공 요인

"유대인에 대한 선교가 실패했음에도 불구하고 기독교의 발흥은 달성되었다"는 명제처럼 지당한 이야기도 없는 듯하다. 신약성서도 그렇게 말하고, (아무도 토를 달지 않는) 비중 있는 역사적, 학문적인 시각도 그러하다. 그런데 아주 초창기의 개종자 가운데 유대인이 큰 일군(一群)을 이루었다는 인식 또한 일반적인 통념이다. 이런 인식은 "유대계 기독교"(Jewish Christianity)와 "기독교인의 회당"(Christian Synagogue) 같은 문구에서도 드러나는 바다. 그러나 이런 양상은 66-74년의 반란 이후

본 장의 예비판은 "유대인의 개종과 기독교의 발흥- 기존 통념을 재고하다"라는 제하에 성서문헌학회(SBL) 세미나 논문집에 게재되었다(켄트 해럴드 리처드스 편, 아틀란타: 스콜라스 프레스, 1986) 314-329.

급작스레 파국에 이르렀다는 것이 일반적인 추론이다. 한편 바르코바(Bar-Kokhba) 반란이 유대인과 기독교인 간의 연대를 깨트린 '최후의 일격'이었다고 보면서도, 2세기까지는 유대인의 개종이 상당했다는 관점을 받아들이는 저자들도 있다.

기존 통설에 반하여 유대계 기독교가 훨씬 후기까지 기독교의 발흥에 중심 역할을 감당했다고 제안할 만큼 어리석은 이는 사회학자밖에 없을 듯하다. 그러니까 1세기부터 2세기 초반까지 교회 성장의 출발 기반을 제공한 것이 디아스포라 유대인이었으며, 이뿐 아니라 최소한 훨씬 이후인 4세기까지 유대인이 계속 기독교 개종자의 중요한 원천이었으며, 유대계 기독교는 5세기까지도 여전히 비중 있는 존재였다는 것이다. 여하튼 이것이 본 장에서 내가 펼치려는 주장이다.

맨 먼저 내 주장의 근거로서 어떻게 운동이 성장하는지, 사람들이 수백만의 헬라화된 유대인들과 흡사한 상황에 처할 때 어떻게 종교 운동에 반응하는지에 관한 몇 가지 사회학적 원리와 통찰을 제시할 것이다. 실제로 내 변론의 일부는 근래에 유대인이 유사한 여건에 처했을 때 어떻게 반응했는가에 할애될 것이다. 이런 자료들을 통해 나는 '일어났다고 확신하는 일'을 재구성할 것이다. 그 다음에는 나의 사회학적 재구성이 '실제 일어난 일'을 나타낸다는 것을 보여주는 최근의 다양한 고고학과 기록 상의 발견을 검토할 것이다.

본 장에서 재구성에 관련된 부분은 세 가지의 일반적인 단계로 진행된다. 첫째, 나는 기독교로 개종한 유대인의 수가 그리 많지 않았다는 통념을 뒷받침하는 증거를 간략히 묘사할 것이다. 그 다음 일련의 사회학적 명제들과 연구 결과들을 검토할 것이다. 마지막으로 이런 고려사항에 비추어 디아스포라 헬라파 유대인의 상황을 평가하면서 어째서 다수의 유대인 개종자가 있었다는 게 가장 개연성 있는 결론인지를 보여주려 할 것이다.

유대인이 기독교를 거부했다는 것을 어떻게 알 수 있을까?

유대인이 기독교의 메시지를 거부했다는 것은 누구나 아는 바다. 그러나 어떻게 이 사실을 알 수 있을까? 가장 설득력 있고 탄탄한 증거는 기독교가 대세가 된 후에도 여전히 완고함을 유지했던 다수의 유대인 인구가 존재했다는 점이다. 더욱이 결정적인 시기(2세기부터 5세기까지) 동안 디아스포라의 다양한 지역에서 대형 회당이 계속 기능했다는 것을 보여주는 고고학적 증거도 있다. 그러므로 로마인과 헬라인은 떼지어 교회로 몰려들었어도 유대인은 '요지부동이었음이 틀림없다'는 수순을 밟게 되는 것 같다. 유대인은 보다 기록이 풍부한 시대인 훗날까지 계속 교회를 반박했기 때문이다.

여기서 유대인은 개종하지 않았다는 지식의 두 번째 근거로 나아가게 된다. 바로 기독교와 유대교 쌍방간에 서로에 대해 적대적으로 언급한 텍스트다. 신약성서에 나오는 부분부터 시작해서 초기 교회의 교부들이 유대인을 완고하고 종국에는 사악하다고까지 묘사한 것을 들 수 있다. 어느 시점에 다다르자 기독교인(나사렛인)을 향한 저주가 유대인의 〈18 축복 기도문〉에 삽입되었다는 것도 알려진 사실이다. 아마도 유대계 기독교인이 회당에서 발언하는 것을 막기 위한 방책으로 짐작된다(카츠 1984, 호르베리 1982). 이 문구가 삽입된 정확한 시기는 의구심이 들지만 저주가 삽입된 시기가 언제이든 상호 비방은 유대인 포교의 실패에서 비롯된 악감정을 반영한다는 것이 통설이었다.

그러나 그것이 전부다. 이것이 이제 내가 재평가하고자 하는 증거적 토대다. 평가를 위해 나는 종교 사회학에서 이루어진 작업 가운데 연관성이 있는 부분을 소개하고자 한다. 먼저 역사적으로 병행하는 내용을 일부 검토하고 연이어 이론적인 명제들을 일부 소개하려 한다.

유관한 사회학

1960년대에 이르러 사회학자들은 특정 민족 집단이 미국 사회에 동화되는 것에 관한 기존 관념을 급진적으로 수정했다. 이 과정에서 주도적인 역할을 한 이들이 네이든 글레이저와 대니얼 P. 모이니한(1963)이다. 이들은 동남부 유럽 출신의 민족들은 미국 사회에 동화되는 데 실패했다는, 그러므로 용광로(melting pot) 개념이 낭만적인 허구라는 것을 예증했다. 그들이 제시한 증거는 무엇이었는가? 주위를 둘러보라는 말이 전부였다. 미국 내의 이탈리아 타운과 폴란드 타운을 보라. 미국 도시에 확고한 민족 공동체가 넘쳐난다는 사실은 용광로 설에 혼돈을 야기했다.

그럼에도 불구하고 수정된 관점은 유효하지 않았다. 양질의 데이터가 확보되자 인종 집단의 거대 다수가 이미 미국 사회에 동화되었음이 밝혀졌다. 그 단적인 예가 그들 대다수가 민족 집단 바깥에서 결혼했다는 사실이다(알바 1976, 1985). 새로운 신화는 방법의 산물이었다. 리처드 알바가 지적했듯이, 글레이저와 모이니한의 방법을 사용하면 이탈리아인 가운데 동화되지 못한 사람이 '일부라도' 존재하는 한, 즉, 이탈리아 타운이 완전히 텅 비지 않는 한, 이탈리아인은 동화되지 못했다는 증거가 된다는 것이다. 여기서 얻을 수 있는 교훈은, 이탈리아 타운이 활성화되는 동시에 대대적인 동화가 일어날 수 있다는 것이다. 그리고 이것이 함의하는 바는, 회당이 활발히 기능했다는 것이 디아스포라 유대인의 다수가 개종하지 않았다는 증거는 못 된다는 점이다. 3세기와 4세기의 회당들은 20세기의 이탈리아 타운이다. 물론 디아스포라의 회당은 텅 비는 일이 없었지만 이탈리아 타운은 공동화되는 날이 올 수도 있다. 그렇다고 해도 우리가 경고로 삼아야 할 교훈이 바뀌는 것은 아니다.

이제 두 번째로 살펴볼 역사적 병행점은 이것이다. 19세기 대부분의 유럽 국가에서 일어난 유대인 해방을 통해 완전한 시민권을 거머쥔 유대인들은 이내 종교적 위기에 처하게 되었다. 스테판 스타인버그(1965)

가 분명히 예증했듯이 해방된 유대인은 유대교가 종교인 동시에 민족 정체성이기도 했음을 깨닫게 되었다. 게토는 단지 이방인이 부과한 것이 아니라 민족 보호구역이기도 했던 것이다. 게토를 떠나면 민족의 정체성을 포기해야만 했다. 더 큰 사회에서 운신의 자유를 얻으려면 게토 주민의 매우 두드러진 외양을 벗어 던져야 했다. 귀밑 곱슬머리, 쇼올, 빵모자 키파 등이 단적인 예다. 유대인은 또한 이방인과 자유롭게 교제하거나 이방인의 사회 모임에 진입하는 데 장벽이 되었던 섭생의 제약도 완화해야 했다. 사실 해방된 유대인이 발견한 것은 게토 바깥에서는 율법을 지킬 수 없다는 점이다. 다른 지역에는 유대인의 정결 음식인 코셔 정육점이 없었다. 회당에서 너무 멀리 떨어져 살게 되면 회당에 차를 타고 가야 하는 상황에서 어찌 안식일을 범하지 않을 수 있겠는가?

해방은 수십만 명의 유럽 유대인이 사회 주변인으로 남게 되는 결과를 야기했다. 이제는 유대인에 속한 것도 아니고 (종종 유대교에서 파문 당하고 가족의 기피대상이 되었다.) 그렇다고 진정으로 동화된 이방인도 아니었던 것이다. '주변성'(marginality)이라는 개념은 사회학에서 오랫동안 유용성을 가졌다(스톤퀴스트 1937, 스타크와 베인브리지 1987). 사람들이 두 집단에 소속되어 있는 경우, 모순이나 상호 압박이 생기고 타 집단에 소속되었다는 이유로 각 집단에서의 지위가 낮아진다. 이 때 주변화가 일어나고 그들은 주변인으로 남게 된다. 이 개념은 다음과 같은 하나의 명제 안에 내재될 때 위력을 발휘한다. '사람들은 주변적 위치를 탈피하거나 해소하기 위한 시도를 할 것이다.' 19세기의 유대인 가운데 일부는 주변성의 문제를 해결하고자 기독교로 개종하는 등의 동화를 시도했다. 어떤 이들은 새로운 유형의 유대인이 되는 길을 택해 주변성을 해소하고자 했다.

개혁파 유대교(Reform Judaism)는 구약성서(그리고 계몽주의)에 근간을 둔 비(非)종족적, 비(非)민족적 종교를 제공하는 데 그 의도가 있었다. 이 종교의 초점은 관습과 규례가 아니라 신학과 윤리였다(블라우 1964, 스타인버그 1965). 1845년에 베를린에 소재한 개혁파 유대교회 최초의 랍비였던 새뮤얼 홀드하임은 신이 주신 율법은 특정한 시간과 공간만을 위해 주어진 것이라고 저술했다.

> 신이 만든 율법일지라도 율법의 제정 배경이었던 삶의 여건과 상황이 지속할 때까지만 효력이 있다. 삶의 여건과 상황이 변하면 비록 하나님이 그 율법의 원저자일지라도 율법은 폐지되어야 한다. 왜냐하면 율법이 주어졌던 삶의 상황과 여건이 변하면 비록 하나님이 그 율법을 제공했을지라도 율법 시행은 중단되어야 한다는 것을, 즉 율법 준수가 더 이상 '가능하지 않기' 때문에 '준수해서는 안 된다'는 것을 하나님 자신이 의심할 나위 없이 보여주셨기 때문이다(블라우에서 인용 1964:137).

미국에서 초창기 개혁파 운동이 채택한 피츠버그 강령은 노골적으로 신학으로부터 민족 정체성을 분리해 내려는 시도를 한다. 정통 유대교를 언급하며 강령은 이렇게 선포했다.

오늘날 우리는 정통 유대교의 도덕률만이 구속력이 있다고 받아들이며 우리의 삶을 고양시키고 정화하는 의례만을 유지하고자 한다. 그러나 현대 문명의 관점과 습관에 걸맞게 개정되지 않은 모든 것은 거부한다. 우리는 섭생의 제약, 제사장의 정결의식과 예복 규정 같은 이런 모든 모세와 랍비의 율법이 우리의 현재 정신적, 영적 상태와는 전혀 이질적인 사상의 영향력과 시대에서 유래했다고 본다. 우리는 유대교를 이성(理性) 이론과 일치시키려고 부단히 노력하는 진보적인 종교로 인식한다(스타인버그에서 인용, 1965:125).

실제로도, 동일한 이 문서에는 이런 솔직한 진술이 담겨 있다. "우리는 스스로를 더 이상 하나의 민족이 아닌 종교 공동체로 간주한다." 본 장의 후반부에 가서 나는 19세기의 해방된 유대인과 그레코-로만 사회의 헬라파 유대인이 처한 상황이 매우 흡사함을 보여주려고 할 것이다. 19세기 유대인들이 개혁파 운동에서 발견했던 것과 유사한 많은 것들을 어떻게 기독교가 헬라파 유대인에게 선사했는지 보일 것이다.

이런 배경 하에 이제 주변성에 관한 사회학적 명제에 더하여 몇 가지 다른 사회학적 명제를 소개하고자 한다. 1장에서 제시한 명제를 상기해 보자. '신흥종교 운동은 주로 종교적으로 소극적이며 불만이 있는 사람들과, 가장 순응화된(세속화된) 종교 공동체에 소속된 사람들로부터 주로 개종자를 모집한다.'

이 명제의 한 가지 측면은 자명하다. 하나의 종교 기관에 확고히 닻을 내린 사람은 어느 날 갑자기 뛰쳐 나가 다른 기관에 가담하지 않는다는 것이다. 그렇지만 명백히 종교적인 유대나 관심을 다 잃어버린 사람 (선호하는 종교를 묻는 질문에 '없음'이라고 응답한 미국인들처럼) 역시 어느 날 갑자기 뛰쳐나가 새로운 종교 운동에 가담하지 않는다는 것이 널리 받아들여지는 통념이다. 그러니까 가담자는 새로운 신앙을 적극적으로 물색하는 자(active seeker)라는 것이다. 그러나 이것은 사실이 아니다. 신흥종교 운동은 외적 세속화가 가장 많이 진행된 곳에서 최고의 전도 성공률을 보인다. 가령 인구 가운데 등록 교인의 비율이 저조한 미국의 서부 해안이나 캐나다, 북유럽이 그 예다. 더욱이 신흥종교 운동에 합류한 개종자의 압도적인 다수가 종교적인 소속이 없거나 비종교적인 가정 출신이었다. 그러니까 한때 종교란에 '무교'라고 기입했을 바로 그 사람들인 것이다(스타크와 베인브리지 1985).

실제로 요즘 시대의 북미와 유럽 유대인들의 엄청난 세속성은 그 자녀들이 신흥종교 운동에 놀라운 속도로 합류하는 것에서 엿볼 수 있다(스타크와 베인브리지 1985). 하레 크리슈나에 합류한 미국인 3분의 1 이상이 종교활동을 하지 않는 유대인 가정 출신이었다(쉰 1983). 그렇다면 헬레니즘 문화권의 유대인 가정에서 자란 사람들도 뭔가에 합류할 개연성이 크지 않았을까?

두 번째 중요한 명제는 '사람들은 그들이 이미 익숙한 기성 종교(들)과 문화적 연속성을 보유한 새로운 종교를 더 수월하게 받아들인다'는 것이다.

녹크는 이 점을 이렇게 예리하게 표현했다.

사람들은 대부분 완전히 새로운 것에 (그런 게 가능하다면) 대한 수용성이 낮다. … 보통 선지자의 독창성은 이미 존재하던 가연성 재료에 고온의 열을 가해 융합시키는 능력, 그러니까 그 선지자와 동시대를 살아가는 이들의 아직 덜 성숙된 기도에 표현과 내용을 덧입혀 주는 능력에 있다. 고타마 붓다의 가르침은 당시에 존재하던 열정적이지만 혼란스러운 금욕주의와 여러 사상을 자양분 삼아 자라났다. 지금까지도 붓다가 그런 것 이외에 정확히 어떤 면에서 새로웠는지 규명하기란 쉽지 않다. 세례 요한과 예수의 메시지는 여러 세대에 걸쳐 유대인 동족을 사로잡았던 왕국에 대한 열망에 형식과 내용을 부여한 것이었다(1933:9-10).

문화적 연속성의 원리는 최소의 비용으로 최대의 결과를 얻으려는 인간의 극대화 경향을 포착한 것이다. 신흥종교의 세계관을 채택할 경우, 그 대신에 치러야 하는 비용은 자신이 이미 알고 있는 지식에 근거해 산정하거나, 아니면 새로운 종교로의 전환을 위해 자신이 폐기해야 하는 것을 받아들일 수 있느냐를 기준으로 산정될 수 있다. 잠재적 개종자가 자신이 원래 가지고 있던 문화적 유산을 상당 부분 보전하면서도 새로운 것을 일부분 첨가하기만 해도 된다면 전환 비용은 최소화될 것이다(스타크와 베인브리지 1987). 가령 기독교 문화에 익숙한 사람은 몰몬교인이 되는 선택의 기로에 섰을 때 신구약 성서를 폐기하는 게 아니라 그저 기존 성서 세트에 제3의 성서 한 권만 더하라는 요청을 받는다. 몰몬교는 기독교의 대안이 아닌 완성으로 스스로를 자리매김한다. 조셉 스미스는 계시의 원천이 새로운 것이라고 주장하지 않는다. 다만 기독교와 동일한 출처에서 받은 최신 근황을 전하는 것뿐이라고 주장한다. 이 원칙은 모하메드와 예수에게도 적용된다.

세 번째 명제는, '사회적인 운동은 기존의 사회적 네트워크를 통해 확산될 때 훨씬 빨리 성장한다'는 것이다.

이것은 단순히 1장에서 구축한 개종에 관한 애착관계 명제를 적용한 것에 불과하다. 실제로 사람들은 대개는 신앙을 '찾아다니지'(seek) 않는다. 사람들은 이미 그 신앙을 받아들인 다른 사람들과의 끈을 통해 그 신앙을 '접하게'(encounter) 된다. 결국 새로운 종교를 받아들이는 것은 어떤 면에서는 가족과 친지의 기대와 본보기에 순응하는 것이다. 이런 연유로 운동의 신규 회원 모집을 위한 통로는 제한적이다.

종교 운동이 성장할 수 있는 이유는 구성원이 지속적으로 외부인과 새로운 관계를 맺기 때문이다. 이것이 현대 종교 운동과 특히 대도시에서의 전도과정에서 빈번히 관찰되는 양상이다. 많은 신흥종교는 신규 방문자, 그리고 대인 애착관계가 결핍된 사람들과 애착을 형성하는 데 노련하다(로플랜드와 스타크 1965, 스타크와 베인브리지 1985). 개종자가 자신의 가족과 친지를 데리고 오면 기존의 사회 네트워크를 통해 전파되는 방식으로 운동의 신규 회원을 모집할 수 있다. 이런 패턴은 사회적으로 고립된 자들을 일대일로 전도하는 것보다 훨씬 빠른 속도의 성장을 가능케 한다(스타크와 로버트 1982). 몰몬교가 비근한 예다. 비록 몰몬교가 종종 선교사들이 일군 애착관계의 토대 위에서 한 명씩 고립적으로 전도하기도 하지만 몰몬의 주요 전도 라인은 인맥이다. 평균적으로 개종자는 자신보다 앞서 몰몬교에 발을 디딘 친구와 친척이 다수 있다. 몰몬의 성장률이 그토록 탁월한 이유는 네트워크 전도를 통한 성장을 했기 때문이다. 한편 현대의 여타 종교 운동이 수백만 명이 아닌 수천 명 단위로 성장하는 이유도 바로 네트워크의 성장이 부진하기 때문이다.

1장에서 정립한 기독교의 성장에 관한 통계는 기독교가 기존 네트워크를 통해 부상해야만 가능한 일이었다. 그런 일이 일어났으려면 개종자가 애착관계로 결속된 공동체 출신이어야 한다. 이런 네트워크는 굳이 안정성이 높은 공동체에 기반하지 않아도 된다. 그러나 네트워크가 있었을 것이라는 추정은 포교자들이 대부분의 개종자들을 노방 전도로 찾았다거나 시장통에 모인 군중 가운데서 결신자를 불러내는 이미지와는 잘 맞지 않는다. 아울러 네트워크의 성장이 있으려면 새로운 신앙의 포교자들이 이런 네트워크에 강력한 애착관계를 '이미 형성했거나 쉽게 형성할 수 있어야' 한다.

디아스포라 헬라파 유대인의 상황

디아스포라 헬라파 유대인은 그들이 처한 상황 속에서 기독교를 접했을 때 어떤 반응을 보였을까? 이제 이 질문에 앞에서 언급한 모든 것을 적용해 볼 시점이다. 나는 신약시대의 헬라파 유대인과 19세기의 해방된 유대인 간에는 광범위한 정황적 유사성이 있다고 본다. 그러므로 개혁파 유대교 운동과 유사한 무언가가 헬라파 유대인에게 매력 있게 다가갔을 것이라고 짐작할 수 있다.

중요한 것은 디아스포라 헬라파 유대인이 팔레스타인에 사는 유대인을 수적으로 크게 압도했음을 명심하는 것이다. 존슨(1976)은 팔레스타인에는 1백만 명의 유대인이 살았고 국외에는 4백만 명이 살았다고 제시한다. 믹스(1983)는 디아스포라 인구를 5-6백만 명으로 본다. 여기서 주목해야 할 점은 헬라파 유대인은 주로 도시인이었다는 것이다. 마찬가지로 팔레스타인 국외의 초기 기독교인들도 주로 도시인이었다(믹스 1983). 마지막으로 헬라파 유대인은 빈곤한 비주류 집단이 아니었다. 그들은 수 세기에 걸쳐 경제적인 기회를 찾아 팔레스타인을 떠난 사람들이었다. 1세기에는 알렉산드리아와 같은 주요 거점 도시에 대규모의 유대인 지역 사회가 있었고, 이들이 부유하다는 것은 익히 알려진 바였다. 유대인은 제국의 주요 거점지역 내에 부유하고 인구도 많은 도시 공동체를 세워 디아스포라의 삶에 적응했다. 그런데 이들은 그 적응 방식으로 인해 예루살렘의 유대교에 대해 매우 주변적인 존재가 되었다. 기원전 3세기부터 이미 이들의 히브리어 구사 능력은 토라를 헬라어로 번역해야 할 정도로 형편 없었다(그린스푼 1989). 번역 과정에서 헬라어뿐 아니라 헬레니즘의 관점도 70인역 성서 속으로 잠입했다. 그 결과 출애굽기 22:28은 "너는 신들을(the gods) 모독하지 말지니라"(한글 개역개정에는 "너는 재판장을 모독하지 말며"로 되어 있다―편집자)로 옮겨졌다. 뢰첼(1985)은 이것이 이교도와의 절충을 모색하는 제스처라고 해석한다. 그 의미가 무엇이든 팔레스타인을 벗어난 유대인들은 헬라어로 읽고 쓰고 말하고 생각하고 예배했다. 로마의 유대인 카타콤에서 발견된 새김 문자 가운데 히브리어나 아람어는 2퍼센트 미만이었던 반면, 헬라어는 74퍼센트였고 나머지는 라틴어였다(피네건 1992:325-326). 디아스포라의 많은 유대인이 헬라식 이름을 가졌고 헬라 계몽주의의 상당 부분을 문화적 관념 속으로 포용했다. 이것은 마치 해방된 유대인들이 18세기의 계몽주의에 반응한 것과 같은 형국이다. 더욱이 많은 헬라파 유대인은 이교 사상의 여러 요소를 부분적으로 포용했다. 간략히 말하자면, 헬라파 유대인 가운데 다수는 이미 민족적 의미에서는 유대인이 아니고 종교적 의미에서만 유대인인 상태였다(골드스타인 1981, 프렌드 1984, 그린 1985).

그렇다고 그들이 또 헬라인인 것도 아니었다. 유대교를 율법에 내재된 민족적 정체성으로부터 분리해 내는 일이 쉽지 않았기 때문이다. 율법은 1세기나 19세기나 동일하게 유대인을 철저히 구별시켰고, 유대인이 일반 시민의 삶 속으로 온전히 녹아드는 것을 저해했다(헹겔 1975). 양(兩) 시대 모두에서 유대인은 사회적 주변성이라는 불안정하고 불편한 여건에 놓여 있었다. 체리코버가 피력했듯이, 헬라파 유대인은 헬라인들 속에 살며 헬라 문화를 포용했지만 동시에 "영적인 게토에 갇혀 '야만인'의 한 부류로 인식"되는 것에 모멸감을 느꼈다. 그는 "유대인이 유대인으로 남아 있으면서도 헬라의 선택받은 사회" 속으로 완전히 편입되었다고 자부할 수 있도록 "어떤 절충과 통합"이 시급히 요구됐다고 지적했다(1958:81).

'하나님 경외자들'(God-Fearers)을 보면 헬라파 유대인들이 유대교의 민족적 정체성 강요로 인해 겪는 어려움을 엿볼 수 있다. 유대교는 오랜 세월 동안 이방인 '길동무'를 끌어들였는데, 그들은 유대인의 도덕적 가르침과 유일신 사상에서 많은 지적(知的) 만족을 얻으면서도 율법을 준수하는 최종 단계까지는 가지 않으려 했다. 이런 사람들을 '하나님 경외자'라고 칭했다. 율법에 대해 사회적으로나 지적으로 불만이 있던 헬라파 유대인에게 '하나님 경외자들'은 매우 매력적인 대안 모델로 다가왔을 공산이 크다. 이것은 완전히 헬라화 된 유대교였으며, 랍비 홀드하임은 아마도 '하나님 경외자들'이 추구한 유대교가 변화된 삶의 상황과 여건에 적합한 것이라고 판단했을 것이다. 그러나 '하나님 경외자들'은 운동은 아니었던 반면 기독교는 운동이었다.

사도들이 공의회에서 개종자에게 율법 준수를 강요하지 않기로 결의했을 때, 그들은 민족 정체성으로부터 분리된 하나의 종교를 창출했다. 전승에 의하면 율법과 분리한 후 거둔 첫 결실은 이방인 선교가 급속도로 성공했다는 것이다. 그러나 분리의 소식을 가장 먼저 접한 사람들은 누구였을까? 이 분리 결정으로부터 누가 가장 큰 최초의 유익을 얻었을까? 실제로 어떤 집단이 앞에서 개괄한 사회학적 명제들을 가장 잘 충족시키는 이들일까?

문화적 연속성

기독교는 이방인보다는 헬라파 유대인에게 갑절의 문화적 연속성을 선사했을 것이다. 두 문화 사이에서 갈등하는 헬라파 유대인의 주변성을 검토해 보면, 어떻게 기독교가 '양'(both) 문화의 종교적 컨텐츠의 상당 부분을 보존하면서도 양자 사이의 모순을 해소하는지 주목할 만하다. 타이센은 바울의 기독교를 "절충형 유대교"라고 묘사했다(1982:124).

기독교가 어느 정도까지 유대교와 문화적 연속성을 유지했는지에 관해서는 별다른 언급이 필요 없다. 실제로 신약성서의 대부분이 어떻게 기독교가 구약을 확장하고 완성하는지를 보여주는 데 집중한다. 그리고 금세기의 대부분의 기간 동안 학자들은 어떤 방식으로 기독교가 놀랄 정도로 친숙한 얼굴을 비(非)유대적인 그레코-로만 문화에 보여주었는지를 강조했다(하르낙 1908, 녹크 1933, 키 1983, 윌켄 1984, 맥멀른 1981, 1984, 프렌드 1984). 그러나 초기 기독교가 보여준 "두 가지의 문화적 얼굴"을 보면, 초기 기독교가 가장 매력 있게 다가갔을 대상은 '각각의'(each) 얼굴이 중요하게 다가왔을 사람들이었음이 분명해진다. 바로 디아스포라 유대인이다.

절충형 유대교

헬라파 유대인은 사회적으로 주변인이었을 뿐 아니라 비교적 현세적이고 절충적이며 세속적이었다. 필로가 바로 그 강력한 예다. 필로가 다수의 기독교 교리를 "예견"했다는 주장이 종종 제기되었으며 바울의 많은 가르침에 영향을 주고 전조가 되었다는 설도 있다. 결과적으로 필로는 세련된 관점에 입각한 기독교의 메시지를 예비하는 역할을 했을 수 있다. 그러나 이런 사안들은 나의 주장에는 부차적이다. 필로가 차지하는 의미가 무엇이든, 그는 디아스포라 유대교에 만연했던 절충주의의 극명한 증거다(콜린스 1983).

우리는 1세기 초 알렉산드리아의 유대인 사회에서 존경받는 한 지도자의 토라 해석이 초기 개혁파 유대교 랍비의 해석과 놀랄 정도로 닮은꼴임을 본다. 가령 이런 것들이다. "신적 권위는 이성(理性)뿐 아니라 상징적이고 비유적인 해석에 종속된다," "신앙은 시공간에 맞게 절충된다." 개혁파 랍비처럼 필로 역시 두 세계의 틈바구니에 낀 존재였다. 어떻게 그가 온전히 헬라화 되면서도 유대인으로 남을 수 있었을까? 필로는 이 목적을 달성하고자 율법에 대한 '합리적인' 주해를 집필했다. 그러니까 하나님이 맹금류와 육식 포유류의 사체를 먹지 못하게 금한 이유는 평화라는 미덕을 강조하기 위함이었다는 식이다. 이런 식으로 설명해 내지 못한 것은 비유로 재해석했다. 콜린스가 지적했듯이 "필로와 다른 이들이 시도한 비유적 성서 해석은 유대인의 성서와 종교철학 간의 불협화음을 해소하기 위한 방편이었음에 틀림없다"(1983:9). 프렌드는 동일한 논점을 전개하며 필로가 율법을 "오로지 헬라 철학의 거울을 통해서만" 해석하려 했다고 한다(1984:35). 그 결과로 별다른 입증이 필요 없는 토라의 많은 부분에 담긴 종교적, 역사적 의미가 "필로가 우주의 조화와 합리성을 예증하려고 채택한 영적, 도덕적 정서에 파묻혀 실종"되었다(프렌드 1984:35).

  절충의 주요한 측면은 내세를 등한시하고 세속으로 기우는 것이었다. 그 결과로 초자연성은 더 고립되고 소극적인 존재가 되어 버렸다. 여기서도 필로의 저술은 절충 프로세스의 전형적인 모형이 된다. 신비주의에 심취한 나머지 자신의 영혼이 "불타고" 있다고까지 기술했던 필로였지만 그래도 그는 플라톤 철학의 신봉자였다. 그래서 추상화, 이성, 완전성이라는 여러 층으로 이루어진 플라톤 철학의 렌즈를 통해 보면 초자연적인 존재는 아주 흐릿하게만 볼 수 있다고 생각했다. 필로의 세계에서는 천둥을 보내고 질투하는 구약의 야훼가 멀찍이 떨어져 있는 추상적인 절대적 존재로 대체된다. 많은 현대 기독교 신학자의 주요 목적은 불신앙을 신앙으로 표현할 방법을 찾는 것이라는 말이 있다. 필로와 '그의 동시대인들'에게도 같은 이야기를 할 수 있을 것 같다.

필로가 당대에 유행하는 견해를 피력했고 그러므로 헬라파 유대교에 만연한 절충주의의 존재를 드러냈다고 볼 만한 두 가지 주요 근거를 제시하고자 한다. 첫째, 필로는 그의 견해를 널리 설파하면서도 계속 대중의 존경을 받았다. 둘째, 기독교인과 율법의 문제가 대두되었던 1세기 후반에 "맨 먼저 율법과 거리를 둔 사람은" 기독교로 개종한 이방인이 아니라 "유대계 기독교인이었다"(콘젤만 1973:83). 아울러 유대계 기독교인은 팔레스타인 교회 소속이 아니라 헬라파 개종자였다. 그들은 이미 개종 이전부터 율법을 지키지 않았거나 수박 겉핥기식으로만 지켰을 수 있다. 여기서도 헬라파 유대인의 경우와 병행하는 사례를 개혁파 유대교인과 신흥종교 운동에 매력을 느끼는 오늘날의 비종교적 유대인 가정에서 찾을 수 있다.

네트워크

이제 유대인 선교에서 네트워크의 성장이 가진 함의를 검토하고자 한다. 우리가 복음 전도자라고 가정해 보자. 여기는 기원후 50년의 예루살렘이다. 이제 막 사도들의 공의회가 소집되었고, 공의회는 그들이 팔레스타인을 벗어나 해외로 나가 복음을 전파해야 한다고 결의했다. "어디로 가야 할까? 목적지에 도달하면 누구부터 찾아가야 할까? 달리 말하자면, 누가 우리를 반겨줄까? 누가 우리의 말을 경청할까?" 답은 지당한 것이었으리라 본다. "우리는 주요한 헬라파 유대인의 공동체로 가야 한다"(로버트 1979).

제국의 모든 주요한 중심지에는 상당 규모의 디아스포라 유대인이 거주하는 정착촌이 있었다. 이 유대인들은 '예루살렘에서 파송한 선생들을 접대하는 일에 익숙했다.' 아울러 선교사들 역시 대개 가족과 친지 등의 인맥을 통해 최소한 몇 개의 디아스포라 공동체와 접점을 가지고 있었다. 바울이 선교사의 전형이라고 한다면 선교사들 자신이 헬라파 유대인이었기 때문이다.

더욱이 헬라파 유대인은 기독교를 받아들일 준비가 가장 잘 된 집단이었다. 우리는 기독교가 어떻게 헬라파 유대인의 유대적인 면모와 헬라적인 면모 둘 다에 매력적으로 다가갔는지 이미 보았다. 기독교는 유대적인 기초 위에 독특한 헬라적 요소를 쌓아올린 것이었다. 그러나 필로의 플라톤적 개념화와는 달리, 기독교는 강한 헌신을 불러일으킬 만한 지극히 열정적인 내세 신앙을 제시했다.

또한 우리는 디아스포라 유대인은 (제국에 속했지만 이방인이 보기에는 후미진 시골이었던) 팔레스타인으로 메시아가 강림한다는 사실을 미심쩍게 여기지 않았을 것임을 유의해야 한다. 유대인은 또한 십자가 사건의 전후 사실관계에 별 거부감을 느끼지 않았을 것이다. 실제로 십자가 사건이 일어나기 이전에도 히브리 문서들은 메시아를 의미하는 상징으로 십자가를 사용했다(피네건 1992:348). 반면 이방인 중에는 신적 존재가 여느 범죄자처럼 처형당했다는 발상을 당혹스럽게 여기는 이들도 많았던 것 같다. 사회적으로는 주변인이었던 디아스포라 유대인은 로마의 사법 정의가 종종 기회주의적이었음을 간파했을 것이고 예루살렘에 있던 대제사장들의 간계도 꿰뚫어 볼 수 있었을 것이다.

마지막으로, 로마와 여러 유대 민족주의 운동 간에 갈등이 증폭될 때마다 헬라파 유대인이 감당해야 할 주변성의 짐은 더 무거워졌을 것임을 쉽게 짐작할 수 있을 듯하다. 성전이 파괴된 이후에도 유대 민족주의자들은 새로운 반란을 도모했다. 다수의 헬라파 유대인은 팔레스타인에 강한 민족적 유대감을 느끼지 못하는 마당에 팔레스타인과 거리감을 두고 싶은 유혹이 컸을 것이다(그랜트 1972, 다우니 1962).

이런 연유로 최초의 선교사들은 헬라파 유대인에게 집중할 수밖에 없었을 것이다. 거의 모든 신약 역사학자들은 선교사들이 '실제로 그렇게 했고', 또 '성공을 거두었지만', '초창기에만 그랬다'는 것에 의견을 같이한다. 다음은 역사학자들의 의견이 일치하는 대목이다. (1) 신약에 언급된 많은 개종자는 헬라파 유대인으로 볼 수 있다. (2) 신약의 많은 부분이 70인 역에 익숙한 청중을 전제한다(프렌드 1984). (3) 기독교 선교사는 종종 디아스포라 회당에서 공개적으로 가르쳤으며 2세기에 들어서도 한참 후까지 계속 그렇게 했을 가능성이 있다(그랜트 1972). (4) 고고학적 증거는 팔레스타인 외곽의 초기 교회가 도심의 유대인 구역에 집중 분포되어 있음을 반영한다. 에릭 마이어스는 이 점을 이렇게 표현했다. "말하자면 길 하나를 사이에 두고 교회들이 있었다"(1988:76, 피어슨 1986도 참조할 것, 화이트 1985, 1986).

핵심 쟁점이 눈에 들어온다. 처음에는 디아스포라 지역사회로부터 이렇게 호의적인 반응을 얻어낸 강력한 사회 세력(기독교)이 어느날 갑자기 그 힘을 상실했다는 추정을 합리화하는 근거는 무엇일까? 프렌드는 145년부터 170년 사이에 어떤 주요한 변화가 일어났고, 이로 인해 기독교가 유대인과의 연결고리를 끊어버리게 되었다고 주장한다(1984:257). 그러나 그는 어떻게 이 사실을 아는지에 대해서는 말이 없고, 이런 변화의 당위성이나 원인에 대해 설명하지도 않는다. 위에서 살펴본 사회학적 명제에는 교인 모집 양상에 급작스러운 변화가 일어났다고 볼 만한 근거가 없으며, 근거로 들 만한 경험적 사례도 없다. 물론 사회학적 "모형"이 틀릴 수 있지만 타당한 이유 없이 함부로 모형을 폐기해서도 안 된다. 여기서 사회학적 관념이 아닌 기존 통설을 선택하려면, 유대인의 개종이 2세기 즈음에는 거의 사그라들다가 유대계 기독교도가 이방인 개종자의 바다에 흡수되었다는 것을 보여줄 설득력 있는 역사적 증거가 있어야 한다.

나는 문헌에서 유대인 선교가 이런 식으로 끝났다는 설득력 있는 사례를 전혀 발견하지 못했다. 오히려 관련 텍스트는 (나에게는) 놀랍게도 나의 수정주의적 관점을 지지하는 듯하다. (나의 관점은 게오르그 슈트렉커 [1971]의 해석과도 일치한다.) 첫째, 역사학자들은 "유대 전쟁"도, 바르코바의 반란도 직접적으로는 대다수의 디아스포라 유대인 공동체에 정말 심각한 충격을 주지는 못했음을 인정한다. 즉, 이런 갈등의 여파로 팔레스타인이 파괴되고 인구 감소가 뒤따랐지만 "디아스포라 공동체에 미치는 여파는 미미했다"(믹스와 윌켄 1978:5). 만일 그렇다면 왜 이런 한두 번의 갈등으로 기독교인과 유대인 공동체 간의 유대가 끊어졌다고 가정해야 하는가? 실제로는, 성전이 파괴되고 이로 인해 "민족적" 유대교의 구심점마저 무너지자 도리어 디아스포라 내에서 가뜩이나 교세가 위축된 전통적 정통파의 쇠퇴가 가속화하고, 이로 인해 기독교의 잠재적 흡인력이 더 강화되지 않았을까? 우리는 어쩌면 5, 6세기의 정통 유대교가 "살아남은" 흔적일 수 있는 것을 가지고 유대교가 2세기부터 4세기까지 헬라파 공동체를 지배했다고 오인해서는 안 된다.

더욱이 마르키온 사건을 검토해 보면, 2세기 중반까지도 여전히 매우 유대적인 기독교가 압도적인 대세였음을 엿볼 수 있다고 나는 생각한다. 흔히들 아주 초창기부터 서구 교회는 '이방인 주도형' 운동이었으며 디아스포라 유대인과는 점증적 갈등을 겪었다고들 한다. 만일 그랬다면 기독교는 마르키온 운동과 매우 닮은 모습으로 성장했을 것이다.

거의 2천 년에 걸친 합리화 노력에도 불구하고, 심지어 오늘날까지 구약과 신약의 일치 문제는 종종 어정쩡한 상태로 남아 있는 듯하다. 정경 채택이 여전히 유동적이었던 2세기에는, 거하드 메이가 지적한 대로, 구약과 신약 사이에 "난제와 내적 모순"이 매우 심각함을(1987-1988:148) 감지하는 이들이 많았을 것이다. 폴 존슨은 이 상황을 보다 단도직입적으로 묘사했다. 그는 신약과 비교했을 때 구약은 "상당히 이질적인 신(神)"을 이야기하는 것 같다며, 바울 이후 기독교의 저술은 두 전통을 화해시키려는 노력으로 인해 선명성과 진실성 면에서 몸살을 앓았다고 주장했다(1976:46).

이런 문제들 앞에서 "이방인" 기독교도가 압도적 다수를 구성하는 종교 운동이 택할 수 있는 가장 효과적이고 확실한 해법은 무엇일까? 나는 바로 마르키온이 채택한 해법이라고 본다. 즉, 신약에서 유대인에게 기독교의 정당성을 설파하는 부분은 다 빼 버리고 정경에서는 구약을 통째로 빼버리는 것이다. 만일 우리가 기독교인이라면 왜 비(非)기독교인에 대해 고민하고 기독교 이전의 교리를 가지고 전전긍긍해야 하는가? 유대인의 경전이 바울이 세운 전통과 합치하지 않는다면 그저 유대교와의 단절을 확실히 마무리하면 되지 않을까? 마르키온 자신이 유대인 출신이라는 주장이 간혹 제기되지만 그의 출신 배경은 그 해법의 신학적 품격과는 무관하다. 마르키온이 단시일 내에 운동을 상당 규모로 키운 것은 마르키온의 해법이 많은 이들을 흡족하게 했음을 시사한다. 그러나 핵심 논점은 이것이다. 전통적 기독교 분파가 쉽게 마르키온을 축출했던 것으로 보이며 그의 『반명제(antitheses)』를 이단으로 단죄하는 데 성공했다는 것이다.

전통파가 결국 승리한 건 우월한 신학 때문이라는 말을 나는 믿지 않는다. 오히려 그 사건 전반이 내게 시사하는 바는, 2세기 중엽 교회의 지배적인 세력은 유대인 뿌리에서 나온, 그리고 여전히 유대인 사회와 강한 연대를 유지하고 있는 사람들이었다는 것이다. 마르키온 사건은 바르코바 반란 '이후의' 일로서, 프렌드(1984)가 교회 내 유대인의 영향력이 급감하고 있다고 한 바로 그 시기임을 주목하자. 내 생각에는 마르키온 사건이 시사하는 바는, 유대인 선교가 흔히 인정하는 것보다 훨씬 훗날까지 매우 높은 우선순위로 남아 있었다는 것이다.

2세기 중엽이 되면 기독교인과 유대인의 연결고리가 미미했다고 "누구나" 알고 있으므로 5세기 들어 한참 후까지 기독교 내에 잔존했던 "유대교화" 경향을 보고 (나에게는) 지당한 결론을 도출해 내는 이가 아무도 없었던 것도 이해할 만하다. 사실관계는 분명하다. 이 시기에 많은 수의 기독교인이 "기독교인 내에 파다한 유대교 동경"이라고 규정할 정도로 유대 문화와의 유사성을 드러냈다(믹스와 윌켄 1978:31). 보통 이 현상에 대해 잔존하는 유대교의 흡인력과 새롭게 유대교로 개종하는 흐름이 있었다고 설명한다(사이먼 1964, 윌켄 1971, 1983). 아마 그럴지도 모른다. 그러나 이는, 유대인 조상을 두고 최근까지 유대계의 비기독교도 가족 및 지인과 관계를 유지하며 그로 인해 독특한 유대인의 면모를 그들의 기독교 신앙 안에 '여전히 품고 있던' 사람들이 다수 포함된 기독교 공동체에서 정확히 기대할 수 있는 바이기도 하다. 실제로 정확히 '언제' 기독교인의 율법 준수가 용납불가한 일이 되었는지는 상당히 불투명하다.

달리 표현하자면, 문제가 된 현상은 기독교의 유대교화(化)가 아니라 많은 곳에서 상당수의 유대계 기독교도가 '잔존'했다는 것이다. 만일 그랬다면 유대계 기독교도가 그들의 헬라파 가족과 친지 네트워크에서 더 이상 전도하지 못하게 되었다고 볼 이유가 없다. 그러므로 내가 제안하고자 하는 바는, 유대교와의 유사성이 드러나는 현상을 놓고 유대교로 새롭게 개종하는 추세의 징후로 볼 것이 아니라 유대인이 기독교로 개종하는 사례가 '계속'되었다는 징후로 보는 것이 더 설득력 있는 독해법이라는 것이다.

일단은 유대인이 기독교로 개종하는 사례가 4세기와 5세기 초에도 여전히 주요 요소였다고 가정해 보자. 여기서 주요하다는 의미는 유대교로부터 기독교로 이탈하는 사례가 상당 속도로 계속되었다는 것이다. 물론 이 당시에는 이미 거대해진 기독교 전체 인구에서 유대인 신규 개종자가 차지하는 비중은 아주 작았을 것이다. 이런 가정을 하면 요한 크리소스톰 같이 반(反)유대적 입장을 취했던 논객이나 기독교인

인사들을 더 잘 이해할 수 있게 된다. 크리소스톰은 유대인 사회에 기독교인의 참여가 만연했다고 주장하는데, 이는 무리 없이 수용할 수 있다고 생각한다. 그의 청중이 사태의 실상을 알 만한 사람들이었기 때문이다. 그러나 크리소스톰을 분노와 편견에 사로잡힌 자 또는 유대인 희생양을 비양심적으로 조종하는 자라고 치부하기보다는, 여전히 너무 얽히고 설킨 교회와 회당을 '분리'해 내려는 운동의 초기 지도자라고 보면 어떨까?

유대인 친지와 친척이 있어 종종 유대인의 축제에도 가고 심지어 회당에도 들락거리는 기독교인이 엄청나게 많은 세계를 상정해 보자. 아울러 이 세계는 수 세기간 지속되었다. 이제 당신이 이 세계에 새로 부임한 주교이며 이제는 진지한 기독교 세계를 구축해야 할 때라는 언질을 받았다고 하자. 당신은 어떻게 사람들에게 유대교와 가볍게 섞이는 외양조차 피해야 한다고 설득하겠는가? 양자택일의 도전장을 내미는 방법이 있다. 그런데 이방인과 유대계 기독교 간의 택일이 아니라 기독교와 전통을 고수하는 정통 유대교 사이의 양자택일로 다가가야 한다. 이런 맥락이라면 유대교 신봉자를 마귀와 공모하여 "그리스도를 살해한 자"로 공격할 수도 있다. (유대계 기독교를 그렇게 공격할 수는 없는 노릇이다.) 이런 방식으로 크리소스톰은 이제는 유대계 기독교도들이 기독교 공동체로 동화되고 유대교 딱지를 떼야 할 시점이라고 당당하게 말할 수 있었던 것이다. 이런 식으로 본다면 이 후기 시점에 이르러 점점 더 강경해진 유대교 비판은 다양화되고 분절화된 신앙을 선명하게 규정된 보편적(catholic) 구조로 통합하려는 노력의 반영이다. 나에게는 이것이 유대교 비판이 유대교로 새롭게 개종하려는 추세에 대한 반작용이라는 학설보다 더 개연성 있는 해석으로 들린다. 왜 정통 유대교의 "민족적" 굴레가 어느 날부터인가 갑자기 잠재적 개종자들에게 문제시되지 않았을까? 이 질문은 우리를 다시 "하나님 경외자들"에게로 인도한다.

맥레넌과 크라벨(1986)이 "하나님 경외자들"을 기독교를 디아스포라 유대인에게 가져다 준 매개 역할로 축소해서 보는 건 옳다고 보인다. 유대계 기독교도 중에는 바울을 포함하여 이 매개 역할을 감당한 사람들이 많았다. 유대인이 기독교로 개종한 범위는 첫 2세기 동안은 "보통 가정하는 것보다 높았다"는 주장 역시 옳다고 본다. 그러나 "하나님 경외자들"이 주로 상상의 산물이라는 결론은 받아들이기 어렵다. 그런 주장을 하는 이들이 내놓은 증거는 내 판단으로는 '너무 때늦다.' 3세기와 4세기에 회당의 새김 문자에서 이방인 기부자들이 별로 언급되지 않았다는 증거가 유의미성을 가지려면 "하나님 경외자들"이 기독교라는 대안이 대두되었을 때에도 기독교를 택하지 않고 여전히 회당 언저리에 머물러 있었다고 '가정해야만' 한다. 이 가정은 훌륭한 사회학과는 일관성이 없다. 그리고 신약성서와도 일관성이 없다. 사도행전은 회당 언저리에 "하나님 경외자들"이 계속 머물러 있었다고 말하지 않는다. 아무리 늦어도 2세기 초반까지는 그들은 교회로 편입되었을 것이다.

회당에서 우리가 찾아봐야 할 흔적은 잔존하는 기독교와의 연결고리다. 맥레넌과 크라벨은 디아스포라 유대인 정착촌의 회당 주변에 이방인이 다수 존재했다는 것을 입증하는 고고학적 증거가 별로 발견되지 않는다고 한다. 그러나 그들은 또한 이 곳이 바로 여러 교회의 흔적이 발견되는 곳이라고 한다! 교회에 있던 사람들이 이방인이 아니었다는 그들의 말이 옳다면, 유대계 기독교도가 아니고 누구겠는가? 그리고 실제로 최근에 발견된 유관한 증거는 비중 있게 이 결론을 뒷받침하는 듯하다.

최근의 물리적 증거

최근에 발견된 물리적 증거(또는 내부자들이 '실물 증거'라고 부르는 것)는 기독교 공동체와 유대인 공동체가, 초기에 교회와 회당이 완전히 단절되었다고 주장하는 이들이 말하는 단절 시기보다 훨씬 후까지 밀접하게 연결되어 있었으며 심지어 얽히고 설켜 있었다는 것을 제시한다. '실물 증거'는 고고학적 증거와 문서 증거 둘 다 있다.

에릭 마이어스(1983, 1988)는 이탈리아(특히 로마와 베노사)에서 이루어진 풍성한 고고학적 발견은 "유대인과 기독교인의 시신 매장은 두 공동체가 상호의존적이고 밀접한 연관성이 있었으며 기원후 3세기와 4세기까지 서로 간에 뚜렷한 경계선이 없었음을 드러낸다"고 보고했다(1988:

73-74). 팔레스타인에서 얻은 데이터로 옮겨가 보자. 마이어스는 가버나움에서 발굴한 유적이 시사하는 바를 이렇게 기술했다. "한 유대인 회당과 한 유대계 기독교도의 가정교회가 길 하나를 사이에 두고 있었다. … 층과 구조를 보면 두 공동체는 기원후 7세기까지 조화롭게 살았다고 보인다"(1988:76). 마지막으로 마이어스는 4세기 후반에 이르러 승리한 기독교가 팔레스타인에 교회 건물과 성지(聖地)를 짓는 데 돈을 쏟아붓기 시작할 때에야 비로소 유대인과 기독교 간에 어떤 심각한 균열이 있었다고 제시했다.

로저 바그날은 잔존하는 400년경의 파피루스(P.Oxy. 44)에서 "분명히 유대인으로 묘사된" 한 남자가 금욕적 수도생활을 한다고 묘사된 두 기독교인 수녀의 집 1층 방 하나와 지하실 창고방 하나를 임대했다고 보고했다.

그런 임대는 당시 도시의 여러 지역에서 이루어지던 임대 방식에 의한 세 지불과 다를 바 없으며 모든 거래는 당시 통상적인 모습의 전형적인 특징을 가졌다. 두 기독교인 수녀가 자기 집의 방 두 칸을 유대인 남자에게 세 준다는 것이 풍성하게 역설하는 바는 수도사 생활의 유연성뿐 아니라 [기독교인과 유대인의] 관계가 여느 다른 관계와 비교해 특이한 게 아니었다는 것이다(1993:277-278).

위 데이터는 사회과학자들이 보기에는 너무 약할 수도 있으나 고대를 공부하는 자들이 보통 다루는 증거에 비하면 훨씬 덜 모호하며 훨씬 더 신뢰할 만하다.

결론

19세기 서부 유럽에서 새롭게 해방된 많은 유대인은 그들이 처한 주변인적 상황에 대한 대응책으로 개혁파 유대교로 귀의했다. 그렇게 그들의 종교적 유산을 일정 정도 유사하게 보존하면서도 민족성이라는 무거운 짐은 내다 버린 것이다. 해방 전 수 세기 동안 기독교와 앙숙관계만 아니었더라도 해방된 유대인들이 기독교를 받아들였을 가능성도 크다. 개혁파 유대교의 저술에서 가장 긴급한 고민거리라고 제시된 두 가지(근대 계몽주의와의 양립 가능성, 율법의 속박으로부터의 해방)를 기독교도 해소해 주었을 테니 말이다. 기독교 시대의 초기 몇 세기 동안은 유대인과 기독교인 사이에 이런 장벽이 세워지지 않았다. 그 당시에는 유대인들도 주변성의 틈바구니에 갇혀 있었고 기독교는 이 상황을 타개할 적절한 해법을 제시했다.

또 한 가지 유념해야 할 점은 기독교 시대가 시작되고 한참 후까지 성장 곡선을 뒷받침하는 데 필요한 수를 제공할 만큼 디아스포라 유대인의 수가 넉넉했다는 것이다. 1장에서 나는 250년이 되면 기독교 총인구가 1백만을 약간 넘는 것으로 산정했다. 만일 이방인의 개종이 전무했다고 한다면 이 수를 충당하는 데 필요한 디아스포라 유대인 개종자 수는 대략 '다섯 명 가운데 한 명' 꼴이면 된다. 250년 이전에 이방인 개종자가 없었다는 뜻은 전혀 아니다. 더욱이 디아스포라 유대인은 개종자의 공급원으로서 적합한 위치에 있었다. 도시에 있었으며, 특히 소아시아와 북아프리카의 도시에 있었던 것이다. 소아시아와 북아프리카는 최초의 교회들이 발견된 곳일 뿐 아니라 처음 4세기 동안 가장 활발한 기독교인 공동체가 있었던 곳이기도 하다.

나는 어떤 일이 일어날 법했는지, 왜 디아스포라 유대인에 대한 선교가 '오랜 기간' 상당한 성공을 거두었는지를 보여주고자 했다. 비록 '일어났을 법한' 일과 '일어났던' 일 사이의 간극을 존중한다는 것을 재확인하는 바지만, 상당히 큰 수의 유대인 개종이 실제로 일어났다고 조심스럽게 제시하고자 한다. 실제로 에브라임 아이작이 최근 보고한 바로는, 에디오피아의 전승에서는 기독교가 처음 에디오피아에 출현했을 때 "에디오피아 인구 절반이 유대인이었고 … 그 유대인 대부분이 기독교로 개종했다"고 한다(1993:60).

후기

본 장의 초판이 출간된 지 한참 후, 그리고 이 책이 거의 완성될 무렵, 나는 마침내 고전인 요하네스 바이스의 2부작을 읽었다([1914] 1959). 2권 중간쯤 가서 바이스도 유대인 선교가 실패했다는 전통적 관점을 거부하는 것을 발견했다. 신약성서에서 "유대인 선교가 완전히 암담하여 포기했다"고 시사하는 부분을 지적하고는 이 주장을 반박하는 데 많은 본문 분석을 할애했다(2:666-703). 바이스는 교회가 "유대인 선교를 포기하지 않았다"고 주장하며 진지한 대화와 교류가 3세기 들어 한참 후까지, 그리고 아마도 그 후까지 계속되었을 것이라고 제시했다. 그리고 일례로 오리겐이 3세기 전반의 어느 시점에 "심판관" 앞에서 유대인들과 신학적 논쟁을 벌였다고 언급한 것을 주목했다(2:670).

이 발견으로 내가 옳은 방향에 서 있다고 느껴 용기를 얻었다. 그런데 한편으로는 이렇게 방대한 문헌을 다 섭렵하는 날은 결코 오지 않으리라는 생각에 낙담도 했다.

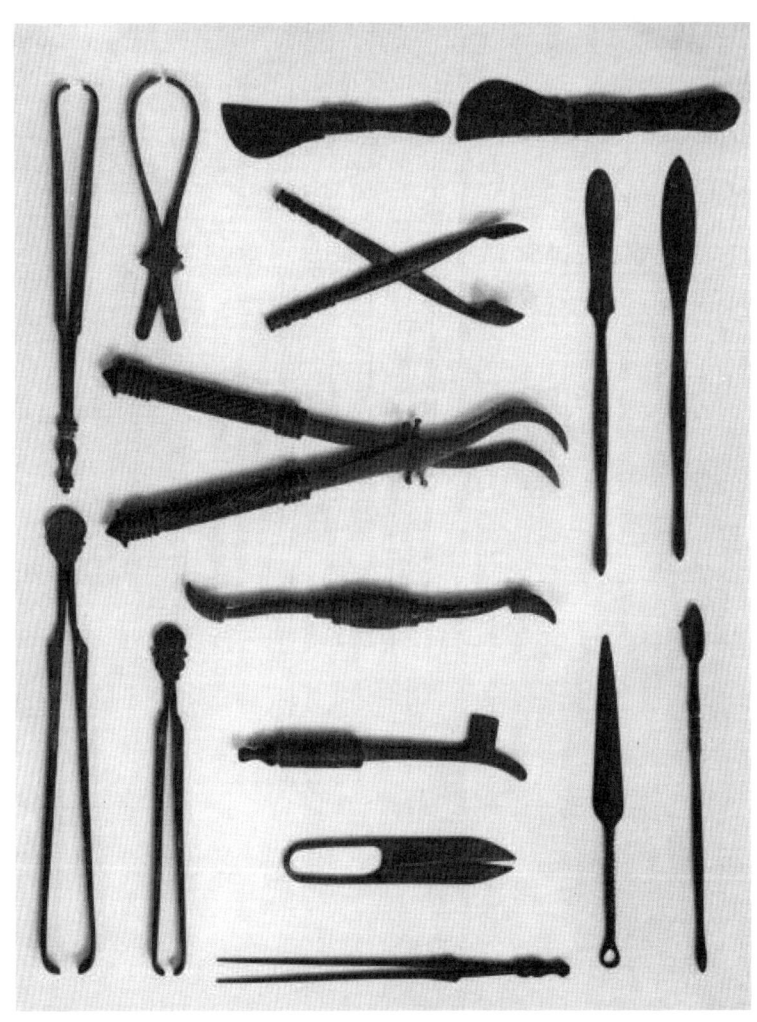

〈로마의 의료 기구〉 폼페이에서 발굴된 수술 도구들은 로마인이 인간 생체에 대한 이해가 있었음을 보여준다. 그러나 세균의 존재에 대해서는 무지했기 때문에 감염성 질병은 치료하지 못했다.

4
역병, 네트워크, 개종

165년 마르쿠스 아우렐리우스 황제 통치기에 가공할 역병이 로마 제국 전역을 강타했다. 어떤 의학 사가(史家)들은 이 역병이 서구 최초로 천연두가 출현한 것이 아닐까 의심한다(진세르 [1934] 1960). 실제 병명이 무엇이었든 이것은 치명적인 역병이었다. 역병이 돌던 15년 동안 제국 인구의 4분의 1에서 3분의 1이 역병으로 사망했고, 마르쿠스 아우렐리우스 황제도 180년 비엔나에서 역병으로 사망했다(보우크 1947, 러셀 1958, 길리암 1961, 맥닐 1976). 그 후 251년에 동일한 파괴력을 가진 역병이 다

본 장의 초판은 "역병, 네트워크, 그리고 기독교의 발흥"이라는 제하에 〈세메이아〉 56호에 게재되었다(L. 마이클 화이트 객원 편집, 1992, 159-175).

시금 제국을 휩쓸었고, 농촌도 도시만큼이나 큰 타격을 입었다(보우크 1955a, 1955b, 러셀 1958, 맥닐 1976). 이번에는 홍역이었던 것 같다. 천연두와 홍역 둘 다 사전 노출이 없었던 지역에 발발하면 대규모 치사율로 이어질 수 있다(닐 외[外]. 1970).

앞으로 보겠지만, 비록 현대 저술가들이 이런 인구학적 재앙을 보고했어도, 이런 재앙이 로마의 쇠망에 미친 영향을 주목하는 역사학자들은 근세에 들어서야 생겨나기 시작했다(진세르 [1934] 1960, 보우크 1947). 그러나 이제 역사학자들은 한때는 도덕적 타락에 기인한다고 보았던 정책들이 실은 급격한 인구 감소의 결과라는 점을 인지하게 되었다. 가령 '야만인'들이 제국 내에 땅을 소유한 지주로 대거 재정착하고 군대로 유입된 것은 로마의 퇴폐성을 드러내는 대목이 아니라, 주인 없는 경작지는 풍부하고 인력은 부족한 국가에서 실행한 합리적인 정책이었다는 것이다(보우크 1955a). 이제는 고전이 된, 역병이 역사에 미친 영향에 관한 선구자적 연구에서 한스 진세르는 다음과 같이 고찰했다.

승승장구하던 강대국 로마와 그 범세계 조직의 맥을 거듭 끊은 것은 그 앞에서는 정치적 천재성과 군사적 용맹도 무용지물이 되는 유일한 세력에 의해서였다. 마치 태풍에 실려온 듯 불시에 들이닥친 역병에 … 다른 모든 것은 길을 내주어야 했다. 남자들은 재앙이 지나갈 때까지 공포로 납작 엎드렸고 그들의 모든 투쟁과 사업과 야심을 접어야 했다

([1934] 1960:99).

로마를 연구하는 역사가들은 부지런히 앞 세대의 오류를 바로잡았지만, 초기 기독교 시대를 연구하는 역사가들은 그러지 않았던 것 같다. 기독교의 발흥에 관한 가장 인정받는 최근의 저서도 색인에서 "역병" "전염병" "질병" 같은 단어를 찾아볼 수 없다(프렌드 1984, 맥멀른 1984). 이것은 사소한 누락이 아니다. 실상 키프리안, 디오니시우스, 유세비우스 등의 여러 교부들은 역병이 기독교에 주요한 공헌을 했다고 생각했다. 나도 그렇다고 생각한다. 본 장에서 나는 고전 사회가 이런 재난에 의해 지축이 뒤흔들리고 희망을 잃는 일이 없었더라면 기독교가 지배적인 신앙으로 부상하는 일은 없었을 것이라는 관점을 제시할 것이다. 이런 취지로 세 가지의 논제를 전개하고자 한다.

그 중 첫 번째는 카르타고의 감독 키프리안의 글에서 찾아볼 수 있다. 역병은 이방 종교와 헬라 철학이 설명하고 위로할 수 있는 범위를 훌쩍 뛰어넘은 것이었던 반면, 기독교는 왜 인류가 이런 끔찍한 시대에 봉착하게 되었는지 보다 만족스러운 해명을 제시했고 희망찬, 때로는 활력적인 미래상을 제시했다.

두 번째는 알렉산드리아의 감독이었던 디오니시우스의 부활절 서신에서 찾아볼 수 있다. 초기부터 기독교의 사랑과 선행의 가치관은 사회봉사와 공동체 결속으로 현실화되었다. 재앙이 닥쳤을 때 기독교인은 더 훌륭하게 대처했고 그 결과는 '월등히 높은 생존률'이었다. 이것이 뜻하는 바는 매번 역병이 휩쓸고 간 후, 기독교인은 새로운 개종 없이도 전체 인구에서 차지하는 비중이 더 커졌다는 것이다. 기독교인의 생존률이 눈에 띌 만큼 월등하다는 사실은 기독교인이나 이교도 모두에게 "기적"으로 비쳐졌을 것이고, 이는 개종에도 영향을 미쳤을 것이다.

역병이 역사에 미친 영향에 관한 문헌 중 윌리엄 H. 맥닐의 역작 『전염병과 인류의 역사』(1976:108-109)에서 상기한 두 논점을 발견했음을 인정해야겠다. 그 이전에는 이런 논점을 읽어본 기억이 안 난다. 분명히 읽고 지나갔을 텐데 아마 당시 나의 주요 관심사는 기독교의 발흥보다는 로마의 쇠망이라 놓치고 갔던 것 같다. 여하튼 두 논점 모두 "재활성화(reactivation) 운동"을 분석하는 요소로서 상당히 비중 있는 사회과학적 계보에 속해 있다(월리스 1956, 1966, 쏘른튼 1981, 샴페인 1983, 스타크와 베인브리지 1985, 1987).

나의 세 번째 논제는 순응성(conformity)에 관한 통제 이론을 적용한 것이다(히얼쉬 1969, 스타크와 베인브리지 1985, 1987). 역병으로 인구의 상당 비중이 괴멸되면 많은 수의 사람들이 과거에 그들을 기성 도덕 질서로 구속했던 대인적 애착관계를 상실하게 된다. 매번 역병이 휩쓸 때마다 사망률이 증가함에 따라 다수의 사람들이, 특히 이교도가, 과거에 그들이 기독교인이 되지 못하도록 발목을 잡았던 속박을 잃어버리게 되었을 것이다. 한편 기독교의 사회적 네트워크가 보여준 우월한 생존률로 말미암아 이교도가 유실된 애착관계를 기독교인과의 새로운 애착관계로 대체할 가능성이 훨씬 더 커졌다. 이런 식으로 상당수의 이교도가, 이교도가 주류인 사회적 네트워크에서 기독교인이 주류인 사회적 네트워크로 이동했을 것이다. 1장에서 정리했듯이 시대를 불문하고 이런 사회적 네트워크의 전환은 종교 개종을 초래한다.

이제부터 나는 각 주장을 확장하고 주장이 현실과 일치함을 보여주는 증거를 제시할 것이다. 그러나 우선 두 역병의 파장과 인구학적 영향에 대해 스케치해야만 하겠다.

역병

'갈렌(의술의 아버지로 불리는 당대의 의학자—편집자)의 돌림병'으로 불리기도 하는 2세기의 대역병은 맨 처음 165년, 근동에서 군사작전 중이던 베루스의 군대에서 발생하여 제국 전역으로 퍼져 나갔다. 마르쿠스 아우렐리우스가 도시에서 시신을 싣고 나가는 수레와 마차 행렬에 관해 언급할 정도로 역병은 여러 도시에서 높은 치사율을 기록했다. 한스 진세르는 이렇게 기술했다.

사망자가 너무 많아 이탈리아와 지방의 도시와 마을이 공동화되고 황폐화되었다. 스트레스와 조직 해체가 극심하여 마르코만니(서게르만의 한 부족으로 도나우 강을 건너 로마 제국령을 침범했음—편집자)에 대한 군사작전을 미루어야 할 정도였다. 169년 마침내 전쟁이 재개되었을 때, 해세르는 숱한 게르만 (남녀) 용사들이 상흔 없이 전장에 죽은 채로 발견되었다고 기록한다. 그들은 역병으로 죽은 것이었다([1934] 1960:100).

사망률이 높았음은 의심의 여지가 없지만 실제 사망률이 어느 정도였는지 확실히 알 길은 없다. 제국 전체 인구의 절반이 넘는 수가 희생되었다는 시크의 1910년 추정치는 너무 높은 듯하다(리트먼과 리트먼 1973 참조). 반면 인구의 1퍼센트만 사망했다는 쥘리엄의 결론은 "거대하고 파괴적인 역병이 마르쿠스 아우렐리우스 통치기에 발발했다"는 쥘리엄 본인의 주장과도 앞뒤가 맞지 않는다(1961:249).

리트먼 부부(1973)는 7-10퍼센트의 사망률을 제시했다. 하지만 그들이 이 수치에 도달한 방법은 1924-1925년 미네아폴리스와 1874년 서부 프로시아에서 발발한 천연두 역병을 유의미한 비교 대상으로 선정한 결과다. 그들은 천연두에 대한 사전 노출이 적고 근대화가 덜 된 사회의 경우 훨씬 치사율이 높다는 사실은 무시했다. 나는 역병기에 인구의 4분의 1에서 3분의 1이 희생되었다는 맥닐(1976)의 추정이 가장 설득력이 있다고 본다. 이렇게 높은 치사율은 현대의 역학 지식과도 일관된다. 이는 또한 역병의 여파로 인해 인력 부족 사태가 빚어졌다는 분석과도 일관성이 있다(보우크 1955a).

근 1세기 후 끔찍한 역병이 두 번째로 로마 세계를 강타했다. 한창일 때는 로마시 한 곳에서만 하루에 5천 명이 죽었다는 보고가 있다(맥닐 1976). 이 역병에 관해서는 많은 현대의 보고가 있으며 특히 기독교 문헌에 많은 보고가 존재한다. 카르타고의 주교 키프리안은 251년에 "우리 가운데 많은 이가 이 전염병과 흑사병으로 죽어가고 있다"고 썼다(『대사망』, 1958 편). 수년 후 알렉산드리아의 주교 디오니시우스는 부활절 설교에서 "청천벽력처럼, 그 어떤 재앙보다도 공포스러운 존재인 … 이 질병이 임했다"고 기술했다(유세비우스, 『교회사』, 1965 편).

이런 재앙은 비단 도시에 국한된 것이 아니었다. 맥닐(1976)은 농촌 지역에서는 사망자 수가 오히려 더 많았을 가능성을 시사했다. 보우크(1955b)는 이집트의 카라니스라는 작은 마을에서 첫 번째 역병기 동안 마을 인구의 3분의 1 이상이 희생되었을 수 있다고 계산했다. 디오니시우스가 기술한 내용을 근거로 계산해 보면 알렉산드리아 인구의 3분의 2가 괴멸되었을 가능성이 있다(보우크 1947). 이런 사망률은 근래에 역병에 노출된 바 없는 집단에 심각한 역병이 발생했을 때 여러 다른 시공간에서 문서화된 것이다. 가령 1707년 아이슬란드에서는 천연두로 인해 인구의 30퍼센트 이상이 희생되었다(홉킨스 1983). 여하튼 여기서 나의 관심사는 역학적인 것이 아니다. 나의 관심은 이런 위기와 재난과 마주한 인간의 체험이다.

위기와 신앙

종종 인류 역사에서 자연재해나 사회적 재앙으로 촉발된 위기는 신앙의 위기로 발전했다. 이런 일이 일어나는 이유는 재앙으로 인해 지배적 종교가 감당할 수 없는 난제를 떠안게 되기 때문이다. 이런 무능(無能)은 두 가지 차원에서 일어난다. 첫째, 종교가 재앙이 왜 일어났는가에 대한 흡족한 해명을 제공하는 데 실패한다. 둘째, 종교가 재앙 앞에서 무익하다는 인상을 줄 수 있다. 다른 모든 비(非)종교적인 방법이 역부족임이 드러나고 초자연적인 수단만이 유일하게 도움을 구할 곳으로 남아 있을 때, 종교는 결정적 기로에 서게 된다. 전통 신앙의 이런 '실패'에 대한 대응으로 사회는 종종 새로운 신앙으로 진화하거나 이행한다. 고전적 사례는 유럽 정착민들의 토지 수탈을 견디지 못한 북아메리카 인디언들이 주기적으로 일련의 메시아 운동에 휩쓸렸던 것이다(무니 1896). 이 논점의 또 다른 예시는 급속한 현대화의 와중에 있는 사회에서 신흥종교 운동이 창궐하는 것이다. 브라이언 윌슨(1975)은 세계 전역에서 이런 사례들을 다수 조사했다.

이제는 유명해진 한 에세이에서 앤토니 F. C. 월리스(1956)는 '모든' 종교는 위기에 대한 대응으로 발생한다고 주장했다. 이는 불필요하게 극단적인 관점으로 보이지만, 신앙이 "맹목적인"(blind) 경우는 드물다는 풍성한 증거가 있다. 말하자면, 고난의 시기에는 기존 종교를 '폐기하고' 새로운 종교를 수용하는 일이 종종 있다는 의미다. 역병이 창궐하는 시기는 분명 월리스가 개괄한 종교 발생의 필요조건을 충족시킨다.

본 장에서 나는 그레코-로만 사회에서 기독교와 여타 경쟁 종교가 역병을 설명하는 능력을 대조할 것이다. 나는 또한 기독교가 여러 방면에서 효과적이었다는 인상을 줄 뿐 아니라 '실제로 그러했는지' 검토할 것이다. 이것 또한 전형적이다. 실제로 위기의 때에 발생한 신흥종교를 두고 "재활성화 운동"이라고 칭하는 이유가 여기에 있다. 이 용어는 이런 운동이 한 문화의 문제 대처 역량을 '재활성화'함으로써 긍정적인 기여를 한다는 점을 나타낸다.

종교는 어떻게 "재활성화"하는가? 주로 일치된 행동을 하도록 효과적으로 사람들을 동원함으로써 재활성화한다. 18세기와 19세기에 북아메리카 인디언 사이에서 일어난 새로운 종교 운동이 사회를 재활성화한 방식도 마찬가지였다. 신흥종교 운동은 처음에는 인디언 사회의 음주 문제와 절망감을 감소시켰고, 그 다음에는 따로 흩어져 있던 무리를 규합하여 단일한 행동을 취할 수 있는 조직화된 정치 단위로 결속시키는 데 효과적인 틀을 제공했다. 이런 움직임이 장기적으로는 백인의 토지 수탈을 막아내는 데 실패했다고 해서, 초기에 나타난 뚜렷한 유익을 무시하거나 또는 이 종교 운동이 어떻게 새로운 신앙의 타당성을 "입증"했는지를 외면해서는 안 된다. 이런 식으로 새로운 사상이나 신학은 종종 새로운 상황에 더 걸맞는 새로운 사회적 협업 체제를 만들어 낸다.

사회과학자는 전형적으로 "신학적" 또는 "이데올로기적" 설명을 의심하도록 훈련받은 사람이다. 사회과학자는 이런 설명은 본질상 물질적인 "진짜" 원인으로 쉽게 환원될 수 있는 부수현상(附隨現象)이라고 종종 생각한다. 초기 기독교를 전문적으로 연구하는 일부 사회과학자들조차 이런 경우가 있다. 그러나 나는 본 장에서, 그리고 이 책 전반에 걸쳐 생각은 종종 개인의 행동뿐 아니라 역사의 물길을 결정하는 데에도 핵심 요인임을 여러 차례 예증할 것이다. 좀 더 구체적으로 말하자면, 그레코-로만 사회의 사람들에게 기독교인이나 이교도가 된다는 것은 단순히 여러 교파 가운데 어느 것을 선택하느냐 같은 "교파 선호"의 문제가 아니었다. 기독교 신앙과 이교 신앙에 담긴 '내용'의 '차이'는 각 종교의 설명력뿐 아니라 상대적인 인적 자원 동원력의 큰 차이로 이어졌다.

이교도와 기독교도 간의 이런 차이를 평가하기 위해 끔찍한 역병으로 고통 받는 그들의 입장이 되어 보자.

우리는 여기 죽음의 악취가 진동하는 도시의 한복판에 있다. 사방에서 가족과 친지들이 쓰러져 나간다. 우리도 언제 병에 걸릴지 아무도 단언할 수 없는 상황이다. 이런 처참한 상황 한가운데서 인간은 '왜?'라고 묻게 되어 있다. 왜 이런 일이 일어나지? 왜 그들에겐 일어나고 나는 아니지? 우리는 모두 죽게 될까? 왜 애당초 세상이 존재할까? 이 다음에는 무슨 일이 일어날까? 우리가 할 수 있는 일은 무엇일까?

우리가 이교도라면 아마도 우리의 사제들은 답을 모른다고 진작에

실토했을 것이다. 그들은 왜 신들이 이런 불행을 보냈는지 알지 못한다. 또는 실제로 신들이 개입되어 있거나 이런 일에 관심을 가지는지에 대해서조차 알지 못한다(하르낙 1908, 2권). 설상가상으로 많은 사제들이 이미 도시를 떠나 피난길에 올랐다. 최고위층 관리들과 가장 부유한 가정들도 피신했고, 이로 인해 무질서와 고통은 가중된다.

우리가 이교도가 아니라 철학자라고 가정해 보자. 우리는 신들을 거부하고 그리스 철학 학파의 일원이라고 자부하지만 답을 모르기는 마찬가지다. 자연법칙은 왜 세상이 고통으로 가득한지 설명하는 데 도움이 못 된다. 적어도 원인 규명과 함께 '의미' 모색도 함께 한다면 말이다. 생존은 운의 문제라고 하면 개인의 삶은 하잘것없는 것처럼 느껴진다. 키케로는 근대뿐 아니라 고전시대의 인본주의가 의미(또는 '충만한 의미'라고 해야 할 듯하다)를 제공하는 데 무기력했다는 사실을 아래 설명을 통해 피력했다. "우리가 풍요나 역경을 겪는 것은 운이나 (아니면) '여건'에 달려 있다. 어떤 특정 사건들은 실제로 인간의 통제력 밖에 있는 자연적인 원인에 기인한다"(코크레인 [1940] 1957:100).

(바이러스는 고사하고) 박테리아에 대해 아무것도 모르는 과학자로서 이런 무시무시한 역병과 관련하여 "자연적인 원인"이라는 표현을 쓴 것은 마치 철학자들이 "대체 누가 알겠는가?"라고 말하는 것과 다르지 않다. 생존이 상당히 무작위적인 일이었는지, 역병이 자연적인 원인에 기인한 것인지는 여기서 갑론을박할 대상이 아니다. 다만 내가 주장하고

자 하는 바는, 사람들은 이런 사건 저변에 어떤 역사적인 의미가 숨어 있으며 보다 큰 관점에서 바라보는 삶의 곡선은 일관되고 설명 가능하다는 해석을 선호할 것이라는 점이다. 당시 철학자들은 이런 의미를 제시하지 못했다. 그뿐 아니라 고전시대의 과학과 철학의 관점으로 보자면 이런 사건들은 어떤 제대로 된 의학적 대책도 제시할 수 없는, 인간의 통제력 밖에 있는 일이었다. 실제로 그 시대의 철학자들은 사회를 의인화하여 늙어가는 사회 탓을 할 뿐, 그 이상의 어떤 통찰력 있는 답을 전혀 생각해 내지 못했다. 코크레인이 기술했듯이 "죽음을 불러오는 전염병이 제국에 창궐했지만 … 소피스트 철학자들은 세계가 늙어가며 미덕은 메말라간다는 애매한 소리를 주절거렸다"([1940] 1957:155).

그러나 기독교인이라면, 우리의 신앙은 답을 가지고 있다고 주장한다. 맥닐은 이런 식으로 그 답을 요약했다.

기독교인이 이교도에 비해 누리는 또 다른 유익은 그 신앙의 가르침은 급작스럽고 예기치 못한 죽음 앞에서 인생에 의미를 부여했다는 점이다. … 전쟁이나 흑사병, 또는 둘 다로부터 우여곡절 끝에 살아 남아 충격에 휩싸인 생존자들은 실종된 친족과 친지를 위한 천국이 존재한다는 비전에서 따뜻하고 즉각적인 치유와 위로를 얻었다. … 그러므로 기독교는 역경, 질병, 폭력적 죽음이 일상을 지배하는 고난의 시기에 안성맞춤인 사상과 감정의 체계다(1976:108).

카르타고의 주교 키프리안을 보면 그가 당대의 대역병을 거의 환영하는 듯한 인상까지 받는다. 251년에 쓴 글에서 그는 비(非)기독교인만이 역병을 두려워할 것이라고 주장했다. 더욱이 그는 자신이 고찰한 바를 이렇게 기술하고 있다.

비록 의인이 불의한 자와 함께 죽어가고 있지만 여러분은 멸망이 악인이나 선한 자나 모두에게 공통된 것이라고 생각해서는 안 됩니다. 의인은 위로로 부름을 받고 불의한 자는 고통으로 끌려갑니다. 믿는 자에게는 이내 보호의 손길이 주어지지만 불신자에게는 징벌이 따릅니다. … 공포스럽고 치명적인 이 역병과 흑사병이 각 사람의 공의를 검증하고 인류 정신을 되돌아보는 계기가 되니 얼마나 시의적절하고 얼마나 필요한 일인지 모릅니다. 건강한 자가 병든 자를 돌보는지, 친족끼리 서로 사랑할 도리를 다하는지, 주인이 병든 노예에게 자비를 베푸는지, 의사가 고통 받는 자를 저버리지는 않는지가 드러나게 됩니다. … 이 대사망이 별다르게 공헌한 바가 없더라도, 특별히 기독교인과 하나님의 종들에게는, 죽음을 두려워하지 않는 훈련을 하며 기꺼이 순교를 갈구하게 만드는 계기가 되었습니다. 우리에게는 이것이 죽음이 아니라 힘겨운 훈련입니다. 기독교인에게는 이 훈련이 죽음을 멸시함으로써 면류관을 예비하고 앞으로 전진하는 영광이 됩니다. … 주님의 부르심을 받고 세상에서 먼저 놓임을 받은 우리의 형제들은 애곡의 대상이 아닙니다. 그들은 잃어버린 게 아니라 먼저 부름을 받은, 우리보다 앞장서 길을 떠난 자들입니다. 여행자들이 흔히 그러하듯 그들은 그리움의 대상이지 애도의 대상은 아닙니다. … 우리는 어떤 경우에도 우리가 살아 있다고 말하는 사람을 위해 비탄에 빠지는 것으로 말미암아 이교도가 우리를 비난할 타당하고 마땅한 근거를 주어선 안 됩니다(『대사망』 15-20, 1958 편).

키프리안의 동료 주교인 디오니시우스도 알렉산드리아 교인들에게 비슷한 어조의 메시지를 전했다. "다른 사람들은 지금이 축제의 시간은 아니라고 생각할 것입니다." 그러나 그는 "지금은 곤고함의 시간이기는 커녕 상상할 수 없는 기쁨의 시간입니다"라고 했다(『축제의 서신』, 유세비우스가 『교회사』에서 인용, 7.22, 1965 편). 디오니시우스는 엄청난 사망률을 인정하면서도 비록 이교도는 공포에 떨지만 기독교인은 역병을 단지 "배움과 시험의 장으로" 반긴다고 했다. 그러므로 다른 모든 신앙들이 의구심의 대상이 되었을 때 기독교는 설명과 위안을 선사했다. 더 중요한 점은 기독교의 교리가 '행동을 위한 처방'을 제공했다는 것이다. 즉, 기독교인의 방식이 효과가 있어 보였다는 것이다.

생존률과 황금률

두 번째 큰 역병이 절정에 다다랐던 260년경, 디오니시우스는 앞서 인용한 부활절 서신에서 다른 이를 돌보다가 목숨을 잃기까지 한 지역 기독교인의 영웅적인 간호 노력에 장문(長文)의 치사를 했다.

우리 기독교인 형제들은 대부분 무한한 사랑과 충성심을 보여주었으며 한시도 몸을 사리지 않고 상대방을 배려하는 데 온 힘을 쏟았습니다. 그들은 위험을 무릅쓰고 아픈 자를 도맡아 그리스도 안에서 모든 필요를 공급하고 섬겼습니다. 그리고 병자들과 함께 평안과 기쁨 속에 생을 마감했습니다. 그들은 환자로부터 병이 옮자 그 아픔을 자신에게로 끌어와 기꺼이 고통을 감내했습니다. 많은 이들이 다른 이를 간호하고 치유하다가 사망을 자신에게로 옮겨와 대신 죽음을 맞았습니다. … 우리 형제들 가운데 가장 뛰어난 사람들이 이런 식으로 목숨을 잃었습니다. 그 중에는 크게 칭찬 받는 장로와 집사와 평신도들이 있었고 큰 경건과 강건한 믿음의 결실인 이런 죽음은 어느 모로 보나 순교와 다를 바 없습니다.

디오니시우스는 모세 시절의 이집트처럼 집집마다 장자 한 명씩만 잃었다면 얼마나 좋았겠느냐며, 역병으로 인한 심각한 인명 피해를 강조했다. "사망자가 한 명에 그친 집은 하나도 없었습니다. 그랬다면 얼마나 좋았을까요." 그러나 디오니시우스는 유월절처럼 역병이 기독교인을 넘어가지는 않았지만 이교도의 상황은 훨씬 더 열악했다고 내비쳤다. "역병의 거대한 충격이 고스란히 이교도에게 임했습니다."

디오니시우스는 기독교인과 이교도 사이에 나타나는 이 '차별 사망력'에 관한 해명을 시도했다. 어떻게 기독교 공동체가 병자와 죽어가는 자를 간호했고 제대로 시신을 매장하기 위해 시신 처리에 돈을 아끼지 않았는지 상세히 설명한 후 그는 이렇게 기술했다.

이교도는 정반대로 행동했습니다. 이교도들은 질병이 처음 발생하자 아픈 자들을 내쫓았고 가장 가까운 자부터 도망쳤으며 병자가 죽기도 전에 거리에 내다버리고 매장하지 않은 시신을 흙처럼 취급했습니다. 그들은 이렇게 함으로써 치명적인 질병의 확산과 전염을 피하고자 했으나 이내 아무리 몸부림쳐도 도망치기 어려움을 깨달았습니다.

그러나 우리가 디오니시우스의 말을 믿어야 할까? 디오니시우스의 주장을 평가하려면 실제로 기독교인은 병자를 간호했던 반면 이교도들은 대부분 그러지 않았다는 것을 예증해야만 한다. 그리고 이런 상이한 대응 방식이 사망력(死亡力)에 상당한 차이를 초래했다는 점 역시 보여주어야만 한다.

기독교도와 이교도의 대응

주교가 교인들에게 보낸 목회 서신에서 교인들이 직접 목도한 바와는 상반된 허위 주장을 늘어놓았을 가능성은 상당히 희박한 것 같다.

그러므로 디오니시우스 주교가 지역에서 지도자 위치에 있던 많은 교인들이 병자를 간호하다가 죽었다고 주장한다면 실제로 그랬다고 믿는 게 합리적일 것이다. 더욱이 이교도의 문헌에도 이것이 전형적인 기독교인의 행동 방식이었다는 강력한 증거가 있다. 1세기가 지난 후 율리아누스 황제는 기독교인에 견줄 만한 이교도의 구제 기구를 설립할 목적으로 캠페인을 벌였다. 362년 갈라디아의 대(大)사제에게 쓴 편지에서 율리아누스는 최근의 기독교 성장은 "비록 가식적이라고 해도 기독교인의 도덕성"과 "나그네에 대한 너그러움과 죽은 자의 무덤을 잘 관리"하는 데 힘입었다고 하며, 이교도들이 기독교인의 미덕에 뒤처져서는 안 된다고 불만을 토로했다. 율리아누스는 또 다른 사제에게 쓴 편지에서는 "사제들이 가난한 자를 외면하고 방치할 때 불경한 갈릴리인들은 이 점을 주목하고 구제하는 데 주력했다고 나는 생각한다"고 하면서 "불경한 갈릴리인들은 그들의 가난한 자만 돕는 게 아니라 우리의 가난한 자까지 돕는다. 누가 봐도 우리 사람들이 우리로부터 받는 도움이 부족한 것을 알 수 있다"고 했다(존슨이 인용 1976:75, 얼스트와 피셔 1971:179-181).

분명히 율리아누스는 "갈릴리인"을 증오했다. 그는 심지어 갈릴리인의 자비가 무언가 꿍꿍이속이 있다고 의심했다. 그러나 그는 자신의 구제 기구와 조직화된 이교의 구제 활동이 "대부분의 영역에서 사회적 서비스가 부족한 제국에서 작은 복지국가"를 창출해 낸 기독교인의 노력에 견주면 초라하다는 것을 인정했다(존슨 1976:75). 기독교의 구제 사업은 "나는 내 형제를 지키는 자다," "남에게 대접받기를 바라는 대로 남을 대접하라," "받는 것보다 주는 것이 복되다"와 같은 기독교의 가르침의 씨앗이 결실을 맺은 결과다. 그러나 4세기 율리아누스의 시대에 와서 기독교의 거대한 구제 사업을 따라잡으려니 이미 너무 때늦었던 것이다(그랜트 1977).

율리아누스의 증언은 또한 질병이 유행하던 기간 동안 이교 공동체는 기독교인이 보여준 선행의 수준을 따라잡지 못했다는 주장을 뒷받침한다. 왜냐하면 그들은 선행에 수반되는 위험이 훨씬 적었던 평상시에도 기독교에 뒤처졌기 때문이다. 그러나 다른 증거도 있다.

고전시대의 역병에 관한 가장 세밀한 보고는 투키디데스의 『펠로폰네소스 전쟁사』에서 발견할 수 있다(2.47-55). 투키디데스는 그 자신이 기원전 431년 아테네를 휩쓴 치명적인 전염병 초기에 감염되었다가 생존한 당사자다. 현대의 의학 저술가들은 투키디데스의 신중하고 상세한 증상 기술에 찬사를 보낸다(말크스와 비티 1976). 적어도 역병에 대한 공적 대응을 기술한 부분에도 동일한 찬사를 보낼 수 있을 것이다.

투키디데스는 과학과 종교 둘 다 비효과적이었음을 고찰함으로써 글을 시작한다.

올바른 치료법에 무지했던 의사들은 질병 치료에 상당히 무기력했다,

… 똑같이 쓸모없던 건 신전에서 행해진 기도와 예언자들에게 자문을 구하는 것 등이었다. 고통으로 휘청대는 사람들은 종국에는 이런 것들에 대한 관심을 끊었다(49, 1954 편).

투키디데스는 일단 질병의 전염성이 인지된 후 사람들은 "서로 방문하기를 두려워했다"고 보고했다.

그 결과, 사람들은 다른 이의 돌봄을 받지 못한 채 죽어갔다. 관심 부족으로 온 가족이 몰살된 집도 많았다. … 죽어가는 이들을 차곡차곡 쌓아 올리거나, 반쯤 죽은 이들이 길에서 비틀거리거나 물을 찾아 분수대 주변으로 모여드는 광경도 보였다. 그들이 기거했던 신전 내부는 죽은 사람의 시신으로 가득했다. 너무나도 엄청난 재앙 앞에서 사람들은 그 다음에는 또 무슨 일이 닥칠지 몰라 망연자실했으며 모든 종교나 법 규범에 대한 관심을 끊었다. … 신에 대한 두려움이나 인간의 법이 통제력을 상실했다. 선한 자나 악한 자나 무차별적으로 죽는 것을 본 사람들은 신을 예배하건 안 하건 똑같다고 생각했다(51-53, 1954 편).

비록 근 7세기의 시차가 있지만 이교도인 아테네인들이 어떻게 죽음의 역병에 대처했는가에 대한 투키디데스의 묘사는 알렉산드리아의 이교도들이 어떻게 역병에 대처했는가에 관한 디오니시우스 주교의 기록과 놀랄 만큼 흡사하다. 투키디데스는 자신처럼 병에 걸렸다가 회복된 면역 보유자들은 병자를 간호하려 했지만 그 수가 얼마 되지 않았던 것 같다고 했다. 더욱이 투키디데스는 질병으로부터 피신하고 환자와 접촉을 피하는 것이 합리적이라는 견해를 받아들였다.

마르쿠스 아우렐리우스 치하에서 이름을 떨친 고전시대의 의사 갈렌이 첫 번째 역병 내내 생존했음은 주목할 만한 일이다. 그는 무엇을 했을까? 그는 잽싸게 로마에서 빠져나와 위험이 잦아들 때까지 소아시아의 시골집에 은신해 있었다. 현대 의학에 관한 역사학자들은 갈렌의 역병 묘사가 "평소의 그답지 않게 엉성하다"고 지적하며 아마도 황급히 피신한 탓인 것 같다고 한다(홉킨스 1983). 물론 갈렌 한 사람의 대처 방식이었지만 그가 후대까지 크게 존경 받던 당대 최고의 의사였다는 점을 유념해야 한다. 비록 그 도피를 옹호하기 위해 에세이를 쓸 생각까지 한 현대 의학 역사학자가 적어도 한 명은 있었지만(월쉬 1931) 갈렌 당대에는 그 행보가 이례적이거나 지탄 받을 일이 아니었다. 능력만 된다면, 신중한 사람이라면 누구나 그렇게 했을 법한 일이었다. 물론 그들이 "갈릴리인"이 아니었다면 말이다.

여기서는 교리의 문제를 다루어야만 한다. 유대교/기독교 사상의 발전과 함께 세상에 뭔가 독특한 것이 유입되었다. 바로 고도로 '사회적인' 윤리 강령을 종교와 결부시키는 것이다. 초자연적인 존재가 인간에게 어떤 행위상의 요구를 한다는 생각은 전혀 새로울 바가 없었다. 신들은 늘 희생제와 예배를 원했다. 초자연적인 존재가 제물에 반응한다는 발상도 전혀 새로울 바가 없었다. 신들은 희생제와 서비스를 맞바꾸도록 유도할 수 있는 존재였다. 새로운 것은, 인간과 초자연적인 존재 사이에 개인의 이해득실에 근거한 거래 관계 이상이 가능하다는 발상이었다. 하나님을 사랑하는 사람을 하나님이 사랑한다는 기독교의 가르침은 이교도의 신앙에서는 낯선 것이었다. 맥멀른이 고찰한 바에 의하면 이교도의 관점에서 "중요한 것은 ⋯ 신적 존재가 제공할 수 있는 서비스였다. 왜냐하면 신이라는 존재는 (아리스토텔레스가 오랫동안 가르쳤던 것처럼) 사랑을 받아도 그에 대한 반응으로 사랑을 느낄 수 없기 때문이다"(1981:53). 이교도가 똑같이 낯설게 여긴 것은 하나님이 인류를 사랑하기 때문에 기독교인은 '서로 사랑하지' 않고서는 하나님을 기쁘시게 못한다는 발상이었다. 실제로 하나님이 희생을 통해 그의 사랑을 보여주시는 것처럼 인간은 '서로를 위해' 희생함으로써 인간의 사랑을 보여주어야 했다. 아울러 이런 책임은 가족과 부족의 유대를 넘어 실상 "각처에서 우리의 주 곧 그들과 우리의 주 되신 예수 그리스도의 이름을 부르는 모든 자들"(고전 1:2)에게로 확장되어야 했다. 이것은 가히 혁명적인 생각이었다.

이교도와 기독교 저술가들은 기독교의 성서가 사랑과 구제를 신앙의 중심 의무로 강조할 뿐 아니라 기독교인들이 매일의 삶 속에서 사랑과 구제를 실천했다는 데 한 목소리를 낸다. 다음의 마태복음(25:35-40)

구절을 마치 생전 처음 읽는 것처럼 읽어보기를 권한다. 그래서 수 세기 후의 보다 냉소적이고 세속적인 시대가 아니라 이 새로운 도덕이 '새로웠을' 시절에 어떤 위력을 가졌을지 통찰을 얻기 바란다.

내가 주릴 때에 너희가 먹을 것을 주었고 목마를 때에 마시게 하였고 나 그네 되었을 때에 영접하였고 헐벗었을 때에 옷을 입혔고 병들었을 때에 돌보았고 옥에 갇혔을 때에 와서 보았느니라. … 내가 진실로 너희에게 이르노니 너희가 여기 내 형제 중에 지극히 작은 자 하나에게 한 것이 곧 내게 한 것이니라.

신약성서가 '새로웠을 때'는 이것이 기독교 공동체의 일반적인 관행이었다. 터툴리안은 이렇게 주장했다. "약자를 돌보고 사랑과 친절을 베푸는 우리의 모습은 많은 우리 반대자들의 눈에 비친 우리의 브랜드다. "한 번만 보라'고 그들은 말한다. '그들이 얼마나 서로 사랑하는지 보라!'"(『변증록』 39, 1989 편).

하르낙은 『사도헌장』에서 개괄한 집사의 직무를 인용하며 집사는 병든 자와 약한 자, 가난한 자, 장애인을 돌보는 사역을 전담했다고 했다. "집사들은 선행을 행하는 자들이어야 한다. 밤낮으로 사람들을 돌아보되 가난한 자를 멸시하거나 부한 자를 존귀하게 여겨서는 안 된다. 집사는 누가 곤고한 상황에 처했는지 확인하고 교회 기금을 나누는 데

소외되는 이가 없도록 하며 유복한 자에게는 선행에 쓸 돈을 따로 떼어 놓도록 설득하는 일도 해야 한다"(1908:1:161).

아니면 폰티아누스가 키프리안의 삶을 정리한 전기에서 어떻게 키프리안 주교가 카르타고의 양떼들을 가르쳤는지 보고한 부분을 읽어보자.

> 사람들이 운집하자 키프리안은 제일 먼저 자비의 유익에 대해 호소했다. … 그 후 우리끼리만 아끼고 사랑과 관심을 베푸는 것은 마땅한 일이지 칭찬받을 일은 아니라고 덧붙이며, 누군가 온전해지려면 '이방인이나 세리보다 무언가를 더해야 하며' 악을 선으로 이기고 하나님과 같이 자비와 선을 행하고 원수조차 사랑해야 한다고 했다. … 그러므로 선행의 대상은 단지 믿는 가정이 아니라 모든 사람이었다(하르낙에서 인용 1908:1:172-173).

우리가 본 것처럼 율리아누스 황제가 기독교의 부흥의 시계를 거꾸로 되돌리고 이방 종교를 회복시키려 애쓸 때 가장 골머리를 앓았던 점이 바로 이것이다. 율리아누스가 아무리 이교도 사제들에게 기독교인의 관행을 본받으라고 촉구해도 반응이 시큰둥했던 것이다. 이교도 사제들에게는 그 위에 무언가를 쌓아올릴 '교리적 토대나 전통적 관행이 없었기' 때문이었다. 로마인이 구제에 대해 무지했던 것은 아니었지만 구제는 신을 섬기는 일과 무관했던 것이다. 이방 신은 윤리적 요구를 한 적이 없었기에 윤리적 범죄를 벌하지도 않았다. 인간이 신의 심기를 건드릴 때는 신에게 무관심하거나 의례 기준을 어겼을 때뿐이었다(맥멀른 1981:58). 이방 신들은 화목제만 요구하고 그 외의 인간사는 인간 손에 맡겨두었기에 이교 사제는 구제 정신이 결여된 자는 구원조차 위태로울 수 있다고 설교할 수 없었다. 실제로 이교 신들은 구원을 약속하지도 않았다. 이교 신들은 뇌물을 받고 다양한 서비스를 수행할지언정 죽음이라는 운명으로부터 벗어날 길을 제시하지는 않았다. 돌연한 죽음의 그림자가 인생에 드리울 때 기독교인과 이교도가 보인 상이한 반응을 비교하려면 이 점을 염두에 두어야만 한다. 기독교인은 현세의 삶은 전주곡에 불과함을 확신했다. 때문에 갈렌이 고통 받는 자를 치료하기 위해 로마에 남았으려면 동일한 행동을 취했던 기독교인보다 훨씬 큰 용기를 가져야 했다.

차별 사망력

그러나 이런 차이가 현실에서는 어떤 의미가 있었을까? 그레코-로만 과학의 최고봉에 있는 자도 발병자와 일체의 접촉을 피하라고 권하는 것 말고는 이 역병을 어떻게 '치료해야' 할지 알지 못했다. 그렇다면 설령 기독교인이 병든 자를 간호하라는 지침을 따랐다고 한들 과연 얼마나 실질적인 도움이 되었을까? 실제로 기독교인은 자기 목숨을 걸고 엄청난 인명을 살릴 수 있었다. 맥닐은 이렇게 평가했다. "모든 통상적인 서비스가 중단되었을 때는 상당히 기초적인 간호만으로도 사망력을 현저히 낮출 수 있을 것이다. 가령 물과 음식을 제공하는 것만으로도 일시적으로 쇠약해진 사람들이 비참하게 소멸하는 대신 스스로 건강을 되찾도록 도울 수 있다"(1976:108).

가상의 숫자를 쓰면 기독교인의 간호가 역병에 의한 사망력에 얼마나 큰 영향을 미쳤는지 가늠하는 데 도움이 될 것이다. 역병 발생 직전인 160년 인구 1만 명의 도시가 있었다고 출발점을 잡아보자. 1장에서 나는 기독교인이 당시 제국 인구의 0.4퍼센트를 차지한다고 산정했다. 그러므로 이 도시 주민 중 40명이 기독교인이며 9,960명이 이교도라고 가정해 보자. 기독교인 1명당 249명의 이교도가 있는 셈이다. 이제 사망률이 30퍼센트인 역병이 간호를 받지 못하는 인구 집단에 퍼지고 있다고 가정하자. 현대의 의학 전문가들은 '약물을 전혀 쓰지 않고' 성실한 간호만으로 사망률을 3분의 2 또는 그 이하로 낮출 수 있다고 믿는다. 그러므로 기독교인의 사망률은 10퍼센트라고 가정해 보자. 이런 사망률을 적용해 보면 170년에는 36명의 기독교인과 6,972명의 이교도 생존자가 있을 것이다. 이제 기독교인 대 이교도의 비율은 1대 197로, 상당한 변화가 일어났다.

헌데 이교도가 기독교로 개종하는 속도가 역병기 동안에는 둔화되었다고 가정할 근거가 없다. 실제로 앞으로 우리가 보게 되겠지만 개종

속도는 이 시기에 오히려 증가했을 가능성이 크다. 10년당 40퍼센트의 개종률 투사치에 맞추어 우리는 기독교인 총수에 16명의 새 신자를 더하고 이교도의 총수에서 이 16명을 빼야 한다. 이로써 기독교인 1명당 134명의 이교도라는 비율이 도출된다.

좀 더 단순화하기 위해 이 도시의 인구가 두 번째 역병이 발생할 때까지 향후 90년간 정체되었으며 10년당 40퍼센트의 개종률이 유지되었다고 가정해 보자. 아울러 10퍼센트와 30퍼센트라는 사망률의 차이를 다시 적용한다고 가정해 보자. 역병 종식 후인 260년에 이 도시에는 997명의 기독교인과 4,062명의 이교도가 있을 것이다. 이제 기독교인 대 이교도의 비율은 1대 4이다. 두 차례의 역병이 발생하지 않았고 기독교인과 이교도의 상대적 인구 규모를 결정하는 유일한 요인이 개종이었다고 한다면, 260년에는 1,157명의 기독교인과 8,843명의 이교도가 있었을 것이고 이것은 기독교인 1명당 8명의 이교도 비율이다. 물론 이 시기에 인구가 정체되었을 리 없다. 근대 의학이 대두되기 이전에는 역병의 가장 큰 피해자들은 어린이나 임산부, 출산과 관련된 감염 환자들이었다(러셀 1958). 그러므로 심각한 역병에 잇따르는 여파는 출생률 저하였다. 사망률이 훨씬 낮았던 기독교인은 출생률도 역병의 영향을 훨씬 적게 받았을 것이며 이 역시 기독교인 대 이교도 비율 증가에 한몫했을 것이다.

그러므로 이 시기 동안 신규 개종자가 단 한 명도 없었을지라도 기독교인은 수적으로 어마어마한 증가를 이루었을 것이다. 그런데 앞서 고찰했듯이, 이 같은 추이는 많은 신규 개종자의 유입을 초래했을 것이다. 여러 원인이 있겠지만, 우선 위기의 시기에 기독교인이 '모든 사람'(everyone)을 돌본다는 그들의 이상을 실천했다면 기독교인 이웃 덕분에 목숨을 건진 이교도 생존자들이 속출했을 것이다. 또 하나, 기독교인은 죽음을 불사하는 역량을 발휘했을 뿐 아니라 사망할 확률도 훨씬 적다는 걸 누구나 주목하지 않을 수 없었을 것이다.

키(1983)가 너무나도 강력하게 우리에게 상기시켜 주었듯이, 기적은 그레코-로만 사회에서 종교적인 신뢰를 갖게 하는 본질적인 요인이었다. 아주 오랫동안 근대 학자들은 신약성서뿐 아니라 다른 유사 문헌에 나오는 기적에 대한 보고를 실제 일어난 일이 아니라 순전히 문학적인 표현이라고 깎아내리기에 급급했다. 그러나 현대의 우리는 미국 전역의 천막 집회에서 실제로 치유가 일어남을 인지하고 있다. 우리는 이런 "치유"의 능동적 동인(動因)이 하나님이라고 말하는 데까지 가지는 않더라도, 그 현실을 인식하는 동시에 실제 사건이라고 인정할 수는 있다. 그렇다면 왜 신약 시대에 행해진 "기적들"은 수용하지 않는가? 왜 사람들이 기적을 잣대로 삼아 종교의 참/거짓 여부를 판별한다는 것을 수용하지 않는가? 실제로 맥멀른은 "눈에 보이는 신적 역사"가 엄청난 개종의 이유가 된다는 것을 당연시한다(1981:126). 그는 가령 순교 역시 기적으로 인식될 가능성이 있었다고 시사한다.

이런 배경 하에 월등히 우월한 기독교인의 생존률은 기적으로밖에 비쳐지지 않았을 것임을 생각해 보자. 아울러 월등한 생존률로 인해 '면역'이 생긴 사람의 비율이 기독교인 중에 훨씬 더 높았을 것이고, 면역 보유자는 환자들 사이를 마치 전신갑주를 입은 듯 돌아다녔을 것이다. 사실 병자 간호에 가장 적극적인 기독교인은 아주 초기 발병자였다가 보살핌을 받던 중 살아 남은 사람일 개연성이 크다. 이런 식으로 "죽어가는 자"를 치유하는 기적을 일으키는 사람들의 군단이 생성되었을 것이다. 그러니 병자를 낫게 한 것은 기독교인이 병자를 위해 올린 기도 덕분이 아니라 참을성 있게 떠다 먹인 수프 덕분이었다고 누가 감히 말할 수 있었겠는가?

도덕성, 피신, 애착관계

나는 개종 과정에서 사회적 네트워크가 중요함을 강조해 왔다. 그러므로 역병이 기독교인과 이교도의 사회적 네트워크에 미친 여파와 더불어 어떻게 이 여파가 그들의 상대적 애착관계의 양상을 변화시켰는지 비교 분석하는 것이 유용하다. 일반적으로 나는 역병이 이교도의 사회 관계에 혼돈을 초래했으며, 그 결과 다수의 이교도가 다른 이교도와 맺은 애착관계는 얼마 남지 않은 한편 기독교인과 강한 유대관계(bond)를 맺을 상대적 확률은 크게 증가했을 것임을 예증할 것이다. 우리의 가상 도시로 되돌아가 세 종류의 대인 애착관계에 초점을 맞추어보자. (1) 기독교인-기독교인. (2) 기독교인-이교도. (3) 이교도-이교도. 우리가 위에서 사용한 차별 사망력을 적용한다면 (기독교인 10퍼센트, 이교도 30퍼센트) 각 종류의 '애착관계'가 '생존할 확률'을 계산할 수 있다. 즉, 여기서 우리의 관심은 개인의 생존이 아니라 애착관계의 생존율이다. 그러므로 우리가 사용할 측정 잣대는 역병에서 쌍방이 모두 살아남을 확률이다. 기독교인-기독교인 유대관계의 생존률은 0.81(또는 81퍼센트)이다. 기독교인-이교도 유대관계의 생존률은 0.63이다. 이교도-이교도 유대관계의 생존률은 0.49다. 그러므로 이교도 간의 애착관계가 기독교인 간의 애착관계보다 소멸할 확률이 두 배는 높을 뿐 아니라, 이교도와 기독교인 사이의 유대는 이교도끼리 묶여 있는 관계보다 살아남을 확률이 훨씬 더 높다.

이런 애착관계 생존률은 차별 사망력을 반영한 것이다. 그러나 한 사람이 도시를 떠나도 애착관계는 단절된다. (기독교인은 자리를 지켰지만) 이교도는 상당수가 역병으로 피신간 것을 우리는 알고 있으므로 이것 역시 고려해야 한다. 이교도 인구의 20퍼센트가 피신 갔다고 가정해 보자. 이제 이교도-이교도 애착관계의 생존률은 0.25이며 기독교인-이교도 애착관계의 생존률은 0.45가 된다. 한편 기독교인-기독교인의 생존률은 0.81로 유지된다.

물론 이런 생존률은 기독교인 역병 희생자는 간호와 돌봄을 받은 반면 이교도는 못 받았다는 것을 전제로 한다. 그러나 실상 우리의 출처

문헌을 보면 '일부 이교도들은' 기독교인의 간호를 받았다는 증거가 있다. 역병 초창기에 기독교인과 이교도 인구의 상대적 규모를 감안하면 기독교인이 모든 또는 대부분의 이교도를 간호하는 건 어려웠을 것이다. 아마도 근거리와 애착관계에 따라 어느 이교도가 기독교인의 돌봄을 받을지가 결정되었을 것이다. 즉, 기독교인과 근거리에 살았던 이교도 또는/그리고 친한 기독교인 친구(친척까지도)가 있었던 사람이 간호를 받았을 개연성이 가장 크다. 기독교인의 간호를 받고 살아날 확률은 기독교인이나 이교도나 동일했다고 가정하자. 그렇다면 기독교인의 간호를 받은 이교도는 다른 이교도보다 현저히 높은 생존률을 보였을 것이다. 이것이 의미하는 바는 기독교-이교도 애착관계의 생존률을 다시 계산해야 한다는 것이다. 이런 관계 속에서 이교도들이 기독교인과 마찬가지로 살아남을 확률이 높았다면 이런 애착관계의 생존률은 0.81이다. 이교도-이교도 애착관계의 생존률보다 세 배 넘게 높은 것이다.

이 문제를 또 다른 측면에서 접근하자면, 우리가 역병 이전에 다섯 쌍의 상당히 친밀한 애착관계를 가졌던 이교도라고 가정해 보자. 다섯 중 넷은 이교도와의 관계였고 하나는 기독교인과의 관계였다. 우리는 이것을 기독교인 대 이교도 애착관계의 비율이 1 대 4였다고 표현할 수 있을 것이다. 이 이교도가 도시를 떠나지 않았고 살아 남았다고 가정해 보자. 사망률과 피신 효과를 제하면 기독교인-이교도 애착관계의 비율은 0.8 대 1이 된다. 이 이교도의 친밀한 교제권 내에 이전에는 4명의 이교도와 1명의 기독교인이 있었다면 이제는 실상 각각 1명씩 남게 되었다. 극적인 평균화다.

이교도 생존자의 애착관계 중 기독교인과의 관계가 차지하는 비중이 대폭 상승한 이유는 비단 이교도-기독교인 관계의 생존률이 더 높기 때문만은 아니다. 역병 기간 중이나 그리고 그 후에도 새로운 관계 형성은 기독교인을 선호하는 쪽으로 점점 더 편중되었을 것이다. 한 가지 이유는 간호라는 기능 자체가 새로운 유대를 형성할 주요한 기회이기 때문이다. 또 다른 이유는 사람들은 비교적 온전한 사회적 네트워크에 애착할 가능성이 더 크기 때문이다. 이 점을 확인하기 위해 다시 한 번 역병 이후 한 명의 가까운 기독교인과 한 명의 가까운 이교도와 애착관계를 가진 이교도에 집중해 보자. 그 또는 그녀가 이제 잃어버린 애착관계를 대체할 관계를 물색한다고 가정해 보자. 가령 재혼을 하려는 것이다. 기독교인 친구는 이 이교도에게 제시할 다른 애착관계를 아직 많이 보유하고 있다. 반면 이교도 친구는 애착관계 면에서 매우 빈한하다. 기독교인에게는 그 또는 그녀의 기독교인 친구나 친척이 역병에서 살아 남았고 도시에 계속 거주하고 있을 가능성은 80퍼센트다. 이교도에게는 이 확률이 50퍼센트에 불과하다.

이 모든 사태의 귀결점은 이교도 생존자는 기독교인에 대한 애착관계의 증가로 인해 개종할 확률이 크게 상승한다는 것이다.

결론

몇몇 근대 저술가들은 이전 세대의 기독교인 역사가들이 기독교의 발흥이 마치 필연적인 일이었던 것처럼 분석하는 경향에 대해 경고했다. 그러니까 보잘것없고 인지도도 없던 예수 운동이 수 세기를 거쳐 결국 서구 문명을 지배하게 될 것을 우리가 이미 알고 있기 때문에 우리의 역사 인식은 자신감 과잉을 앓는다는 것이다. 그 결과로 학자들은 서구 세계의 기독교화를 접근할 때 원인을 규명하기보다는 과거를 회술하는 데 급급했다. 그리고 그렇게 함으로써 피터 브라운이 지적한 대로(1964:109) 기독교가 아닌 "이교의 종식을 당연한 것"으로 간주하는 듯한 모습을 보였다.

실상 기독교의 발흥은 지난한 과정이었으며, 그 여정에는 자칫하다가는 엉뚱한 샛길로 빠질 수도 있는 아찔한 순간이 많았다. 본 장에서 나는 어떤 위기들이 '일어나지 않았더라면' 기독교인은 중요하고 결정적일 수도 있는 기회들을 얻지 못했을 것이라고 주장했다.

맥멀른은 "그렇다고 해서 이교라고 부르는 거대한 실체가 어느 날 갑자기 확 고꾸라져 죽은 게 아니다"라고 우리에게 경고한 바 있다(1981:134). 사실 이교는 헬라와 로마 제국 발흥의 활발하고도 핵심적인 구성 요소였다. 이것이 의미하는 바는 기본적인 종교 충동을 충족시켜 줄 역량을 갖추었음이 분명하다는 것이다. 적어도 수 세기 동안은 말이다. 그러나 이교가 역사의 뒤안길로 사라졌다는 것은 팩트다. 그리고 만약 이 "거대한 실체"를 쓰러뜨리기 위해 정말 가공할 만한 충격파가 필요했다면, 두 번의 파괴적인 역병으로 인한 살벌한 위기가 가장 큰 타격이 아니었을까 한다. 만일 내가 옳다면 어떤 의미에서 이교는 정말 "고꾸라져 죽었다." 또는 이런 위기를 사회적이나 영적으로 직면할 능력이 상대적으로 떨어져 역병의 희생양이 되었고, 역병 기간 동안 시한부 운명이 된 것이다. 이런 무능은 신출내기 도전자(기독교)가 보여준 본보기로 갑자기 도드라지게 부각되었다. 나는 마지막 두 장에서 이 주제를 다시 다룰 것이다.

〈여성의 두상〉 영아살해 금지와 여성의 높은 개종 가능성으로 인해 기독교인 중 여성 수가 남성보다 훨씬 많아졌다. 한편 이교도는 남성이 여성보다 훨씬 수적으로 우세했다.

5
기독교의 성장과 여성의 역할

기독교가 가부장적이고 성차별적이라는 현대의 비난 때문에, 초기 교회가 여성에게 독보적인 매력을 가졌다는 사실을 놓치기가 쉽다. 그 매력이 얼마나 강했던지, 370년 발렌티니아누스 황제는 다마수스 교황 1세에게 기독교 선교사들이 이교도 여성의 가정집을 방문하는 것을 중단해 달라는 내용의 서면 훈시를 내릴 정도였다. 일부 고전시대 저술가들은 여성은 어떤 "이국적인 미신"에도 쉽게 넘어가는 노획물이었다고 하지만, 대체로 기독교가 여성에게 독보적으로 강한 흡인력이 있었음을 수긍한다. 그 이유는 기독교 하위문화(subculture, 어떤 사회의 지배적

본 장의 초판은 1994년 폴 헨리 펄피 강좌에서 발표되었다.

인 문화에 대해, 특정 사회집단에서 생겨나는 독특한 문화—편집자) 속에서 여성이 향유하던 지위가 그레코-로만 사회 전반에서 여성이 누리던 지위보다 월등히 높았기 때문이다(폭스 1987, 채드윅 1967, 하르낙 1908, 제2권).

역사학자들은 이 사실을 오래 전에 고찰했지만 이 사실을 설명하기 위해 어떤 진지한 노력을 기울이지는 않았음을 지적해야겠다. 왜 여성은 고전시대의 다른 곳에서보다 기독교인의 회합에서 더 높은 지위를 부여 받았을까? 이제부터 나는 기독교인 여성의 권익 향상을 매우 주요한 성비 변화와 연계하는 시도를 할 것이다. 그리고 영아 살해 및 낙태를 금지하는 기독교의 교리로 인하여 초기 성비에 변동이 일어났음을 예증할 것이다. 그 다음, 초기의 성비 변화가 이후 남성보다 여성 신규 개종자가 훨씬 더 많이 유입되었던 추세로 인해 증폭되었을 가능성도 보일 것이다. 그 과정에서 나는 초기 교회의 여성 지위에 관한 고대 문헌뿐 아니라 근대 고고학과 역사 인구학에서 찾은 증거를 요약할 것이다. 나는 또한 기독교인 여성과 이교도 남성 사이의 통혼이 상대적으로 높은 비중을 차지했음을 받아들여야 한다는 주장을 정립할 것이다. 그리고 어떻게 이런 통혼이 '2차' 기독교 개종으로 이어졌는지 살펴볼 것이다. 마지막으로 왜 기독교와 이교의 하위문화가 출산율에 있어서 엄청난 차이를 보였는지, 그리고 어떻게 우월한 출산율이 또한 초기 교회의 성공에 일조했는지 예증할 것이다.

기독교인과 이교도의 성비(性比)

그레코-로만 사회에서는 남성이 여성보다 훨씬 수가 많았다. 디오 카시우스는 약 200년경에 쓴 글에서 제국의 인구가 감소한 원인이 극심한 여성 부족에 있다고 했다(『로마사』, 1987 편). J. C. 러셀(1958)은 고대와 중세 인구에 대한 그의 고전적인 연구에서 로마 인구는 남성 135명 당 여성 100명의 비율이었고, 이탈리아, 소아시아, 북아프리카는 남성 140명 당 여성 100명의 비율이었다고 추산했다. 러셀은 이렇게 극단적인 성비는 "인간 생명에 어떤 조작"이 있었을 경우에만 가능할 것이라고 시사했다(1958:14). 실제로 조작이 있었다. 그레코-로만 사회에서는 원치 않는 여아와 기형 남아를 유기하는 것은 합법적이었을 뿐 아니라 도덕적으로도 용인되었으며 사회 전(全) 계층에 걸쳐 빈번하게 행해지던 일이었다(폭스 1987, 고르만 1982, 포머로이 1975, 러셀 1958). 린제이는 대가족에서도 "딸은 하나 넘게 키우는 법이 거의 없었다"고 보고했다(1968:168). 델피의 새김 문자 연구를 통해 재구성된 600곳의 가정 중에서 단 여섯 가정만이 딸을 하나 넘게 키웠다(린제이 1968).

여아 살해라는 주제는 본 장의 뒷부분에 가서 다시 자세히 살펴보고자 한다. 지금은 힐라리온이라는 사람이 그의 임신한 아내 알리스에게 쓴 편지를 살펴보기로 한다. 여러 작가들이 이 편지를 보고했다. 그 이유는 필자가 자신의 아내와 간절히 바라마지 않는 아들에 대해 보이는 절절한 관심이 혹여 태어날지도 모르는 딸에 대한 철저한 비정함과 상당히 놀라운 대비를 이루기 때문이다.

나는 아직 알렉산드리아에 있소. 다들 돌아왔는데 나만 알렉산드리아에 남아 있다고 걱정하지는 말아요. 우리의 태어날 아들을 잘 돌봐줄 것을 당부하오. 돈은 받는 대로 당신에게 보내주겠소. [내가 집에 돌아가기 전에] 아이를 낳는다면, 남자이면 키우고 여자이면 버리시오. "날 잊지 말아요"라고 당신이 말했는데, 내가 어찌 당신을 잊겠소. 그런 걱정일랑 하지 말아요(루이스에서 인용, 1985:54).

편지의 날짜는 기원전 1년이다. 그러나 편지에 나타난 이교도의 관행은 기독교의 시대가 출범하고 한참 후까지 계속되었다. 이런 양상으로 말미암아 그레코-로만 시대의 이교도 사회는 (당시 다산으로 인한 여성 사망률이 반영되기 이전인) 아동기부터 이미 여성의 수가 남성보다 훨씬 적었다. 성인 성비 불균형이 계속 증가한 이유는 비단 출산 관련 여성 사망률이 높은 탓만은 아니었다. 본 장의 뒷부분에서 상세히 보겠지만 이 시대 여성 사망의 주요인은 낙태였다.

그러나 기독교인의 독특한 하위문화가 모습을 드러내기 시작하자 기독교인은 전혀 다른 양상을 보였다. 기독교 공동체의 성비 구성에 관한 확실한 정보자료는 거의 없다. 하르낙은 바울이 로마인에게 보낸 '로마서'에서 15명의 여성과 18명의 남성에게 문안했다고 추정했다

(1908:2:67). 만약 하르낙이 암시하듯이 바울의 특별한 관심을 받을 정도로 지명도 있는 기독교인 가운데 남성이 여성보다 이 정도 비율로 더 많았다면, 이 15/18의 성비가 나타내는 것은 로마의 교인은 이미 여성이 압도적으로 많았다는 것이다. 두 번째 추론의 근거는 기독교에 대한 박해가 심하던 303년 경 북아프리카의 시르타라는 마을에 있는 한 기독교인 가정 교회에서 나온 물품 목록이다. 불우이웃 돕기를 위해 기독교인이 모은 옷 중에는 16벌의 남성 망토와 82벌의 여성 망토, 47켤레의 여성 슬리퍼가 있었다(프렌드 1984, 폭스 1987). 짐작컨대 이것은 기부자의 남녀 비율을 일정 정도 반영하는 것으로 보인다. 그러나 더 나은 통계가 없어도 교회 교인 가운데 여성이 압도적으로 많았다는 것은 폭스가 보고했듯이 "기독교인과 이교도인 모두 공히 인정하는" 바였다(1987:308). 실제로 하르낙이 고찰한 바는 이렇다.

당시 고대 문헌은 로마와 지방에서 각계각층의 여성이 개종한 일화로 차고 넘친다. 이야기의 자세한 내용은 신뢰할 만하지 않지만 여성이 기독교를 장악하고 있다는 일반적 진실과 여성 기독교인의 비율이 특히 상류층에서 남성보다 높았음은 충분히 그리고 정확히 드러난다(1908:2:73).

기독교인의 성비에 관한 이런 결론은 우리가 신뢰할 만하다. 이것은 기독교인의 성비가 왜 그렇게 달랐는지를 검토해 보면 알 수 있다. 첫째, 기독교인은 모든 형태의 영아 살해와 낙태를 금지함으로써 이교도 가운데 존재했던 성비 불균형의 주 원인을 제거했다. 그렇다고 해도 사망률의 변화 하나만으로는 기독교인 여성이 기독교인 남성을 수적으로 앞지르는 결과를 이룰 수 없었을 것이다. 헌데 기독교인 성비에 영향을 미친 두 번째 요소가 있었다. 바로 여성이 남성보다 기독교인이 될 가능성이 컸다는 것이다. 여기에 여성 사망률 감소가 결합되면 기독교인 하위문화 내에서 여초(女超) 현상이 발생하게 되었을 것이다.

개종의 성별 편향성

많은 찬사를 받았던 그의 초기 교회에 관한 단행본 논문에서 영국의 역사학자 헨리 채드윅은 "기독교는 특히 여성들 사이에서 성공을 거둔 것으로 보인다. 기독교가 처음 상류층으로 뚫고 들어간 것은 아내들을 통해서였다"고 고찰했다(1967:56). 피터 브라운은 상류층 기독교인 가운데 "여성의 존재가 두드러졌다"면서 "이런 여성들은 교회를 보호하기 위해 남편에게 영향을 미칠 수 있었다"고 했다(1988:151). 코모두스 황제의 첩 마르시아는 코모두스를 설득해 훗날 교황이 된 칼리스투스를 사르디니아 광산 강제노역 형(刑)에서 빼내었다(브라운 1988). 비록 마르시아가 코모두스의 개종까지 얻어내지는 못했지만 다른 귀부인들은 종종 남편과 애인을 신자가 되는 데까지 인도했다.

이쯤에서 1차(primary) 개종과 2차(secondary) 개종을 구분하는 게 도움이 될 듯하다. 1차 개종은 개종자가 자신의 개종에 능동적인 역할을 하며 특정 신앙에 대한 긍정적인 평가를 바탕으로 (비록 긍정적인 평가를 형성하는 데 있어서 교인들과의 애착관계가 주요한 역할을 하지만) 헌신적인 신봉자가 되는 것이다. 2차 개종은 보다 수동적이며, 1차 개종자에 대한 애착관계로 인해 다소 마지못해 신앙을 받아들이는 것을 일컫는다. 가령 A라는 사람이 새로운 신앙으로 개종한 후 그의 배우자가 그 선택에 '동조'하기로 동의한다. 그런데 이 배우자는 개종에 그리 열정적이지 않고 A가 아니었다면 개종하지 않았을 가능성이 농후하다. 이 배우자는 2차 개종자다. 채드윅이 제시한 사례에서 상류층 아내들은 종종 1차 개종자들이었고 그들의 남편 가운데 일부는 (종종 마지못해) 2차 개종자가 되었다. 실제로 한 집안의 가장이 기독교인이 되면 하인과 노예를 포함하여 그 집안의 모든 식솔은 당연히 그를 따라서 개종하는 일이 많았다.

고대 문헌과 현대 역사학자들은 기독교로의 1차 개종은 남성보다는 여성 가운데 훨씬 많았다는 데 의견을 같이한다. 이 현상은 근대의 신흥종교 운동에도 전형적인 듯하다. 베인브리지(1982)는 19세기 후반의 인구조사 응답지 원본을 조사한 결과 셰이커 교도의 약 3분의 2가 여성이었음을 발견했다. 종교단체를 대상으로 한 1926년 인구조사에서 취합한 종교 운동 데이터를 보면 크리스천사이언스 교인의 75퍼센트가 여성이며, 신지(神智)주의자, 스베덴보리주의자, 심령론자 가운데 여성의 비중은 60퍼센트 이상이었다(스타크와 베인브리지 1985). 이 사실은 남미에서 일어나고 있는 거대한 개신교 개종의 흐름에도 적용된다. 사실 데이빗 마르틴은(1990) 남미 개신교 남성 가운데 상당 부분이 2차 개종자일 것이라고 시사한다.[1]

왜 시대와 공간은 달라도 여성들은 남성보다 훨씬 더 민감하게 종교에 반응하는지를 설명하는 여러 흥미로운 시도가 있었다(톰슨 1991, 밀러와 호프먼 1995). 하지만 여기서 이 주제를 다루는 것은 적절하지 않고, 여기서는 성별에 따른 차별 개종률이 그레코-로만 사회에서 기독교 하위문화의 성비에 어떤 영향을 미쳤는지를 검토하는 것으로 충분하겠다. 합리적인 몇 가지 전제만 있다면 단순한 산술로도 충분히 차별 개종률이 초래했을 변화의 광대한 규모를 평가할 수 있다.

먼저 남녀 수가 동일한 기독교 집단에서 시작해 보자. 개종만으로 10년당 30퍼센트의 성장률을 기록한다고 가정해 보자. 그러니까 일단은 출생자수와 사망자수가 동일하다고 전제하고 자연적인 증가를 모두 배제할 것이다. 개종자의 성비는 남성 1명 당 여성 2명이라고 가정해 보자. 상기한 바와 같이 이 비율은 근래의 경험과 전적으로 일치한다. 이런 합리적인 전제를 가지고 우리는 이 기독교 인구 집단이 여성 비율 62퍼센트에 이르기까지는 50년밖에 안 걸린다는 계산을 쉽게 할 수 있다. 또 10년당 40퍼센트의 성장률을 전제한다면 이 기독교 인구 집단은 50년 안에 여성 비율 64퍼센트에 다다를 것이다.

만일 합리적인 전제에 근거한 자연증가와 차별 사망력 요인을 포함시킨다면 일정 정도 성비를 하향 조정해야 할 것이다. 그러나 그렇게 한다 해도 기독교 하위문화는 막대한 잉여남성 인구에 익숙한 사회에서 상당한 잉여여성 인구를 보유하게 될 것이다. 본 장 뒷부분에서 나는 어떻게 잉여여성 인구가 이교도와 결혼함으로써 상당수의 2차 개종이 발생했는지 검토할 것이다. 그러나 일단은 기독교인 여성들은 여성이 남성보다 많은 성비에서 오는 유익을 누렸다고 받아들일 만한 풍성한 근거가 있다는 단순한 결론에 집중하고자 한다. 그리고 어떻게 이 성비가 기독교 여성이 이교도 여성에 비해 우월한 사회적 지위를 누리는 결과를 초래했는지를 보이는 데 초점을 맞추고자 한다.

성비와 여성의 지위

근래의 사회 사상에 유의미하고 독창적인 공헌을 한 구텐타그와 세코르드(1983)의 이론은 다문화 사이에서 나타나는 여성 지위의 격차를 다문화 사이에서 나타나는 성비 격차와 연계시킨다. 이 이론은 양자를 사회 구조에 따른 권력과 의존성에 감탄스러울 만치 미묘하게 연계시킨다. 구텐타그와 세코르드의 이론 가운데 본 장의 목적에 부합하는 부분은, 남성이 수적으로 우세한 정도만큼 남성이 여성을 '희귀재'로 취급하여 여성이 억압적 성 역할에 갇히게 될 것이라는 결론이다.

역으로 구텐타그와 세코르드의 이론은 여성이 수적으로 우세한 정도만큼 여성이 남성보다 상대적으로 더 큰 권력과 자유를 향유할 것이라고 예측한다.

구텐타그와 세코르드는 그들의 이론을 여러 시대의 다양한 사회에 적용했고 아테네와 스파르타 여성의 상대적 지위와 권력이 현저한 차이를 보임을 조명했다. 즉, 고전 사회 내에서도 여성의 지위는 성비 증감에 따라 상당한 편차를 보였다는 것이다.

전(全) 계층을 망라하여 자행되던 여아 살해와 낙태로 인한 추가 사망으로 아테네에서는 여성이 상대적으로 공급 부족 상태였다. 아테네에서 여성의 지위는 매우 낮았다. 여아는 거의 또는 아예 교육을 받지 못했다. 아테네의 여성은 대개 사춘기나 그 이전에 결혼하는 일이 많았다. 아테네법에 따르면 여성은 나이와 무관하게 아동으로 분류되었으며 그러므로 생애의 모든 단계에서 남성의 법적 소유물로 간주되었다. 남성은 여성에게 그저 집에서 나가라고 명령하는 것으로 이혼을 달성할 수 있었다. 더군다나 여성이 유혹을 받거나 강간을 당하면 남편이 아내와 이혼할 것을 강제하는 법도 있었다. 여성이 이혼을 원할 경우에는 아버지나 다른 남성이 재판장 앞에서 변론을 해 주어야 했다. 마지막으로 아테네의 여성은 재산 소유권은 허락되었으나 재산 통제권은 항상 그녀가 '속한' 남성에게 귀속되었다(구텐타그와 세코르드 1983, 핀리 1982, 포머로이 1975).

스파르타인들도 영아 살해를 했지만 성별에서 편향성이 없었다. 즉, 건강하고 외모가 준수한 아기들만 살아남았다. 출생 시 남아가 기형이거나 병약할 확률이 더 높기 때문에 영아기에는 여성의 수가 남성의 수를 조금 웃돌았다. 이 추세는 연령이 증가함에 따라 가속화되는데, 그 원인은 군복무와 전쟁으로 인한 남성의 사망 때문이다. 20세기가 시작되고 한참 후까지 군대 내 사망률이 민간인의 사망률보다 훨씬 높았음을 유념해야 한다. 7세에 모든 스파르타 소년들은 집을 떠나 군대 기숙학교에 입학해야 했고, 30세까지 군 복무 의무를 졌으며, 그 후 60세까지 예비군으로 편성되어 활동했다. 헬롯(helots, 고대 스파르타의 노예—편집자)으로도 알려진 피지배 농민계급에 속한 남성은 가사 노동을 전담하는 인력을 제공했다. 비록 스파르타의 남성은 20세가 되면 결혼할 수 있었지만 30세에 현역에서 제대하기 전까지는 아내와 같이 살 수 없었다.

스파르타의 여성은 다른 고전 사회에서는 전례가 없는 지위와 권력을 향유했다. 그들은 재산 소유권과 재산 통제권을 가졌으며 남성 친척이 군대에 출타해 있을 경우 남성 친척의 재산에 대한 통제권도 행사했다. 스파르타에서는 전체 토지와 재산의 최소 40퍼센트 이상이 여성의 단독 소유권 아래 있었다고 추정된다(포머로이 1975). 이혼에 관한 법은 남성이나 여성이나 동일했다. 스파르타의 여성은 남성과 동일한 교육을 받았고, 특히 체육과 체조 훈련을 많이 받았다. 스파르타의 여성은 20

세 이전에 결혼하는 경우가 드물었으며, 아테네의 여성이 몸매를 가리는 묵직한 가운을 입고 집 밖에서 남성들의 눈에 띄는 경우가 드물었던 것과는 대조적으로 짧은 드레스를 입고 자유롭게 돌아다녔다(구텐타그와 세코르드 1983, 핀리 1982, 포머로이 1975).

기독교인 여성의 상대적 지위

만일 구텐타그와 세코르드의 이론이 맞다면 그레코-로만 사회에서 기독교인 여성의 지위는 아테네의 여성보다는 스파르타 여성의 지위에 근접했을 것이라고 추측할 수 있다.

본 장을 시작하며 기독교인 여성이 이교도 여성에 비해 실제로 상당히 우월한 지위와 권력을 누렸다고 주장했지만 이것은 좀 더 상세한 예증이 필요한 대목이다. 여기서 논의는 여성 지위의 두 가지 주요한 측면에 초점을 맞출 것이다. 즉, 가족 내에서의 지위와 종교 공동체 내에서의 지위다.

아내, 과부, 신부

우선 기독교 하위문화에서 여성의 지위가 향상된 것을 엿볼 수 있는 주요 대목은 기독교인이 여아 살해를 용인하지 않았다는 것이다. 그런데 실제로 기독교인은 남녀를 불문하고 모든 종류의 영아 살해를 용인하지 않았다. 하지만 여성에 대한 보다 호의적인 시각은 기독교인이 이혼과 근친상간, 외도, 일부다처제를 죄악시했다는 데서도 드러난다. 폭스의 표현처럼 "이혼하지 않고 결혼의 순결성을 지키는 것이 모든 기독교인에게는 마땅히 지켜야 할 바였다"(1987:354). 이혼과 재혼을 금하는 규정은 서서히 진화했지만 가장 초창기의 교회 공의회는 "두 번 결혼한 기독교인"은 교회에서 직분을 가질 수 없다고 판결했다(폭스 1987). 이교도와 마찬가지로 초기 기독교인은 여성의 정절을 중요시했다. 다른 점은 남성에게는 지나친 성적 방종을 허용했던 이교도의 이중 잣대를 기독교는 거부했다는 것이다(샌디슨 1967). 기독교는 남성에게 결혼 때까지 동정(童貞)을 지킬 것을 주문했으며(폭스 1987) 혼외 성관계는 간음으로 단죄했다. 채드윅은 기독교가 "남편의 정절 파기를 아내의 불륜 못지않게 심각한 불충과 배신행위로 간주했다"고 했다(1967:59). 위대한 그리스인 의사 갈렌조차도 기독교인의 "동거를 자제하는" 현상을 주목하지 않을 수 없었다(벤코에서 인용 1984:142).

기독교인 여성은 과부가 될 경우에도 상당히 큰 혜택을 누렸다. 이교도 과부는 재혼하라는 큰 사회적 압박을 받았다. 아우구스투스는 2년 안에 재혼하지 않는 과부는 벌금을 부과하도록 했다(폭스 1987). 물론 이교도 과부는 재혼과 동시에 상속받은 모든 재산을 상실했다. (전 재산이 새 남편에게로 귀속되었다.) 그와 대조적으로 기독교인 사이에서는 과부로 남기로 선택한 사람을 상당히 우러러 보며 재혼은 다소 만류하는 분위기였다. 그러므로 부유한 기독교인 과부는 남편의 재산을 계속 소유할 수 있었다. 뿐만 아니라 교회는 과부가 가난할 경우 생계 지원을 마다하지 않음으로써, 과부가 재혼을 할지 말지를 선택할 수 있게 해주었다. 유세비우스에 의하면 로마의 감독 코르넬리우스는 251년 안디옥의 파비우스 감독에게 쓴 편지에서 "1,500명의 과부와 곤고한 자들"이 지역 교회 교인의 돌봄을 받고 있다고 보고했다. 당시 교인 수는 약 3만 명에 달했을 것이다(『교회사』, 1965 편, 282쪽에 대한 편집자 각주도 참조할 것).

이렇게 모든 면에서 기독교인 여성은 이교도 이웃 여성보다 훨씬 안정되고 평등한 결혼생활을 영위했다. 헌데 기독교인으로서 결혼과 관련하여 여성이 누렸던 주요한 혜택이 하나 더 있다. 바로 기독교인 여성은 비교적 상당히 늦은 나이에 초혼을 했으며 배우자 선택권도 훨씬 넓었다는 점이다. 앞으로 보겠지만 이교도 여성이 종종 사춘기 이전에 혼인과 동시에 성관계를 강요당했음을 볼 때 이것은 작은 일이 아니다.

이제는 고전이 된 글에서 역사 인구학자 케이스 홉킨스(1965a)는 로마 여성(실상 대부분이 소녀들)의 혼인 연령에 관한 1세기에 걸친 연구 자료를 조사했다. 증거는 문헌적인 동시에 정량적이었다. 문헌 증거는 표준적인 고전시대 역사 이외에 법률가와 의사의 저작으로 이루어져 있다. 정량적 데이터는 대부분 장례와 관련된 새김 문자로서 이를 통해 혼인 연령을 계산할 수 있었다(하크니스 1896 참조).

로마 소녀들이 종종 사춘기 이전에 조혼했음을 보여주는 강력한 증거는, (그것이 너무 보편화되어서) 이 주제에 관해 역사가 침묵하고 있다는 점이다. 이 외에도 많은 저명한 로마 여성이 어린 나이에 결혼했음을 추정하는 것이 가능하다. 옥타비아와 아그리피나는 만11세와 만12세에 결혼했고, 퀸틸리안의 아내는 만13세에 그의 아들을 낳았고, 타키투스는 만13세 소녀와 혼인했다는 것 등이다. 이 모든 로마 귀족에 관한 글을 훑어본 홉킨스(1965a)는 고대 저자가 신부의 나이를 언급한 사례는 단 한 건밖에 없었음을 발견했다. 그 한 건도 기독교인 금욕주의자가 기록한 전기였다! 신부가 어린이라는 사실은 고대의 전기 작가에게는 언급할 만한 가치가 없는 사실이었던 게 분명하다. 그러나 침묵 이외에 그리스 역사학자 플루타르크는 로마인은 "소녀가 12세가 되면 결혼을 시켰고 심지어 더 어린 나이도 있었다"고 보고했다(홉킨스에서 인용 1965a: 314). 그리스 출신의 로마 역사 저술가 디오 카시우스도 같은 견해였다. "소녀들은 만12세가 되면 결혼할 수 있는 나이가 되었다고 … 여겨졌다"(『로마역사』, 1987 편).

로마법은 만12세를 소녀가 결혼할 수 있는 최저 연령으로 규정했다. 그러나 이 법은 위반 시 처벌규정이 명시되지 않았고 당시의 법 주석에는 이런 권고사항이 포함되어 있었다. "만12세 이전에 결혼한 소녀는 만12세가 되면 합법적인 아내가 될 것이다." 또 다른 로마법은 만12세 미만의 소녀가 결혼했을 때 법률적 목적상 만12세가 될 때까지는 약혼한 것으로 간주한다고 명시했다. 홉킨스는 이렇게 결론지었다. "법률가

표 5.1

로마 여성의 종교와 혼인 연령

	이교도	기독교도
13세 미만	20%	7%
13-14세	24%	13%
15-17세	19%	32%
18세 이상	37%	48%
n =	145	180

유의도 < .0001

주: 계산 근거는 홉킨스 1965a.

들이 이 문제에 대하여 취한 태도가 진보적이었는지, 전형적이었는지, 보수적이었는지는 알 방도가 없다. 우리가 알 수 있는 것은, 단편적으로 남아 있는 그들의 소견에는 만12세 이전에 이루어진 결혼에 대한 어떤 조롱이나 비난도 없었으며 [조혼을 막는] 법은 구속력이 없었다는 것이다"(1965a:314).

정량 데이터는 홉킨스(1965a)가 취합한 로마의 새김 문자에 관한 몇 가지 연구에 바탕을 둔 것이다. 이 데이터를 사용하면 혼인 연령을 계산할 수 있다. 또한 홉킨스는 종교를 기준으로 로마의 여성을 이분화했다. 그 결과는 표 5.1에 제시되어 있다. 이교도는 기독교인보다 만13세 미만에 결혼하는 확률이 세 배나 높았다. (10퍼센트는 11세 이하 연령에 혼인했다.) 이교도의 거의 절반(44퍼센트)에 달하는 여성이 만14세 이하에 결혼한 데 비해 기독교인의 해당 수치는 20퍼센트였다. 반면 거의 절반(48퍼센트)에 달하는 기독교인 여성이 만18세 미만까지 결혼하지 않았으며, 이에 비해 이교도의 해당 수치는 3분의 1(37퍼센트)이었다.

이런 차이는 통계적으로 상당히 유의미하다. 그러나 이교도인 로마 소녀의 상당 비율이 사춘기가 시작하기 전에 자신보다 훨씬 연상인 남성과 결혼했으며, 결혼과 동시에 성관계가 시작되었다는 사실을 발견할 때 이런 차이는 훨씬 더 큰 사회적 함의를 띠게 되는 것 같다.

프랑스 역사학자 두리(1955)는 로마인의 혼인은 아동 신부가 사춘기에 도달하지 못했더라도 성관계를 가지는 게 통상적이었다는 발견을 최초로 보고했다. 그는 이 발견이 우리가 고전세계에 대해 가지고 있는 오랜 통념과 상충되는 것임을 인정했다. 그러나 이런 조혼 내 성관계가 당연시되었다는 풍부한 문헌적 증거가 있다. 홉킨스(1965a)는 12세 이하 소녀의 결혼과 성교를 다루는 로마의 법조항이 하나 있었으나 소녀의 불륜 문제만 다루고 있다고 지적했다. 몇몇 로마 의사들은 초경이 시작될 때까지 성교를 미루는 것이 현명하다고 권고했지만 이 문제를 강조하지는 않았다(홉킨스 1965a).

안타깝게도 문헌은 이런 관행에 대해 사춘기 이전의 소녀들이 어떻게 느꼈는지에 관해서는 거의 아무런 정보도 제시하지 못하고 있다. 플루타르크는 이것이 잔인한 관습이라고 보았으며 "자연에 역행하여 강요당한 소녀들이 경험했던 증오와 두려움"에 대해 보고했다. 나는 더 나은 증거를 찾을 수 없는 현실과 상당한 문화적 차이를 감안하더라도 로마의 많은 소녀들이 플루타르크가 주장한 것과 같이 반응했으리라 생각한다. 그러므로 이 부분에서도 기독교인 소녀들은 상당히 유리한 위치에 있었다.

성별과 종교적 역할

초기 교회에 이례적으로 많은 귀부인이 유입되었다는 것은 익히 알려진 바다(폭스 1987, 그랜트 1977, 1970, 하르낙 1908, 제 2권). 그러나 여기서 관심을 끄는 대목은 초기 기독교 회중 '내에서' 여성이 차지했던 역할이다. 내가 "초기 기독교"라 함은 대략 기원후 첫 5세기를 아우르는 시기를 일컫는 것임을 강조하고자 한다. 그 후 기독교는 제국의 지배적인 신앙이 되었고 그 결과로 성별 차별 개종률이 감소했을 것이다. 이는 교회 내에서 여성 성비 하락과 여성 역할의 축소를 초래했을 것이다.

초기 교회에서 여성이 누린 지위에 관해서는 바울이 교회 내에서 여성의 발언조차 금지한 것처럼 '보이는' 고린도전서 14:34-36에 지나치게 의존하는 경향이 있다. 로렌스 얀나코네(1982)는 이 구절은 바울의 입장과는 상반된 것이었으며 실제로는 고린도에서 제기된 주장을 바울이 (자신의 반박 주장을 펼치기 직전에) 단지 인용한 것이라는 설득력 있는 주장을 펼쳤다. 확실히 이 발언은 바울이 교회에서 여성의 적절한 역할에 관해 쓴 다른 모든 내용들과 상치된다. 바울은 누차 다양한 교회에서의 여성 리더십을 인정하는 발언을 했다.

로마서 16:1-2에서 바울은 로마의 교인들에게 "겐그레아 교회의 일꾼(deaconess, 여집사)으로 있는 우리 자매 뵈뵈"를 소개하며 자신에게 큰 도움을 주었다고 칭찬했다. 집사는 초기 교회에서 상당히 중요한 직분이었다. 집사는 예배 의전을 보조하고 교회의 양선과 구제 활동을 집행했다. 바울은 분명 여성이 집사 직분을 가진다는 게 전적으로 타당하다고 보았다. 이것은 고립된 사례가 아니다. 알렉산드리아의 클레멘트는 "여성 집사들"에 관해 썼고 451년 칼케돈 공의회는 향후 여집사는 최소한 40세 이상의 미혼여성이어야 한다고 규정했다(퍼거슨 1990). 이교도 쪽에서 나온 자료를 보자면, 트라야누스 황제에게 보낸 그 유명한 서한에서 소(小) 플리니우스는 자신이 "여집사라고 불리는" 두 명의 젊은 기독교인 여성을 고문했다고 보고했다(1943 편).

바울은 로마인들에게 여집사 뵈뵈를 칭찬했을 뿐 아니라 로마 교회 내에서 지명도 있는 여성들에게 안부를 전했다. 그 중에는 바울을 위해 "자기의 목까지도 내놓았다"고 바울이 인정한 브리스가도 포함된다. 바울은 그의 서신을 받는 자들에게 "너희를 위하여 많이 수고한 마리아에게 문안"하라고 당부하며 다른 몇몇 여성들에게 안부를 전했다(롬 16:1-15). 아울러 바울은 디모데전서 3:11에서 다시금 집사의 역할을 감당하는 여성들을 언급하며 이런 직임을 감당하기 위해서는 "정숙하고 모함하지 아니하며 절제하며 모든 일에 충성"된 여성이어야 한다고 했다.

초기 교회에서 여성이 집사로 섬긴 일이 많았다는 사실은 오랫동안 베일에 감춰져 있었다. 이는 킹제임스 역본의 역자들이 일부러 뵈뵈를 집사가 아닌 단순한 교회 "일꾼"(servant)으로 지칭하고 디모데전서에 나오는 바울의 말을 집사들의 '아내들'을 향한 언급으로 바꿔버렸기 때문이다.[2] 그러나 이것은 17세기의 성차별적 관행을 드러내는 것이지 초기 기독교 공동체의 현실을 반영하는 것은 아니었다. 실상 3세기 초 위대한 기독교 지성인 오리겐은 바울의 로마서에 다음과 같은 주석을 달았다.

> 이 본문이 사도의 권위를 가지고 가르치는 바는 … 우리가 이미 말했듯이 교회에는 여집사가 있으며, 수다한 사람을 섬기고 그 선한 사역으로 말미암아 사도의 칭송을 받을 자격이 있는 여성이 집사 직분을 받도록 허락해야 한다는 것이다(그라이슨에서 인용, 1976:134).

성경의 모든 중요한 현대 역본에서는 이제 바울이 두 서신에서 사용한 원래 어휘가 원상복구되었다. 하지만 킹제임스 역본의 날조로 인해 빚어진 허상은 여전히 통념으로 잔재한다. 그럼에도 불구하고 초기 교회 역사학자들과 성경학자들 가운데에는 초기 기독교 내에서 여성이 영예롭고 권위 있는 직분을 맡았다는 것에 대한 실질적인 공감대가 있다(프렌드 1984, 그라이슨 1976, 캐독스 1925). 피터 브라운은 기독교인은 이 방면에서 이교도뿐 아니라 유대인과도 구별된다고 고찰했다. "기독교 성직자는 … 팔레스타인의 랍비와 구별된 행보를 보였다. … 그들은 여성이 후원자가 되는 것을 환영했으며 심지어 여성이 동역자로서 일하도록 역할을 맡기기까지 했다"(1988:144-145). 그리고 학자들 가운데 저명한 웨인 믹스의 다음과 같은 주장에 이의를 제기할 사람은 아무도 없을 것이다. "여성은 … 복음전도자와 교사로서 바울의 동역자였다. 보다 큰 사회 속에서 그들이 차지한 위치를 보거나 기독교 공동체 내에서 그들이 보여준 참여도를 보더라도 몇몇 여성들은 여성의 역할에 관한 사회의 고정관념을 뛰어넘었다"(1983:71).

로마의 박해에 관한 면밀한 검토 결과를 보면, 이것 역시 여성이 기독교 교회 내에서 권력과 지위가 따르는 위치에 있었음을 시사한다. 로마인에 의해 순교를 당한 기독교인의 실제 숫자는 꽤 적었고 처형을 당한 남성의 다수는 감독을 비롯한 공적 직분자였다(8장 참조). 그런데 순교자 중에서 아주 상당한 비율이 여성이었다는 사실을 두고, 보니 보우먼 써스톤(1989)은 로마 당국이 여성이 교회 내에서 어떤 종류의 공적 위치에 있었다고 여겼음에 틀림없다고 했다. 플리니우스에 의해 고문당하고 아마도 처형까지 당했을 여성들이 여집사들이었다는 사실도 이와 일맥상통한다.

그러므로 구텐타그와 세코르드의 이론이 예측하듯이, 기독교 여성이 누리던 매우 유리한 성비는 얼마 후에 가족 내에서뿐 아니라 종교적 하위문화 모두에서 이교도 여성에 비해 상당히 높은 지위와 권력을 누리는 현실로 드러났다. 로마와 로마인들의 도시에 거주하던 여성은 제국 내 헬라인들의 도시에 거주하던 여성보다 훨씬 큰 자유와 권력을 누렸음을 언급해야겠다(맥멀른 1984). 그러나 기독교가 초기에 가장 크게 약진한 지역은 소아시아와 북아프리카의 헬라 도시들이었으므로, 본 분석의 초점은 이 지역 사회들에 맞추려 한다. 물론 제국의 이 지역에서도 이교도 여성이 다양한 신비주의 신종교 집단과 사당에서 중요한 위치를 차지한 경우가 있었다. 그러나 권위가 주로 세속적인 역할에 귀속되어 있던 이교도 사회에서는 이런 종교집단과 종교 구심조직은 상대적으로 권력의 주변부에 있었다. 반면 기독교 하위문화에서는 교회가 주요한 사회 구조였다. 일상생활은 교회를 중심으로 돌아갔고 교회의 직분은 힘 있는 자리였다. 그러므로 여성이 교회 내에서 의미 있는 역할을 맡은 만큼 그들은 이교도 여성보다 더 큰 지위와 권력을 누렸다. 실제로 초기 기독교의 주요 경쟁자로 여겨졌던 미트라교는 여성 참여를 배제시켰다(퍼거슨 1990).

이제 나는 이교도와 기독교인의 지대한 성비 격차로 인해 또 다른 동일하게 경이로운 효과가 야기되었음을 다루고자 한다. 초기 기독교인을 에워쌌던 이교도 세계에서 잉여 남성 수는 아내의 공급부족으로 이어졌다. 그러나 기독교인의 하위문화 내에서는 남편이 공급부족이었다. 여기에 2차 개종자를 얻을 절호의 기회가 있었다.

<u>족외혼과 2차 개종</u>

베드로와 바울은 둘 다 기독교인과 이교도의 결혼을 용인했다. 베드로는 여성들이 불신자 남편에게 순종하여 "너희의 두려워하며 정결한 행실을"(벧전 3:1-2) 보고 남편이 믿음을 가지게 하라고 조언한다. 바울도 "믿지 아니하는 남편이 아내로 말미암아 거룩하게 [된다]"(고전 7:13-14)고 하며 비슷한 조언을 한다. 두 구절 모두 결혼 후 개종에 이르게 된 사람을 겨냥한 말이라는 해석이 일반적이다. 이런 경우에는 웨인 믹스가 설명했듯이 기독교의 "이혼에 관한 규정이 집단 내 족내혼(endogamy, 특정 집단 내에서만 결혼 배우자를 선택하는 관행—편집자) 선호보다 우선한다"(1983:101). 그러나 내가 보기에는 이 구절들이 시사하는 바는 기존 인식보다 훨씬 더 족외혼에 대한 관용도가 높았다는 것이다. 여기에는 몇 가지 근거가 있다.

우리는 혼령기의 기독교 여성이 아주 상당한 공급과잉 상태에 있었으며 이것이 문제시되었음을 안다. 폭스는 "기독교 여성이 초과한 데 비해 기독교 남성이 결핍된 현상으로 인해 짝을 찾아주는" 문제가 교회 지도자들의 고민거리였다고 보고한다(1987:309). 실제로 200년경 로마 주교(즉, 교황을 가리킴) 칼리스투스는 기독교 여성은 혼인관계에 들어가지 않고 "그냥 첩살이"를 할 수도 있다고 판결하여 동료 사제들을 난감하게 만들었다(브라운 1988, 폭스 1987, 라투레트 1937). 히폴리투스와 다른 동시대인들이 교황의 행동을 간음 허가증을 배포한 것이라고 비난했지만 하르낙은 칼리스투스가 처한 정황을 참작해야 한다며 그를 변호했다. "이런 상황은 교회 안의 기독교인 처녀가 청년 수보다 많다는 것에 연유한다. 칼리스투스의 치우친 행동은 틀림없이 그 자체로 여성이, 특히 상류층에서는, 교회 내 다수파였다는 증거다"(1908:2:83-84). 구체적으로 기독교 공동체 '내에서' 상류층 여성에게 가능한 유일한 선택은 훨씬 열등한 계층의 남성과 결혼하는 것이었다. 칼리스투스는 이 난제를 해소하고자 했던 것이다. 높은 신분의 여성이 열등한 남성과 법적 혼인 관계를 맺으면 법적으로 많은 권익과 재산권 상실을 감수해야 했다. 만약 높은 신분의 기독교 여성이 "그냥 첩살이" 하는 것을 로마 주교가 허용할 정도로 신랑감 물색에 어려움을 겪었다면, 어떻게 주교가 이교도와 결혼한 중산층과 하층민의 기독교 여성을 정죄할 수 있었을까? 더군다나 그들이 자녀의 신앙 훈련에 관해서는 교회의 지침을 따르기로 결단했다면 말이다. 2장에서 언급한 초기 귀족 개종자 폼포니아 그레시나의 실례가 연관성이 있을 것이다. 그녀의 남편인 플라티우스가 아내가 입방아에 오르지 않도록 신중한 보호막이 되어 주었다는 건 확인되는 사실이지만 그가 기독교인이 되었는지는 불확실하다. 그러나 그 자녀들이 기독교인으로 양육되었다는 것은 의심의 여지가 없어 보인다.

마르타 소르디에 의하면 "2세기에 [그녀의 가족은] 적극적인 기독교인이었다(가족 가운데 한 명은 성 칼리스투스의 카타콤에 매장되었다)"(1986:27). 본 장에서 이후에 보겠지만 우월한 출산력은 기독교의 발흥에 중요한 역할을 했다. 그러나 여성 기독교인의 과잉 공급이 무자녀 미혼 여성의 과잉 공급으로 귀결되었다면 그들의 잠재적 출산율은 기독교의 성장의 저해요인이 되었을 것이다. 하르낙은 오랜 문헌 연구를 종합한 후, 많은 [이교도와 기독교인 간] 통혼이 보고되며 거의 모든 사례에서 "남편은 이교도이며 아내는 기독교인이었다"고 했다(1908:2:79).

마지막으로, 초기 교부들이 이교도와의 결혼을 빈번하게 정죄했다는 것은 기독교인이 "그들의 아들 딸을 불신자에게 혼인시키길 거부했다"는 것을 '방증'한다고 할 수 있다(맥멀른 1984:103). 하지만 현실은 정반대였을 수도 있다. 사람들은 공연히 쓸데없는 잔소리를 늘어놓는 것을 싫어하는 경향이 있다. 터툴리안은 흥미로운 예를 제시한다. 약 200년경 쓴 글에서 그는 이교도와 결혼한 기독교 여성을 격렬하게 정죄하며 이교도를 "마귀의 종"이라고 했다(폭스에서 인용 1987:308). 그는 또한 기독교 여성이 화장과 머리 염색, 화려한 옷과 보석으로 치장하는 것을 분개하며 정죄하는 글을 두 편 썼다(1959 편). 나는 후자를 보고 터툴리안 당대의 여성이 옷을 소박하게 입고 화장을 안 했다는 결론을 도출하지는 않을 것이다. 만일 실제로 그러했다면 터툴리안은 엉뚱하고 실없는 사람이 될 것이다. 물론 그는 그런 사람이 아니다. 나는 그가 이교도와 결혼한다고 기독교 여성을 공격한 것 역시 비슷하게 해석하고 싶은 쪽으로 마음이 기운다. 그러니까 터툴리안의 분노는 이런 결혼의 잦은 빈도수를 반영한다는 것이다. 사실 터툴리안은 그의 동료 한 명이 "이교도와 결혼하는 게 분명 잘못은 맞지만 극히 경미한 잘못"이라고 주장한 대목을 언급할 필요가 있다고 느꼈다(하르낙에서 인용 1908:2:82). 마이클 월쉬는 통혼은 흔한 일이었다는 데 의견을 같이한다. 기독교인은 반드시 지역 주교의 허락을 받고 결혼해야 한다는 안디옥의 이그나티우스의 제안에 대해 월쉬는 이런 견해를 피력했다.

이그나티우스는 기독교인 간의 결혼을 장려하려고 이런 제안을 했을 수 있다. 왜냐하면 기독교인과 이교도의 결혼은 불가피한 만큼 흔한 일이었고 특히 초창기에는 더욱 그러했기 때문이다. 교회는 얻을 유익이 있었기 때문에 초기에는 이 결혼 관행을 배척하지 않았다. 그 유익은 바로 새로운 사람을 포섭할 기회다(1986:216).

이 관점은 이교도와의 결혼으로 교인이 빠져나갈 것을 우려하는 내용을 초기 기독교 문헌에서 찾아보기 힘들다는 것으로도 뒷받침된다. 베드로와 바울은 기독교인이 배우자를 교회로 데려오기를 바랐지만 둘 다 기독교인인 부부가 이교로 돌아가거나 개종할 것에 관해서는 하등 염려하지 않은 듯하다. 이교도 문헌도 같은 입장이다. 기독교 순교자의 평정심은 많은 이교도를 놀라게 하고 쩔쩔 매게 만들었다. 플리니우스는 자기 앞에 끌려온 기독교인들이 죽음의 위협 앞에서도 배교하지 않는 "완고함과 불굴의 의지"를 지녔다고 했다(《편지》 1943 편). 마르쿠스 아우렐리우스 황제 역시 기독교 순교자들의 고집스러움에 대해 언급한 바 있다(『명상록』, 1916 편). 그리고 갈렌은 기독교인이 "죽음(그리고 그 이후)을 멸시하는 게 날마다 우리 눈에 확연히 보인다"(벤코에서 인용 1984:141)고 쓴 바 있다. 갈렌은 당시 제국을 휩쓴 대전염병으로 마르쿠스 아우렐리우스 황제를 비롯한 수백만 명이 희생되었는데도 기독교인은 병자 간호에 발 벗고 나섰다는 점을 언급했다(4장 참조). 초기 교회는 헌신도가 높은 구성원을 배출했고, 그렇기에 교인들이 족외혼 관계에 들어가도 안전하다고 여겼다.

기독교인이 족외혼으로 밑지는 장사를 하는 일은 드물다는 것은 고(高)긴장 종교 운동에 관한 현대의 관찰과도 일치한다. 여호와의 증인 여성들은 종종 집단 밖에서 결혼한다(히튼 1990). 결혼으로 여성이 여호와의 증인을 이탈하는 경우는 드문 반면, 배우자가 여호와의 증인으로 개종하는 경우는 빈번하다. 실제로 이 현상은 매우 일반적인 것이어서 앤드루 그릴리(1970)는 통혼이 발생할 경우 흔히 종교성이 약한 사람이 종교성이 강한 사람의 종교에 합류한다는 법칙을 제시했다.

그러나 통혼이 얼마나 많았으며 통혼 가운데 2차 개종자를 배출하는 경우는 얼마나 되었을까? 우리가 아는 바는 2차 개종은 로마의 상류층에는 상당히 빈번한 일이었다는 것이다(폭스 1987, 채드윅 1967). 이는 상류층의 기혼 여성이 기독교인이 된 후 배우자를 개종시키는 데 성공하는 경우가 많았기 때문이다. 이 현상은 특히 4세기가 되면 발생 빈도가 높아졌다. 그러나 많은 상류층 여성이 이교도 배우자를 전도할 수 있었던 것은 그들 가운데 다수가 이교도와 결혼했기 때문에 가능한 일이었다(하르낙 1908, 제2권). 실제로 피터 브라운은 기독교 여성은 이교도 가정의 "불신자의 아내와 하녀와 간호사"로서 이교도 가정으로 들어가는 "관문"이었다고 기술했다(1988:154).

실상 기독교 여성과 이교도 남성 간의 통혼이 만연했다는 직접적인 증거는 풍성하지 않다. 그러나 논리적인 추론만으로도 설득력 있는 주장을 정립할 수 있다고 나는 판단한다. 여성이 공급 부족인 세계에서 혼령기의 기독교 여성이 기독교 남성 수를 크게 초과했다. 그리고 기독교인은 딸을 불신자와 결혼시킬 때 신앙을 저버릴 염려를 별로 하지 않았다. 그렇다면 통혼은 흔한 일이었을 것이다. 우리가 개종 메커니즘에 관해 아는 바로는 이런 통혼은 수많은 2차 개종으로 귀결되었을 것이다.

1장에서 상세히 논한 바와 같이, 개종은 대인 애착관계에 근거한 네트워크 현상이다. 사람들은 그들의 종교적 지위를 이미 종교에 소속된 친지나 친척과 나란히 하기(align) 위해 운동에 가입한다. 그러므로 기독교의 발흥에 관한 타당한 설명을 제시하기 위해, 우리는 기독교인이 이교도와 애착관계를 형성하는 메커니즘을 발견해야 한다. 달리 말하면 우리는 어떻게 기독교인이 폐쇄적인 신자 공동체가 되지 않고 외부인과 계속 유대관계를 구축해 가는 '개방형 네트워크'로 남았는지를 밝혀 내야 한다. 높은 비율의 족외혼이 바로 이런 메커니즘 가운데 하나다. 그리고 나는 이것이 기독교의 발흥에 핵심적이었다고 생각한다.

실제로 족외혼의 또 다른 주요한 후과가 있었다. 족외혼은 잉여 기독교 여성이 무자녀 미혼 여성 과잉 현상으로 발전하는 것을 방지했다. 오히려 정반대로 기독교의 출산력은 이교도의 출산력을 크게 상회했을 가능성이 크며 이 역시 그레코-로만 사회의 기독교화에 일조했다.

출산력 요인

기원전 59년 율리우스 시저는 세 자녀 이상을 둔 아버지에게 토지를 주는 법안을 발효시켰으며 독신을 불법화하자는 키케로의 제안을 실행에 옮기려다 좌절하기도 했다. 30년 후, 서기 9년에 아우구스투스 황제가 다시금 세 자녀 이상을 둔 아버지에게 정치적 우선권을 부여하며 무자녀 부부나 만 20세가 넘는 미혼 여성, 만 25세가 넘는 미혼 남성에게는 정치적, 재정적 제재를 가하는 법을 공포했다. 아우구스투스 이후 대부분의 황제는 이 정책을 계속 실행했으며 추가로 많은 출산 장려 프로그램을 도입했다. 일례로 트라야누스는 상당액의 자녀수당을 지급했다(로슨 1986).

그러나 어떤 정책도 실효성은 없었다. 타키투스는 "무자식이 대세였다"고 한다(『연대기』 3.25, 1989 편). 저명한 아더 E. R. 보우크는 "한 가정당 적어도 세 자녀 이상을 키우도록 장려하는 정책들은 한심할 정도로 무기력했다"고 말했다(1955a:18). 그 결과 로마 제국의 인구는 공화정 말년에 부쩍 감소하기 시작했으며 첫 번째 대역병이 발발하기 '이전'인 2세기가 되자 심각한 인구 부족 현상이 나타났다(보우크 1955a).

비록 역병이 로마의 인구 감소에 상당한 역할을 했지만 훨씬 더 중요한 것은 그레코-로만 사회(도시와 농촌 모두) 내 자유인 인구의 저출산율과 대규모 노예 인구의 초저출산이었다(보우크 1955a). 기독교 시대가 시작될 때 그레코-로만 사회의 출산력(出産力)은 대체수준(replacement levels, 총인구를 유지하는 데 필요한 출생률—편집자) 아래로 떨어져 수세기에 걸친 자연 '감소'가 이어졌다(파르킨 1992, 디바인 1985, 보우크 1955a). 평안한 시절에도 인구의 자기 대체가 이루어지지 못했으므로 주요 역병으로 입은 처참한 타격은 결코 복구되지 못했다. 3세기가 되자 서유럽과 심지어 브리타니아의 로마령까지 마을 수와 규모 면에서 모두 감소세였다는 확고한 증거가 있다(콜링우드와 마이어스 1937).

로마 제국이 그만한 세월이라도 버틴 것은 끊임없이 유입되는 "야만인" 정착민들 덕분이었다. 2세기에 이미 마르쿠스 아우렐리우스 황제는 군대를 충원하기 위해 노예와 검투사를 동원하고 독일인과 스키타이인을 용병으로 고용해야 했다(보우크 1955a). 아우렐리우스 황제는 마르코마니를 무찌른 후 다수의 마르코마니인을 제국 내에 정착시켰고, 그 대가로 그들에게 군대 충원 의무를 지게 했다. 보우크는 아우렐리우스가 "마르코마니인을 정착시킬 빈 땅을 찾는 데 어려움이 없었다"고 평했다(1955a:18).

한편 "생육하고 번성하라"는 성서의 명령을 지켰던 기독교인은 높은 자연 '증가'율을 유지했다. 기독교인의 출산율은 이교도보다 훨씬 높았으며 사망률은 훨씬 낮았다.

본 장의 결론을 도출하기 위해 나는 먼저 그레코-로만 사회의 매우 저조한 출산율의 원인을 정립할 것이다. 그 다음 유대인과 기독교인의 높은 출산을 지속 가능케 한 요인들을 검토할 것이다. 이 시대의 실제 출산율을 파악하는 것은 불가능하지만 이런 문화적 대비는 우월한 기독교인의 출산력이 기독교 발흥의 주역이었음을 강하게 시사하는 데에는 모자람이 없을 것이다.

저출산의 근원

그레코-로만 사회가 저출산에 이르게 된 주 원인은 결혼을 낮게 평가했던 남성 문화에 있다. 기원전 131년 로마의 감독관 퀸투스 카이실리우스 메텔루스 마케도니쿠스는 원로원에 결혼의 의무화를 제안하며, 너무 많은 남성이, 특히 상류층 남성이 독신으로 남기를 선호한다고 했다. 그는 "우리가 아내들과 진짜 조화롭게 사는 건 불가능하다"라고 전제한 뒤 그러나 "아내 없이는 어떤 삶도 가능하지 않다"면서 그렇기에 장기적인 국익을 우선시해야 한다고 했다. 근 1세기 후 아우구스투스 황제는 자신의 결혼 장려 법안을 원로원에 상정하며 위의 문장들을 논거로 인용했다. 두 번째 제안 역시, 돌아온 청중의 반응은 싸늘했다(로슨 1986:11). 사실 당시 그레코-로만 사회의 남성들은 여성과 관계 맺는 것을 힘겨워했다. 베릴 로슨이 보고했듯이 "라틴어 문학에서 되풀이해서 등장하는 화두는 아내가 힘겨운 존재이며 그래서 남자는 결혼을 내켜하지 않는다는 것이다"(1986:11).

비록 신부에게는 처녀성이, 아내에게는 정절이 요구되었지만 남성들은 매우 문란했다. 그레코-로만 도시는 거리에서 일하는 값싼 창녀부터 몸값도 비싸고 집안도 좋은 고급 정부까지, 매춘 여성으로 넘쳐났다(포머로이 1975). 또한 양성애와 동성애가 흔하여 상당수의 남창(男娼)이 존재했다(샌디슨 1967).

영아 살해

그러나 그레코-로만 남성은 결혼을 하더라도 보통 아주 단출한 가정을 꾸렸다. 법적 제재와 인센티브로도 가족 당 평균 세 자녀라는 목표를 달성하지 못했다. 더욱이 여기에는 영아 살해라는 원인도 있었다. 살아 남도록 허용된 아기보다 훨씬 많은 수의 아기가 태어났다. 세네카는 출생 시 아기를 익사시키는 것이 합리적인 동시에 흔한 일이라고 보았다. 타키투스는 "원치 않는 아기를 죽이는 것은 죽어 마땅한 죄"라는 유대교의 가르침이 유대교의 또 하나의 "불쾌하고 역겨운" 관행이라고 공격했다(『역사』 5.5, 1984 편). 아기를 원하는 사람이 데려가 키우게 한다는 미명 하에 원치 않는 아기를 집 밖에 유기하는 일도 비일비재했다. 이런 아기들은 대개 바깥 날씨나 새, 짐승의 희생양이 되었다. 영아 유기는 법적으로 정당화되고 철학자들의 옹호를 받는 매우 흔한 관행이었다.

플라톤과 아리스토텔레스 둘 다 영아 살해를 합당한 국가 시책으로 천거했다.[3] 기원전 450년에 작성된 가장 오래된 로마법으로 알려진 『12표법』은 아버지가 여아나 어떤 기형아나 허약한 남자 아기를 유기하는 것을 허용했다(고르만 1982:25). 최근 발굴된 아쉬켈론의 한 항구 도시에 위치한 어느 빌라에 대해 로렌스 E. 스테이거와 그의 동료들은 다음과 같이 보고했다.

> 목욕탕 아래로 이어지는 하수구에서 섬뜩한 발견을 했다. … 하수구는 기원후 6세기 어느 시점의 폐기물로 꽉 막혀 있었다. 건조된 폐기물을 토굴하고 건식 체질한 후 우리가 발견한 것은 뼈였다. … 살해되어 하수구로 던져졌다고 보이는 거의 100구에 가까운 작은 아기들이었다(1991:47).

뼈를 조사한 결과 출생 후 하루 정도 되어 보이는 신생아들로 판명되었다(스미스와 카힐라 1991). 체질 인류학자들은 출생 직후 하수구로 투기된 것으로 추정되는 영아들의 성별까지는 파악하지 못했지만 전부 또는 거의 대부분이 여아였을 것으로 짐작한다(스테이거 1991). 여아든 남아든 이 뼈는 인구 감소의 주요인을 드러낸다.

낙태

영아 살해에 더하여 그레코-로만 사회의 출산력을 크게 저하시킨 또 하나의 요인은 흔하디 흔했던 낙태였다. 당시 문헌을 보면 깜짝 놀랄 만큼 다양한 낙태 기법이 상세히 묘사되어 있다. 효과가 확실할수록 극도의 위험이 따랐다. 그러므로 낙태는 허다한 출생을 막았을 뿐 아니라 많은 여성들이 출산력에 기여하기도 전에 그들의 목숨을 앗아갔다. 설령 낙태에서 살아 남더라도 불임이 될 확률이 아주 높았다. 주로 사용된 낙태법을 살펴보면, 낙태가 그레코-로만 사회의 출산력과 사망력에 미친 영향을 온전히 이해할 수 있을 것이다.

자주 사용한 방법은 치사량을 살짝 밑도는 독약을 복용하여 유산을 유발하는 것이었다. 물론 독약은 그 효과가 예측 불허이며 사람마다 약에 대한 내성도 편차가 크다. 그래서 산모와 태아 둘 다 사망하는 경우가 많았다. 또 다른 방법은 태아를 죽이기 위해 다양한 종류의 독극물을 자궁 내로 주입하는 것이었다. 안타깝게도 산모가 사망한 태아를 몸 밖으로 밀어내지 못할 경우, 즉각 기계적인 제거술을 쓰지 않는 한 산모와 태아가 동반 사망하는 일이 잦았다. 낙태 초기 단계에서 종종 사용했던 이 방법들은 극도로 위험했을 뿐 아니라 박테리아에 무지했던 시대에는 노련한 수술 기술과 큰 운이 따라야만 했다.

흔히 사용하던 기계적인 방법에는 모두 긴 바늘과 갈고리와 칼이 등장했다. 203년경 쓴 글에서 터툴리안은 히포크라테스가 사용하던 낙태 도구 세트를 이렇게 묘사했다.

> 맨 먼저 자궁을 열어젖히고 그 상태로 유지해 주는 유연한 틀이 있고 여기에 고리 모양의 칼날이 부착되어 있다. 이 칼날은 신경을 곤두세우고 흔들리지 않는 손으로 정확히 자궁 속 팔다리를 절단하는 도구다. 마지막 부속품은 끝이 뭉툭하거나 덮개를 씌운 갈고리다. 이걸 가지고 태아를 송두리째 추출해 내는 폭력적 출산이 이루어진다. 또한 구리 바늘 또는 침이 있는데, 실제로 아기를 살인하는 일을 담당한다(『영혼에 관한 변증』 25, 1989 편).

유명한 로마 의학 저술가 아울루스 코르넬리우스 켈수스는 1세기에 쓰여진 『드 메디시나』에서 유사한 낙태 도구 사용법에 관해 길게 설명한다. 켈수스는 낙태는 "극도의 주의력과 깔끔함이 요구되며 굉장히 큰 위험이 따른다"고 수술의에게 경고한다. 그는 "태아 사망 후에" 수술의는 천천히 "미끌한 손"을 질 안으로, 그리고 자궁 안으로 밀어 넣어야 한다고 권한다. (비누가 발명되기 이전 시대였음을 명심하라). 만일 태아의 머리가 아래로 내려와 있다면 수술의는 매끈한 갈고리를 삽입하여 눈이나 귀나 입 속으로, 때론 이마 속으로 "끼워 넣어 이걸 잡아당겨 태아를 추출"해야 한다고 했다. 만일 태아가 십자 모양이나 거꾸로 위치해 있다면 칼날을 사용하여 태아를 토막내 한 토막씩 끄집어낼 수 있다고 권한다. 그 후 켈수스는 수술의에게 낙태 여성의 허벅지를 묶고 음부를 "식초와 장미유로 적신 미끈한 양털"로 덮으라고 지시한다(『드메디시나』 7.29, 1935-1938 편).

낙태에 쓰인 방법을 보면 그레코-로만 사회에서 낙태가 여성의 주요 사망 원인이었음은 그리 의외의 일이 아니다(고르만 1982). 낙태가 그 시대 여성에게 그리도 위험했다면 대체 왜 낙태가 그렇게 횡행했는지 의문을 제기할 만하다. 문헌에서는 다양한 이유를 언급하지만 불륜에 의한 성행위 은폐가 가장 두드러진다. 미혼 여성이나 남편의 부재 중에 임신한 여성이 낙태를 원했다(고르만 1982). 경제적인 이유도 빈번히 거론된다. 가난한 여성은 키울 여력이 안 되는 자식을 가지지 않기 위해 낙태를 원했고, 부유층 여성은 많은 상속인에게 가족의 재산이 분산되는 걸 막고자 낙태를 찾았다.

그러나 그레코-로만 사회의 높은 낙태율을 온전히 이해하려면 대다수의 경우 낙태 결정을 내리는 이는 여성이 아니라 남성이었음을 인지할 필요가 있다. 로마법은 가장인 남성에게, 집안 여성에게 낙태를 명할 권리를 포함한 집안 식구의 문자적 생사여탈권을 부여했다. 앞서 언급한 로마『12표법』은 합당한 이유 없이 아내에게 낙태를 명한 남편을 견책하라고 하지만 벌금이나 처벌조항은 명시되지 않았다. 그리스 철학 또한 이런 로마인의 관점을 전폭 지지하는 쪽으로 무게를 실어 주었다. 플라톤은『공화정』에서 인구 제한을 근거로 40세 이후에 임신한 모든 여성의 낙태를 의무화했다(5.9, 1941 편). 아리스토텔레스도 그의『정치론』에서 그 뒤를 좇았다. "후손의 생산에 제한을 두어야만 한다. 만일 이런 규제에 역행하여 아무나 성교의 결과로 자식을 가지게 된다면 낙태를 시행해야만 한다"(7.4.10, 1986 편). 남편에게 신생 여아의 유기를 명할 권한을 허용한 사회에서 남편에게 아내와 정부에게 낙태를 명할 권한을 허용한 것은 딱히 놀랄 일도 아니다. 그렇기에 자신의 조카 줄리아를 임신시킨 도미티아누스 황제는 그녀에게 낙태를 명했다. 그녀는 낙태로 사망했다(고르만 1982).

산아 제한

로마인은 생식에 관해 충분한 생물학적 지식을 가지고 있었고 방대한 목록의 피임법이 개발되어 있었다. 이제 의학 사학자들은 고대 여성이 씹었던 "앤 여왕의 레이스" 같은 식물이 임신 억제 효과가 어느 정도는 있다고 믿는다(리들, 에스테스, 러셀 1994). 아울러 정자를 죽이거나 정액이 자궁으로 들어가는 통로를 차단하는 자궁 삽입형 피임 기구나 약도 있었다. 정액의 자궁 진입 차단을 목적으로 다양한 향유, 꿀, 부드러운 양털 패드가 사용되었으며(누난 1965, 클라크 1993) 태어나지 않은 어린양의 위장과 염소의 방광이 콘돔으로 사용되기도 했다. 그러나 이런 것들은 부유층 외의 사람이 사용하기에는 너무 비쌌다(포머로이 1975). 더 인기 있던 (그리고 효과적인) 방법은 체외 사정이었다. 빈번하게 사용되었던 한 가지 방법은 성기를 빼내는 것이었다. 또 다른 방법은 성교 대신 서로 마스터베이션을 해주는 것이었다. 잔존하는 로마와 그리스 예술 작품 중에는 항문 성교를 묘사한 것이 많았고 몇몇 고전시대 작가들은 항문 성교를 일컬어 여성이 "남자 노릇을 했다"고 표현했다(샌디슨 1967:755). 포머로이는 그레코-로만 남성이 엉덩이가 큰 여성을 선호했던 것은 "항문 성교 풍습"에 유래한다고 본다(1975:49). 린제이는 풍성한 문학 작품을 토대로 이성 간 항문 성교는 "매우 흔한 일"이었고 "가장 단순하고 가장 간편하고 가장 효과적인 피임법으로 사용되었다"고 주장한다(1968:250-251). 오럴 섹스는 항문 성교만큼 흔한 것은 아니었지만 (낮은 위생 수준을 감안하면 이해할 만한 일이다.) 몇몇 관능적인 헬라의 그림과 특히 항아리 그림에 오럴 섹스가 묘사되어 있다(샌디슨 1967). 마지막으로 결혼에 대한 태도와 아내와의 소원한 관계를 생각해 볼 때 많은 그레코-로만 남성은 모든 산아 제한 수단 중 가장 신뢰할 만한 방법에 의존했을 것으로 짐작된다. 바로 아내와의 성관계를 기피하는 것이다.

너무 적은 여성들

궁극적으로 한 인구 집단의 재생산 능력은 인구 중 가임기 여성의 비중으로 결정된다. 그런데 그레코-로만 사회는 심각한 여성 부족 상태였다. 더욱이 많은 가임기의 이교도 여성이 낙태나 피임 기구나 피임약으로 생식기가 망가져 불임 상태가 되었다. 이런 식으로 로마 제국의 인구 감소는 고착화되기에 이르렀다.

기독교인의 출산력

나는 기독교인과 이교도의 차별 출산력을, 알려진 그레코-로만 인구의 자연 감소와 이교도의 저출산을 유발하는 가치관과 행태를 기독교인은 거부했다는 사실에서 추론하지 않았다. 이 차별 출산력은 고대인이 팩트로 받아들인 일이었다. 그러므로 2세기 말 미누시우스 펠릭스는 이교도와 기독교인 간에 벌어진 논쟁 중에 기독교의 대변인이었던 옥타비우스가 "날마다 우리의 수는 증가일로에 있다"면서 그 원인이 "[우리의] 건전한 삶의 방식"이라고 말했다고 적었다(『옥타비우스』 31, 1989 편).

이것은 그럴 수밖에 없는 일이다. 기독교인이 추구한 라이프스타일은 상대적으로 고출산으로 귀결될 수밖에 없는 것이었다. 터툴리안도 이 점을 온전히 인지하여 이렇게 말했다. "하나님의 종에게는 가히 자녀가 필요하다! 우리 자신의 구원은 이미 충분히 확고하다. 그래서 우리는 자녀를 가질 여유가 있는 것이다! 대다수 이방인은 회피하고 꺼리는 짐을 우리는 자신을 위해 기꺼이 지고자 한다. [자녀 출산을] 법으로 강제해야 하는 이방인은 낙태로 멸절될 것이다"(『그의 아내에게』 1.5, 1989 편).

이교도가 저출산에 이르게 된 주 요인이 결혼을 폄하하는 남성 지향적 문화였다면 기독교인이 보여주는 고출산의 주 요인은 결혼이라는 구속(bond)을 신성시하는 문화였다. 앞서 언급했듯이 기독교인은 여성뿐 아니라 남성의 음란도 정죄하며 남편에 대한 아내의 의무뿐 아니라 아내에 대한 남편의 의무도 강조한다. 고린도교회에 쓴 편지에서 바울은 독신이 더 선호할 만하다고 말한 후 얼른 기독교인 간의 적절한 결혼 관계를 설명하는 쪽으로 화제를 옮겼다.

음행을 피하기 위하여 남자마다 자기 아내를 두고 여자마다 자기 남편을 두라. 남편은 그 아내에 대한 의무를 다하고 아내도 그 남편에게 그렇게 할지라. 아내는 자기 몸을 주장하지 못하고 오직 그 남편이 하며 남편도 그와 같이 자기 몸을 주장하지 못하고 오직 그 아내가 하나니 서로 분방하지 말라. 다만 기도할 틈을 얻기 위하여 합의상 얼마 동안은 하되 다시 합하라. 이는 너희가 절제 못함으로 말미암아 사탄이 너희를 시험하지 못하게 하려 함이라. 그러나 내가 이 말을 함은 허락이요 명령은 아니니라. 나는 모든 사람이 나와 같기를 원하노라. 그러나 각각

하나님께 받은 자기의 은사가 있으니 이 사람은 이러하고 저 사람은 저러하니라(고전 7:2-7).

바울이 묘사한 남녀 관계의 대칭성은 이교도 문화뿐 아니라 유대인 문화와도 완전히 상반되는 것이었다. 이는 여성이 종교적으로 중요한 직분을 맡도록 허락하는 것이 유대인의 관습과 대조를 이루는 것과 같은 이치다. 바울이 에베소서 5:22에서 보다 일반적인 가부장적 관점을 피력했다면("아내들이여 자기 남편에게 복종하기를 주께 하듯 하라. 이는 남편이 아내의 머리됨이 그리스도께서 교회의 머리됨과 같음이니.") 그 다음 10절은 남편에게 아내를 사랑하라고 훈계하는 데 할애했다.

여성의 역할에 관한 문제를 제외하면, 기독교인의 가족과 출산에 대한 관점은 대부분의 측면에서 이 운동이 유대 사회에서 유래했음을 드러낸다. 그 관점은 매우 가족 지향적이며 출산장려적이라는 말로 요약할 수 있을 것이다. 실제로 시간이 흐름에 따라 기독교인은 성행위의 주목적은 재생산이며 그러므로 자녀를 가지는 것이 결혼의 의무라고 강조하기 시작했다. 뚜렷한 태도의 차이에 더하여 임신 여성과 영아를 대하는 태도에 있어서도 기독교인과 이교도는 극명하게 차별화되었다.

낙태와 영아 살해

출발부터 기독교의 교리는 낙태와 영아 살해를 절대 금했으며 둘

다 살인으로 분류했다. 이런 기독교의 금기는 기독교 운동이 그 기원을 유대 민족에 두고 있음을 엿볼 수 있는 대목이다. 요세푸스에 의하면 유대인의 "율법은 우리의 후손을 양육하도록 명하며 여성이 잉태한 생명을 중절하거나 출생 후 말살하는 것을 금한다. 이런 일을 행한 여자는 자녀 살인자가 될 것이다"(1960 편). 유사한 방식으로 『포실리데스의 어록집』으로 알려진 알렉산드리아의 유대인 저작에는 이런 권고가 있다. "여성은 뱃속의 태어나지 않은 아기를 말살해서는 안 되며 출산 후 개나 새들에게 먹잇감으로 던져 주어서는 안 된다"(고르만에서 인용 1982:37).

이런 관점은 이 주제에 관한 가장 초창기의 기독교 저작에도 거듭 등장한다. 1세기경에 집필된 것으로 추정되는 교회의 가르침을 편찬한 『디다케』 2장에는(로빈슨 1976) "너는 낙태로 아이를 살인하지 말며 출생 후 살인하지도 말라"는 명령이 발견된다. 순교자 유스티누스는 2세기 중엽 집필한 그의 저서 『첫 번째 변증론』에서 "신생아 유기는 악한 일이라고 우리는 배웠다. … [왜냐하면] 우리가 살인자가 되기 때문이다"라고 했다(27-29, 1948 편). 2세기에 아테나고라스는 마르쿠스 아우렐리우스 황제에게 보낸 그의 『청원』 35편에 이렇게 썼다.

우리는 낙태 유도제를 쓰는 여성은 살인을 저질렀으며, 하나님께서는 낙태죄를 물으실 것이라고 말합니다. … [왜냐하면 우리는] 자궁 속의 태아조차도 하나님의 피조물로서, 하나님이 돌보시는 대상이라고 여기기 때문입니다. … 그리고 [우리는] 신생아를 유기하지 않습니다. 신생아를 내다버리는 이들은 유아 살해죄를 저지른 것이기 때문입니다(1989 편).

2세기 말부터 기독교인은 단지 낙태와 영아 살해 거부를 천명하는 데 머무르지 않고 이런 '범죄'를 계속 저지르는 이교도와 특히 이교를 대놓고 비판하기 시작했다. 미누시우스 펠릭스는 그의 저서 『옥타비우스』에서 이렇게 비판했다.

당신들은 한때 태어난 자식들을 들짐승과 새들에게 유기했으며 아이를 목 조르거나 내던져 처참하게 죽였습니다. [당신들 중] 어떤 여성들은 약물을 마심으로써 복 중에 있는 미래의 인간의 근원을 멸절시키고, 그렇게 함으로써 출산 전 존속살해를 저지릅니다. 그리고 이런 행태의 기원은 당신들의 신들로 거슬러 올라간다고 봅니다. 사트루누스(로마 신화에 나오는 농경신[農耕神]—편집자)는 그의 자식들을 유기한 것이 아니라 잡아먹었지요. 아프리카 일부 지역에서 사트루누스에게 신생아를 희생 제물로 바치는 것은 다 이유가 있습니다(33, 1989 편).

산아 제한

처음부터 피임 도구와 피임약 사용에 관한 기독교의 가르침은 모호했다(누난 1965). 하지만 고대인들이 사용한 피임법이 효과가 어느 정도 였는지 불분명했으므로 (발목에 차는 부적 같이 효과가 없었던 것도 많았다.) 피임의 허용 또는 금지 여부는 별로 중요한 문제가 아니었을 것이다. 기독교의 출산력에 훨씬 더 중요한 사안은 가장 효과적인 산아 제한 수단에 대한 종교적 반대였다. 이런 반대는 주로 유대교에서 유래한 것이었다. 즉, 유대인과 기독교인은 자궁으로부터 정자를 빼돌리는 성행위를 반대했다. 성경의 오난 이야기가 분명히 보여주듯 체외 사정과 상호 마스터베이션은 씨를 땅에 흘려버린다는 점에서 죄로 정죄당했다. 그러므로 알렉산드리아의 클레멘트는 이렇게 썼다. "인간의 번식을 위해 신이 고안한 정자를 헛되이 사정하면 안 되고 파괴하거나 허비해서도 안 된다(누난에서 인용 1965:93). 유대인과 기독교인 모두 항문 성교를 죄악시했다. 로마서 1:26에서 바울은 "이 때문에 하나님께서 그들을 부끄러운 욕심에 내버려 두셨으니 곧 그들의 여자들도 순리대로 쓸 것을 바꾸어 역리로 쓰며"라고 썼다. 오럴 섹스에 관해 바나바는 이렇게 썼다. "너는 우리 귀에 들리는 것처럼 더러움을 위하여 입으로 불의를 행하는 남자들과 같이 되지 말며 그들의 입으로 불의를 행하는 부정한 여인과 연합하지 말라"(『바나바 서신』 10, 1988 편). 이런 모든 방식으로 기독교인들은 그레코-로만 이교도 사회의 인구 감소를 초래하는 문화적 행태를 거부했다.

풍성한 가임기 여성

기독교의 출산력 제고에 긍정적으로 작용한 마지막 요인은 불임이 될 확률이 훨씬 낮은 여성이 많았다는 것이다. 여성만 아기를 가질 수 있었으므로 인구 집단의 성비는 다른 모든 조건이 동일할 경우 출산수준을 결정하는 핵심 요인이다. 기독교 공동체의 60퍼센트가 여성이었을 가능성이 크다는 것은 기독교 하위문화의 잠재적 출산 수준이 엄청나다는 의미다. 물론 이 집단의 도덕적 제약으로 기독교 여성은 자식을 가지려면 결혼을 해야 했다. 그러나 내가 앞서 정립하려고 했듯이, 주변 사회에 미혼 남성이 풍부하다는 점을 감안할 때 기독교 여성의 혼인률이 높지 않았다고 볼 만한 근거는 없다. 더욱이 이런 "혼합 결혼"으로 출생한 자녀들의 압도적 다수가 교회 내에서 양육되었다고 볼 만한 근거가 다수 있다.

기독교인의 출산력

몇몇 유수한 학자들에 의해 로마 제국의 출산율을 추정하려는 시도가 있었으나(파킨 1992, 두란드 1960, 러셀 1958) 확정적 지식을 얻는 것은 불가능하리라는 사실에는 변함이 없다. 우리가 확실히 알 수 있는 바는 사망력이 높았다는 것이다. 그러므로 인구 감소를 막으려면 출산율이 높아야 했다. 허나 사망자를 대체하기에는 출산력이 턱없이 저조했을 가능성이 커 보인다. 상기한 바와 같이 기독교 시대 중에서 그레코-로만 인구가 실제로 감소했다는 상당한 증거가 있다. 이런 일반론을 넘어 더 적확한 정보를 얻을 수 있을지는 회의적이다.

기독교 인구의 출산력에 관한 문헌은 공백으로 남아 있다. 바로 이런 이유로 나는 그레코-로만 사회의 주요한 인구 감소 요인이 기독교 하위문화에는 적용되지 않았을 것이라는 주장을 확립하는 데 각별한 주의를 기울였다. 기독교의 인구 추이는 그에 필적할 만한 수준의 문화, 경제 발전을 이룬 사회에 통상 적용되는 추이와 유사하리라는 전제를 가지고 접근하는 것이 전적으로 타당할 듯하다. 생존 자원 부족으로 인한 한계에 봉착하지 않는 한, 이런 인구 집단은 보통 상당히 팽창적이다. 생존 자원의 부족은 그레코-로만이라는 시공간에는 해당되지 않았다. 야만인들의 빈번한 정착이 인구 부족분을 충원했다는 점을 보면 분명히 알 수 있다. 그러므로 우리는 기독교의 발흥기에 기독교 인구는 개종을 통해 성장했을 뿐 아니라 출산력을 통해서도 성장했음을 짐작할 수 있다. 문제는 이것이다. 기독교 성장에서 출산력으로만 이루어진 부분은 어느 정도인가?

안타깝게도 우리에게는 이 물음에 대한 정량적 답을 탐색할 만한 양질의 데이터가 전무하다. 지금 있는 데이터는 가설적 수치의 근거로 삼기에도 부족하다. 우리가 주장할 수 있는 것은 기껏해야 우월한 출산력이 기독교의 성장에 기여한 부분이 아마도 미미한 수준은 아니었을 것이라는 정도다.

결론

본장에서 나는 네 가지를 정립하고자 했다. 첫째, 고대 세계의 기독교 하위문화가 빠르게 상당 규모의 잉여여성 인구를 축적한 반면, 주변의 이교도 세계에서는 남성 수가 여성 수를 초과했다. 이런 추이는 기독교의 영아 살해 금지와 낙태 금지, 개종의 상당한 성별 편향성으로 초래된 결과다. 둘째, 기독교 여성은 이교도 여성이 사회 전반적으로 누리던 지위보다 상당히 높은 지위를 기독교 하위문화 내에서 누렸다. 이것은 여성 지위와 성비를 연계한 구텐타그와 세코르드의 이론에 전적으로 합치하는 것이다. 여성의 높은 지위는 특히 가족 내 성 역할에도 뚜렷이 나타났으며 교회 내에서는 여성이 리더십의 위치까지 맡은 것으로 나타났다. 셋째, 잉여 기독교 여성과 잉여 이교도 남성의 존재를 감안할 때 상당 규모의 족외혼이 발생했을 것이며 이로 인해 초기 교회로 안정적인 2차 개종자의 유입이 있었을 것이다. 마지막으로 나는 풍부한 기독교 여성의 수는 높은 출생률로 귀결되었다는, 즉 우월한 출산력이 기독교의 발흥에 일조했다는 주장을 했다.

〈제국의 지도〉 기독교는 도시 운동이었다. 로마 제국의 최대 22개 도시를 표시한 이 지도에서 볼 수 있듯이, 기독교도 그 전의 많은 신흥 신앙처럼 동방에서 발흥하여 서쪽으로 퍼져 나갔다.

6
도시 제국의 기독교화: 정량적 접근

초기 교회에 관한 탁월한 연구인 『최초의 도시 기독교인』에서 웨인 믹스(1983)는 책 제목을 사용하여 기독교가 무엇보다도 '도시' 운동이었음을 부각시켰다. 책 1장 초반에 그가 피력했듯이 "예수의 십자가 처형 후 10년이 안 되어 팔레스타인의 마을 문화는 무대 뒤로 사라지고 그레코-로만 도시가 기독교 운동의 주요 배경으로 전면에 등장했다"(1983:11). 믹스는 책의 여타 부분에서 기독교의 확산에 관한 많은 통찰을 제시한다. 그러나 그가 집중 조명한 것은 도시가 아니라 도시인이

본 장의 예비판은 "도시 제국의 기독교화"라는 제하에 〈사회학 분석〉 52호에 게재되었다(1991, 77-88).

다. '누가' 새로운 운동을 포용했고 왜 그랬는지를 파악하는 것이 그의 주안점이었다.

본 장에서 나의 관심사는 누가, 또는 왜가 아니라 '어디'에 있다. 도시의 어떤 특성들이 기독교화에 유리하게 작용했을까? 여기에 주안점을 두고 나는 도시 사회학자가 사용하는 몇몇 표준적 도구들을 적용할 것이고 약 100년경의 그레코-로만 사회의 최대 도시 22곳으로 구성된 데이터 세트를 사용하여 정량분석을 실행할 것이다. 나는 왜 기독교가 특정 지역에서 여타 지역보다 빨리 발흥했는지 몇 가지 가설을 개발하고 검증할 것이다. 그러나 여러 가설들을 한꺼번에 제시한 후 통계적 분석으로 옮겨가는 대신 한 가설씩 제시하고 검증하는 순차적 형식을 취할 것이다. 그 이유는 각 변인(變因) 당 논의해야 할 일정 분량을 채운 후 변인을 분석에 투입하기 위함이다. 각 변인은 하나의 가설을 반영한다.

규모를 기준으로 한 도시 선정

도서관에는 그레코-로만 도시에 관한 책들이 넘쳐나지만 안타깝게도 루이스 멈포드의 지적처럼 "도시 그 자체는 베일에 싸여 있다"(1974:vii). 실제로 그레코-로만 도시에 관해 연구할 때는 인구 같은 기초적이고 필수적인 팩트를 산정하는 것도 헤라클레스적인 노력이 요구된다. 다행히 고대 도시의 인구를 밝혀내는 것을 필생의 업으로 삼은 터티우스 챈들러 같은 사람이 있다. 제럴드 폭스의 보조를 받아

(킹슬리 데이비스가 산파라는 핵심 역할을 감당한 가운데) 터티우스는 마침내 그의 비범한 저서를 출간할 수 있었다(챈들러와 폭스 1974). 『3천 년의 도시 성장』에서 챈들러와 폭스는 100년경 세계 최대 도시의 인구를 추정하는 데 필요한 합리적이고 문서화가 잘 된 근거를 제시한다. 그 가운데 20곳의 그레코-로만 도시들이 있었다. 그러나 챈들러와 폭스의 도시 목록에는 인구 4만 명 또는 그 이상인 도시들만 있었으므로 통상 중요한 그레코-로만 도시로 꼽히는 아테네나 살라미스의 인구 추정치는 제공되지 않았다. 나는 이 두 도시를 추가했고 그 결과 총 22곳의 도시가 되었다. 아직까지는 챈들러 식의 학자 정신을 발휘하여 두 도시의 인구를 파악해 내지 못했다. 다만 한참 여기저기 기웃거리고 다닌 덕분에 살라미스는 인구 3만 5천 명, 아테네는 인구 3만 명이라는 타협선을 찾았다.[1] 만일 이 수치들이 오류로 드러나 나의 분석에서 열외시키더라도 아래에 보고하는 분석 결과에는 변화가 없으니 안심하기 바란다.

여기 22곳의 도시와 각각의 인구 추정치가 있다.

로마	650,000
알렉산드리아	400,000
에베소	200,000
안디옥	150,000
아파미아	125,000

버가모	120,000
사데	100,000
고린도	100,000
가디르(카디즈)	100,000
멤피스	90,000
카르타고	90,000
에데사	80,000
시라쿠스	80,000
서머나	75,000
가이사랴 마리티마	45,000
다메섹	45,000
코르도바	45,000
메디오라눔(밀란)	40,000
아우구스토두눔(오탱)	40,000
런던	40,000
살라미스	35,000
아테네	30,000

기독교화

도시의 기독교에 대한 수용성을 어떻게 측정할 수 있을까? 그러니까 한 도시의 상대적 기독교화의 정도를 다양한 시기별로 측정할 방법이 있을까? 내가 사용한 방법은 딱히 독창적이지도 않고 (내가 바라기는) 특별히 논쟁의 소지도 없다. 나는 단지 아돌프 하르낙(1908, vol. 2)을 뒤좇아 기독교의 '확장'(expansion)이라는 개념을 사용했다. 그러니까 한 운동이 발흥하기 위해서는 확산되어야 한다는 것이다. 하르낙은 그의 역작에서 제국에 속한 지역 가운데 180년도에 이미 현지 기독교 교회를 보유한 곳을 찾아냈다. 그 이후 학자들은 최근 수십 년간 이루어진 중요한 고고학적 발견을 근거로 원래 하르낙이 재구성한 것에 많은 것을 추가했다. 그러나 이 분야의 학자들이 워낙 정량적 성향이 부족한 탓에 이 자료는 여러 역사 지도책에만 게재되었다. 많은 지도책을 조사한 결과 나는 이 특정 주제에 관해 탄탄한 학문적 성과를 보여주는 네 문헌을 발견했다. 이것은 하르낙의 원래 발견과 함께 표 6.1에 게재했다(블라이클록 1972, 아로니와 아비-요나 1977, 프랭크 1988, 채드윅과 에반스 1987, 하르낙 1908).

나는 기독교의 확장을 세 가지 진입 문턱을 잣대로 정량화했다. 기독교에 가장 수용적인 도시는 100년도까지 교회가 하나 있었다고 알려진 곳이다. 이 도시들은 2점을 주었다. 그 다음으로 수용적인 곳은 200년도까지 교회가 하나 있었다고 알려진 도시다. 이 도시들은 1점을 주었다. 가장 수용도가 떨어지는 도시는 200년도에도 여전히 교회가 하나도 없었다고 알려진 도시들이다. 그 점수는 0점이다. 그 결과 3단계의

표 6.1

기독교화의 코드화

	문헌 1[a]	문헌 2[b]	문헌 3[c]	문헌 4[d]	문헌 5[e]	코드[f]
가이사랴 마리티마	2	2	2	2/1	2	2
다메섹	2	2	2	2/1	0	2
안디옥	2	2	2	2/1	2	2
알렉산드리아	2	2	2	2/1	2	2
버가모	2	2	2	2/1	2	2
살라미스	2	2	2	2/1	2	2
사데	2	2	2	2/1	2	2
서머나	2	2	2	2/1	0	2
아테네	2	2	2	2/1	2	2
고린도	2	2	2	2/1	0	2
에베소	2	2	2	2/1	2	2
로마	2	2	2	2/1	2	2
아파미아	1	1/0	1	0	2	1
코르도바	1	1/0	1	0	1	1
에데사	1	1/0	1	2/1	1	1
시라쿠스	1	1/0	1	2/1	1	1
카르타고	1	1/0	1	2/1	1	1
멤피스	2	1/0	1	2/1	1	1
메디오라눔(밀란)	0	1/0	0	0	0	0
아우구스토두눔(오탱)	0	1/0	0	0	0	0
가디르(카디즈)	0	1/0	0	0	0	0
런던	0	1/0	-	0	0	0

[a] 아로니와 아비-요나 1977 (1세기 말에 다수의 교회가 있던 도시들의 지도, 2세기 말경 다수의 교회가 있던 도시들의 지도)
[b] 채드윅과 에반스 1987 (1세기 말에 다수의 교회가 있었다고 알려진 도시들의 지도)
[c] 프랭크 1988 (1세기 말과 180년경 하나의 교회가 있었다고 알려진 도시들의 지도)
[d] 하르낙 1908 (180년경 하나의 교회가 있었다고 알려진 도시들의 지도)
[e] 블라이클록 1972 (1세기 말과 2세기 말에 하나의 교회가 있다고 알려진 도시들을 그림자 표시한 지도)
[f] 본 장이 『사회학적 분석』에 에세이로 출간되었을 때 사용된 코드에서는 멤피스는 1점이 아닌 2점이었고 코르도바는 1점이 아닌 0점이었다. 그후 추가 조사를 통해 수정하기로 결정했는데, 이 수정으로 통계 결과에 어떤 중요한 방식의 변동이 일어나는 건 아니다.

서수로 기독교화를 측정했다.

2점을 받은 도시: 가이사랴 마리티마, 다메섹, 안디옥, 알렉산드리아, 버가모, 살라미스, 사데, 서머나, 아테네, 고린도, 에베소, 로마

1점을 받은 도시: 아파미아, 카르타고, 코르도바, 에데사, 멤피스, 시라쿠스

0점을 받은 도시: 아우구스토두눔(오탱), 가디르(카디즈), 런던, 메디오라눔(밀란)

여기서 잠시 멈추고 우리의 첫 번째 가설을 돌아보고자 한다. '도시 규모'가 기독교화에 영향을 주었다고 볼 만한 어떤 근거라도 있는가? 하르낙은 있다고 생각했다. "도시나 마을의 규모가 클수록 기독교인 수도 ("상대적으로"라고 해도 된다) 더 많았다"(1908:2:327). 이런 가설을 뒷받침하는 견고한 이론적 근거를 사회학 문헌에서 찾을 수 있다. 클로드 S. 피셔는 그의 유명한 도시화에 관한 하위문화 이론에서 이 명제를 제시했다. "지역의 도시화 정도가 높을수록 비(非)정형성의 정도도 더 높다"(1975:1328). 피셔의 논제는 절대치의 인구가 많을수록 일탈적 하위문화 형성에 필요한 "임계치"를 모집하기가 더 쉽다는 것이다. 여기서 그는 일탈적 하위문화에는 일탈적 종교 운동도 포함된다고 적시했다. 우리의 연구대상이 된 시대에는 기독교가 지배적 종교 규범과 상치되었으므로 일탈적 종교 운동의 자격요건을 충족시킨다고 보는 게 마땅하다. 그러므로 피셔의 도시화 이론은 도시가 클수록 기독교인이 더 빨리

교회 구성에 필요한 임계치를 모집할 것이라고 예견한다.

뒤의 표 6.2에서 볼 수 있듯이 피셔의 논제를 뒷받침하는 긍정적인 상관 관계가 있다. 비록 상관도가 0.05 수준으로 유의미한 수준에 약간 못 미치지만 데이터 자체가 무작위 표본에 근거한 게 아니므로 유의미성이 적절한 잣대인지는 불분명하다. 실제로 나는 상당히 주저하는 마음으로 이 유의미성 수준을 표에 포함시켰다.

위치

이 도시들에 관해 우리가 한 가지 확실히 아는 바는 어디에 소재했는가다. 이것이 의미하는 바는 도시간 이동 거리를 측정할 수 있다는 것이다. 그래서 나는 예루살렘에서 22개 각 도시까지의 이동 거리를 규명했다.

우리는 기독교가 어디에서 시작되었는지 안다. 기독교가 어떻게 퍼져나갔는지 밝히려면 여러 도시들까지 가는데 얼마나 먼 거리를 이동해야 했는지를 고려해야 한다. 여기서 문제는 단순히 선교사들이 예루살렘에서 사데까지 이동하는 데 걸린 시간이 예루살렘에서 메디오라눔까지 가는 것보다 더 오래 걸렸다는 차원이 아니다. 실제로 누구나 여름 한철 안에 제국을 횡단할 수 있었고 당시는 여행이 보편화되어 있던 시대였다. 믹스(1983:17)는 프리지아에서 발견한 한 상인의 무덤 묘비에서 그가 생전에 로마를 72차례 방문했고 총여행 거리가 1천 마일은 족히 넘었음을 보여주는 증거를 찾았다. 로널드 호크(1980)는 바울이 선교여행으로 이동한 총거리는 거의 1만 마일에 가깝다고 추정한다. 믹스는 이를 두고 "로마 제국 사람들은 그 이전의 어떤 사람들보다, 그리고 그 후부터 19세기 전까지의 어떤 사람들보다 더 널리, 더 수월하게 여행했다"고 했다(1983:17).

나의 관심은 이 모든 여행과 교역의 주요 결과물인 가족이나 친구 또는 상거래에 기반한 '소통'과 '문화 교류'와 '대인관계 네트워크'에 있다. 뒤에서 논하겠지만 이 모든 것은 기독교 선교사의 진입로를 닦는 데 (선교사들이 선교지에서 어떤 대접을 받을지를 결정하는 데) 핵심적인 요소들이다. 나는 예루살렘과 각 도시간 거리를 이런 요소들의 변화율로 사용할 것을 제안한다.

이런 관심을 감안할 때 철새 이동거리 같은 단순 거리 측정으로는 부족하다. 그래서 나는 실질적인 측정을 하기 위해 알려진 여행 경로를 추적하려고 노력했다. 당시의 가장 흔한 교역과 장거리 여행 수단은 배였다. 바울은 해상 여행을 육로 여행보다 많이 했거나 비슷하게 했다. 그러므로 나는 합리적이라고 보이는 경우에는 모두 해상 여행을 했다는 전제 하에 일반적인 뱃길을 따라 거리를 측정했다. 먼저, 나는 지도상에 예루살렘부터 해당 도시 간 이동 경로를 그렸다. 그 다음 곡선자(map meter)를 사용하여 거리를 측정했다. 곡선자는 곡선을 따라가고 코너를 따라 도는 데 더 용이하다. 계측은 여러 번에 걸쳐 했다. 마지막

계측은 지도의 범례에 근거하여 마일로 환산했다. 경로 그 자체는 사소한 오차가 있을 수 있으나 오차범위는(플러스 마이너스) 10퍼센트 이상은 되지 않을 것이라 기대한다. 10퍼센트가 넘는 정도의 오차가 미칠 잠재적 영향을 확인하기 위해 나는 동전을 던져 앞면이 나오면 10퍼센트를 더하고 뒷면이 나오면 10퍼센트를 빼는 식으로 추가적인 마일 측정치를 만들었다. 왜곡된 측정치도 사실 원래의 것과 0.99의 상관도가 있었고 각각은 다른 변인들과 동일한 결과를 산출했다.

이동거리를 사용함으로써 해당 도시와 예루살렘 및 유대 문화 간의 사전 연관성 정도를 파악하고 이로써 기독교인을 수용할 준비가 어느 정도 되어 있는지 추정하려 했다. 아울러 우리는 이동거리를 사용함으로써 한 도시의 로마화 정도와 로마 통제의 강도를 측정할 수도 있다. 상기한 측정 기법과 동일한 방법을 사용하여 나는 각 도시에서 로마로 가는 이동거리를 측정했다. 마지막으로, 로마와 유대인 영향의 상대적 가중치를 정리하기 위하여 두 세트의 거리 간 비율을 산출했다. 실제 마일 거리는 아래와 같다. (제시한 아테네와 로마간 거리는 여행자가 고린도에서 중간에 육로로 이동하지 않았다고 가정한 것이다.)

	예루살렘으로부터	로마로부터
알렉산드리아	350	1,400
안디옥	250	1,650

아파미아	280	1,600
아테네	780	1,000
아우구스토두눔(오탱)	1,920	525
가이사랴 마리티마	60	1,575
카르타고	1,575	425
코르도바	2,440	1,225
고린도	830	800
다메섹	130	1,600
에데사	550	1,775
에베소	640	1,185
가디르(카디즈)	2,520	1,200
런던	2,565	1,190
메디오라눔(밀란)	1,900	260
멤피스	360	1,500
버가모	840	1,200
로마	1,480	0
살라미스	270	1,450
사데	700	1,300
서머나	820	1,150
시라쿠스	1,100	375

3장에서 나는 신흥종교 운동의 성공에 문화적 연속성이 중요하다고 강조했다. 구체적으로, '사람들은 그들이 이미 익숙한 기성 종교(들)과 문화적 연속성을 보유한 새로운 종교를 더 수월하게 받아들인다.' 지금 다루고 있는 경우에 적용해 보면, 유대인 문화와 친숙한 사람일수록 기독교로 들어가는 진입로가 잘 닦여져 있는 것이다. "하나님 경외자들"이 단적인 예다. 이 사람들은 유대인의 신학과 친숙했고 유일신 사상을 수용했지만 유대인 종교에 온전히 참여하기 위해 유대 민족이 되는 것까지는 원치 않았다. 짐작컨대, 문화적 연속성이 기독교 확산의 활성화 요소라는 원칙은 어느 정도는 예루살렘과 해당 도시 사이의 거리로 추정할 수 있을 것이다. 표 6.2는 예루살렘까지의 거리와 기독교화 사이에 통계적으로 고도로 유의미한(-.74), 엄청난 부정적 상관 관계가 있음을 보여준다.

디아스포라

3장에서 나는 실상 유대인 선교는 꽤 성공적이었으며 헬라파 유대인 개종자가 기독교로 유입되는 현상은 아마도 4세기 후반이나 5세기 초반까지 꾸준히 비중 있게 지속되었을 것이라고 주장했다. 다시 정리해 보면, 나의 논제는 몇 가지 사회학적 명제 위에 서 있다. 첫째는 문화적 연속성이다. 기독교는 디아스포라 유대인에게 있던 유대적 문화유산과 상당한 연속성이 있었을 뿐 아니라 그들에게 있던 헬라적 문화요소와도 상당히 부합했다. 두 번째 명제는 '사회 운동의 주요한 신규 모집 기반은 개종자와 집단 구성원 사이에 존재하는 기존의, 또는 새롭게 형성된 대인적 애착관계'다. 자신의 믿음을 전하기 위해 예루살렘을 떠나온 초기 기독교 선교사들의 친지와 친척은 누구였는가? 당연히 디아스포라 유대인이었다. 바울 자신이 그랬듯이 선교사 가운데 다수가 디아스포라 유대인이었다.

얼마나 오랜 기간 유대인의 개종이 지속되었는지에 관해서는 내가 틀렸을 수 있으나, 2세기 들어 한참까지 유대인이 개종자의 주요 공급원이었다는 사실은 누구나 인정하는 바다. 하르낙은 이렇게 언급했다.

> 디아스포라의 회당은 … 제국 전역으로 기독교 공동체가 발흥하고 성장해 나가는 가장 중요한 전초기지였다. 회당이라는 네트워크는 기독교 포교의 구심점이자 포교 활동을 발전시켜 나가는 통로 역할을 했다. 이런 식으로 새로운 종교는, 아브라함과 모세의 하나님이라는 이름을 달고서, 선교를 위해 진즉에 마련돼 있던 활동 영역(회당)을 발견했다(1908:1:1).

그래서 유대인의 문화적 영향력을 측정하기 위해 거리를 사용하는 것에 더하여, 우리는 도시에 얼마나 많은 유대인이 존재했는지를 측정할 방법을 찾아야만 한다. 이 도시들의 개연성 있는 유대인 인구 규모를 산정할 만한 좋은 방법은 전무하다고 보면 된다. 내가 선택한 최선의 대안은 100년도에 회당이 있다고 알려진 도시에 관한 정보였다. 이 데이터는 상기한 지도책들과 그 외의 여러 지도책들, 그리고 맥레넌과 크라벨로부터 얻었다(1986). 결과는 이분법적 변인으로서 회당을 가진 도시는 1점을, 여타 도시는 0점을 주었다. 1점 도시는 가이사랴 마리티마, 다메섹, 안디옥, 알렉산드리아, 사데, 아테네, 로마, 고린도, 에베소다. 표 6.2를 보면 회당과 기독교화 사이에는 강력하고 긍정적인 상관 관계가 있다(.69). 그렇다면 기독교는 유대인 공동체가 있는 곳에서 더 빨리 뿌리를 내렸음이 분명하다.

이제 로마 문화와 권력은 어떻게 되는가? 처음부터 기독교는 헬라 도시들에서 가장 큰 성공을 거두었고 이내 로마에서 공공의 적이 되었다. 로마 권력과의 관계는 거리의 문제로 접근하는 게 현실적일 듯하다. 즉, 로마로부터 멀수록 로마 정책이 현지에 미치는 영향은 적다고 보는 것이다. 여기서도 우리는 로마에서 각 도시로 가는 교역로를 추적하는 단순한 방법으로 거리를 측정할 수 있다. 그러나 우리의 진짜 관심은 로마와 동방의 문화 및 영향력의 상호작용에 있으므로 해당 도시에서 예루살렘까지의 거리를 로마까지의 거리로 나눌 수 있다. 비율이 높을수록 로마가 미치는 영향력의 상대적 가중치가 더 커지는 것이다. 그러므로 이 변인은 로마화로 규명한다. (로마는 물론 이 분석에서 제외되었다.) 표 6.2는 로마로부터의 거리가 기독교화와 부정적인 상관 관계(-.42)가 있

표 6.2

피어슨 적률 상관계수

	100년도 인구	예루살렘 으로부터	회당	로마로 부터	로마화	영지 주의
기독교화	.32	-.74[a]	.69[a]	.42[b]	-.71[a]	.59[a]
100년도 인구		-.06	.41[b]	.21	-.29	.48[a]
예루살렘으로부터의 거리			-.46[b]	-.54[a]	.68[a]	-.49[b]
회당				.28	-.44[b]	.41[b]
로마로부터의 거리					-.84[a]	.37
로마화						-.43[b]

[a] 유의 수준: <.01. [b] 유의 수준: <.05

음을 보여주지만 정말 강력한 효과는 로마화로부터 온다(-.71). 한 도시의 문화에 로마의 영향이 크고 동방(헬라와 유대) 문화의 영향이 적을수록 최초의 교회 설립이 지연되었다. 물론 로마는 뚜렷한 예외다.

표 6.3은 기독교화, 회당, 로마화를 회귀(regression) 방정식에 입력한 결과를 나타낸다. 각 독립변인은 강력한 효과를 보이며, 셋을 합치면 기독교화의 분산(variance) 가운데 67퍼센트를 설명하는 깜짝 놀랄 만한 결과가 나온다.

영지주의

이 시대의 도시 제국에는 여러 신흥종교 운동이 활발했을 뿐 아니라

표 6.3
회귀: 종속변인은 기독교화

독립변인	비표준화 베타	표준화 베타	표준 오차	T
회당	0.731	0.466	0.236	3.099[a]
로마화	-0.220	-0.499	0.077	-3.317[a]

다중 R 제곱= 0.672   Y 절편 = 1.374

[a] 유의 확률은 .001 초과

여러 개의 기독교가 있었다. 거의 처음부터 그리스도와 성서에 관해 다소 상이한 관점을 주창하는 기독교 분파들이 생겨났고, 각 분파는 스스로를 '유일한' 기독교로 자리매김하려 했다. 그 가운데 영지주의 또는 기독교 영지주의라고 알려진 집단은 나그 함마디 필사본이 발견된 후 큰 관심을 받았다(레이튼 1987, 윌리엄스 1985). 레이튼이 출간한 지도(1987:6-7) 덕분에 기독교화를 측정했던 것과 유사한 방식으로 영지주의의 존재를 측정하는 게 가능해졌다. 200년도 이전에 활발한 영지주의 집단이 있었다고 알려진 도시는 2점을 부여했다. 400년도 이전에 활발한 영지주의 집단이 있었다고 알려진 도시는 1점을 주었다. 400년도에 영지주의 집단이 있다고 알려지지 않은 도시는 0점을 주었다. 2점을 받은 도시는 알렉산드리아, 안디옥, 가이사랴 마리티마, 카르타고, 에베소, 버가모, 로마, 사데, 서머나였다. 1점을 받은 도시는 아파미아, 다메섹, 에데사, 멤피스였다. 여타 도시는 0점을 받았다.

표 6.2는 영지주의와 기독교화 간에 상당하고 긍정적인 상관 관계가 있음을 보여준다(.59). 더욱이 영지주의의 존재는 인구 규모와 유의미한 상관 관계가 있으며 이는 피셔의 이론과 합치하는 대목이다. 또한 표는 영지주의의 존재와 회당 간에 유의미한 상관 관계가 있음을 보여준다. 이런 발견은 더 자세히 들여다볼 가치가 있다.

지난 세기에 한 축에는 영지주의, 다른 한 축에는 기독교 및 유대교를 놓고 두 축의 연관성에 관한 진지한 논쟁이 있었다. 19세기 후반 하르낙(1894)은 영지주의를 극도로 헬라화된 기독교의 한 브랜드이자 기독교 이단으로 분류하는 데 만족했다. 하지만 곧 이어 얼마 후 많은 학자들이(e.g. 프리드랜더 1898) 영지주의가 유대인 뿌리에서 나온 것이라고 주장하며 기독교와 영지주의를 1세기의 유대교라는 한 뿌리에서 갈라져 나온 '평행한 두 지류'라고 보았다. 나그 함마디에서 발견된 문서의 내용이 대부분 기독교적이었음에도 불구하고 논쟁은 계속되고 있다. 그리고 영지주의가 본질적으로 기독교의 내부에서 경쟁하는 한 지파라는 시각보다는 기독교와 영지주 두 운동이 평행선상에 있었다는 관점이 오늘날에는 더 큰 지지를 받는 듯하다. 버거 피어슨은 프리드랜더의 관점에 공감하며 이 입장을 가장 강경하게 피력했다. "영지주의는 그 기원상 '기독교'의 이단이 아니다. 오히려 … 영지주의는 사실 '유대의' 이단이다"(1973:35).

표 6.4
회귀: 종속변인은 영지주의다

독립변인	비표준화 베타	표준화 베타	표준 오차	T
기독교화	0.678	0.578	0.299	2.262[a]
회당	-0.022	-0.012	0.470	-0.047

다중 R 제곱 = 0.344   Y 절편 = 0.067

[a] 유의 확률은 .05 초과

이 점을 유념하면 표 6.4를 가볍게 지나칠 수 없게 된다. 여기에 사용된 것은 회귀 분석이며*, 평가 목표는 기독교화와 유대인의 존재가 영지주의의 발흥에 미친 순효과다. 결과는 적어도 통계적 관점으로는 매우 확정적이다. 기독교화 효과를 상수로 놓을 때 유대인 존재의 직접 효과는 남지 않는다. 유대인의 존재는 기독교 확산에 지대한 영향을 미쳤던 것으로 보이나(표 6.3 참조) 영지주의의 발흥에 영향을 미친 것은 기독교 밖에 없던 것으로 보인다. 이것이 시사하는 바는 하르낙의 원래 입장과 완전히 합치하는 인과성 순서(causal order)다. 그러니까 기독교가 유대인의 이단으로 출발했고 기독교가 초기에 어필했던 대상은 유대인이었

---

*회귀분석(regression analysis)에서 '회귀'라는 용어는 19세기 프랜시스 갤턴이 키 큰 선대 부모들이 낳은 자식들의 키가 점점 더 커지지 않고, 다시 평균 키로 회귀하는 경향을 보고 발견한 개념이다. 이를 통계학 용어로 '평균으로의 회귀'(regression toward mean)라고 한다. 회귀분석은 기본적으로 하나 이상의 독립변인(들)(또는 '예측변인'이나 '설명변인'이라고도 함)이 한 단위 변할 때, 종속변인(또는 '결과변인'이나 '피설명변인'이라고도 함)이 얼마나 변할 것인지, 다시 말해

다는 점, 영지주의는 그 후 기독교의 이단으로 출발했으며 영지주의가 주로 어필했던 대상은 기독교인이라는 점이다. (영지주의의 상당히 강도가 높은 반[反]유대적 콘텐츠는 기독교인으로부터 채택한 것이다.)

물론 이런 통계적 증거는 영지주의가 기독교 이단이었다는 확정적인 증거는 못 된다. 그러나 여기서 주목할 만한 점은, 이 논쟁의 참여자들이 서로 동문서답을 하고 있을지도 모른다는 것이다. 영지주의의 기원이 유대인이라고 주창하는 이들은, 내가 이해한 바로는 영지주의의 일부 핵심 신비주의 사상이 앞 세대의 유대인 저술가들로부터 유래한 것이라고 한다. 그러나 사회학자들은 이런 문제를 접근할 때 이단성 자체는 사상의 족보와 별 연관이 없으며 이단성의 주요 구성요소는 한 사회운동의 '일탈적' 사상을 체화한 것이라고 이해한다. 달리 말하면 저술은 이단적일 수는 있지만 이단이 되는 것은 인간만이 가능하다. 더욱이 사상과 운동의 기원이 꼭 같아야 하는 것은 아니며, 실제로 다른 경우가 심심치 않게 있다. 자신들이 고대의 이방 신종교 집단의 직통 계승자라는 미심쩍은 주장을 하는 많은 현대 집단을 생각해 보자. 그들의 교리를 판단 기준으로 삼으면 고대 기원설은 사실이다. 그러나 그들의 "인

하나 이상의 독립변인(들)이 종속변인에 미치는 영향력을 예측하는 데 주로 사용하는 통계분석 기법이다. 또한 회귀분석은 종속변인에 영향을 줄 개연성이 있는 제3의 변인들을 통계적으로 통제했을 때, 특정 예측변인(들)이 하나의 결과변인에 미치는 영향, 즉 인과성(causality)을 밝혀내는 데도 사용할 수 있다.

간사(史)"를 조사해 보면 그들의 기원은 현대에 있음이 드러난다. 그러므로 영지주의 저술가들이 앞 세대의 유대인 신비주의자의 저술에 지대한 영향을 받았다고 해도, 영지주의 자체는 기독교와 공존하는 사회 운동이 아니고 기독교 이전의 유대인으로부터 유래한 것도 아닐 수 있다. 비록 표 6.4의 데이터가 영지주의 사상의 기원에 관해 시사하는 바는 없지만 영지주의가 사회 운동으로서는 기독교의 이단이었다는 결론에 힘을 실어주는 것은 사실이다.

결론

표 6.4가 영지주의의 역사적 해석에 어떤 영향을 미치든 간에, 본 장에서 보고한 다른 발견들로 인해 기독교 발흥의 사회사(史)가 크게 수정되는 일은 없으리라 본다. 정량화 없이도 유능한 역사학자라면 누구나 기독교 운동이 소아시아의 그레코-로만 도시들에서 가장 빠르게 발흥했으며, 그것을 지탱한 것은 매우 큰 디아스포라 유대인 공동체였다는 것을 익히 알고 있다. 실상 가장 실질적인 내용으로 주목을 받는 발견은 피셔의 도시 규모와 하위문화 일탈에 관한 명제에 근거를 제공하는 부분일 것이다.

내 판단으로는 진짜 놀라운 대목은 내용적인 것이 아니라 통계적인 것이다. 통계적 결과의 방대함과 안정성은 기이할 정도이며, 이는 이 22개 도시에 근거한 데이터 세트가 학문적으로 큰 가치가 있음을 강하게 방증한다. 그 가치는 우리가 흥미로운 변인을 규명하고 획득하는 만큼 더 커질 것이다.

향후 이 분야에서 제대로 훈련받은 학자들이 더 많은 추가 변인들을 생성해 낼 수 있으리라 생각한다. 엄청난 양의 새김 문자 수집 데이터를 근거로 이 도시들에 비율(rates)을 (그리고 아마도 다른 총량 단위도 가능할 것이다) 설정하는 것도 흥미진진한 작업이 될 것이다. 가령 기독교가 동방에서 발원한 여러 신흥종교 가운데 하나라는 데 역사학자들이 동의하므로, 새김 문자를 이용하여 이런 "동방의 신종교 집단들"이 언제, 어디서 추종자를 확보했는지 추정할 수 있지 않을까? 9장에서 우리는 이 도시들에 이시스(Isis) 신종교의 신전이 있었는지 여부와 신전의 존재 시기에 근거한 변인을 검토할 것이다. 하지만 이외에도 더 많은 변인을 코드화할 수 있을 것이다.

처음에는 이 도시들의 사회 해체도를 측정할 척도를, 특히 대인적 애착관계를 약화시킴으로써 사회 통합을 저해하는 요인들을 규명해 내기를 바랐다. 규범 순응도가 애착관계의 결과라는 것은 하나의 공리다. 우리는 타인과의 관계를 소중히 여기는 만큼 그들의 존경을 잃지 않으려고 더 순응한다. 우리는 또 애착관계가 결여된 만큼 규범을 어기는 데 더 자유로워진다. 근대의 연구에서 비정형적 행동은 인구 이동과 불안정성 같은 다양한 척도와 강한 상관 관계가 있었다. 가령 미국과 캐나다 지역에서 인구의 다수가 신착자이거나 근래에 거주지 이전을 한 사람일 경우 비정형적 종교 활동의 참여율이 높았다(스타크와 베인브리지 1985).

나는 한 도시가 언제, 어떻게 건설 또는 재건되었는지에 관한 데이터와 해당 인구집단의 인종적 이질성(異質性)에 관한 데이터를 조사하는 데서 출발했다. 시저가 로마의 "바람직하지 않은" 인구 다수를 이주시키기 위해 고린도와 카르타고의 재건을 결정할 당시, 두 도시가 텅 빈 상태였다는 사실에 나는 전율을 느꼈다. 시저는 두 도시에 많은 퇴역 군인들을 데려다 놓았고, 그들은 인접 마을로부터 도시로 여성들을 끌어들였다. 닷지 시티(Dodge City, 서부 개척의 프론티어로 한동안 무법 지대로 이름이 났다—편집자)나 다른 거칠고 자유분방한 곳을 상상하면 될 것이다. 그러나 계속 연구를 진행하다보니, 제국의 도시들은 예외없이 '모두' 믿을 수 없을 정도로 해체되었음을 발견했다. 초기 사회학자들로 하여금 무한한 우울과 비관을 표하게 만든, 19세기에 급성장했던 산업화 도시들과 비교해 봐도 뒤처지지 않을 정도였다. 로마는 정치적 통일을 달성하기 위해 문화적 혼돈이라는 대가를 지불한 것이다. 램지 맥멀른은 이교(paganism)에 관한 그의 역작을 시작하는 첫 문단에서 이 사실을 누구보다도 선명하게 담아 냈다.

로마는 적절한 용광로였다. 100년 전의 대영 제국을 모든 지역이 잇닿아 있어 누구나 랭군에서 벨파스트까지 어떤 대양(大洋)의 간섭 없이

… 여행할 수 있다는 의미에서 단일체(all in one piece)라고 느낄 수 있다면, 뿐만 아니라 언어, 신종교 집단, 전통, 교육수준 등 거의 무한한 다양성을 하나의 전일체(one whole)로 인지할 수 있다면, [로마 시대] 지중해 세계의 참된 본질을 … 헤아릴 수 있을 것이다(1981:xi).

이런 이유로 나는 해체도를 기준으로 도시들을 비교하려던 노력을 중단했다. 그 대신 다음 장을 전반적인 그레코-로만 도시들의 지독한 해체가 어떻게 기독교의 발흥을 용이하게 했는지 고찰하는 데 할애할 것이다.

〈그라피티〉 그레코-로만 도시들은 그라피티로 뒤덮여 있었다. 이 반(反)기독교적 그라피티(약 200년경)는 로마에서 발견되었다. 당나귀 머리를 한 인물이 십자가 위에 있고 그 아래에는 이렇게 적혀 있다. "알렉사메노스는 그의 신을 숭배한다."

7
도시의 혼돈과 위기: 안디옥의 사례

기독교는 도시 운동이었고[1] 신약성서의 기록자들은 도시인들이었다. 실제로 마태복음이 집필된 장소는 당시 로마 제국에서 네 번째로 큰 도시, 안디옥이었다고 믿는 학자들이 많다.

신약성서를 맨처음 문자로 기록한 사람들이 처했던 사회문화적 환경이 어떻게 기독교 발흥의 양상을 결정했는지 이해하고자 한다면, 그레코-로만 도시의 물리적, 사회적 구조를 파악해야만 한다. 아울러 초기 교회의 엄청난 대중 흡인력을 이해하고자 한다면, 신약성서의 메시지와 교회가 형성하고 유지했던 사회적 관계가 어떻게 그레코-로만 도

본 장의 초판은 〈마태복음의 사회적 환경으로서의 안디옥〉이라는 제하에 『마태 공동체의 사회사』 (데이빗 L. 발취 편역, Minneapolis: Fortress Press 출판, 189-210.)에 게재되었다.

시들의 심각한 문제들을 해소했는지 이해해야만 한다. 이 경우에도 안디옥은 특별한 관심을 요하는 도시다. 그 이유는 안디옥이 기독교 운동에 범상치 않은 수용성을 보였으며 상당히 초창기부터 상대적으로 크고 부유한 기독교 공동체를 유지했기 때문이다(롱지네커 1985).

이런 이유로 나는 본 장에서 도시 일상생활의 물리적 현실을 조명하기 위해 안디옥에 특별한 방점을 두고 그레코-로만 도시들에 관한 몇 가지 기초적인 팩트를 취합할 것이다. 그 곳에서의 삶은 어떤 모습이었을까? 솔직히 일말의 단서라도 찾는 게 이토록 어려울 줄은 꿈에도 몰랐다. 제목은 그레코-로만 시대의 도시에 관한 것이라고 내건 책들도 막상 읽어보면 도시의 물리적 환경에 관해서는 거의 알려주는 바가 없었다. 가령 1864년에 출간된 누마 데니스 퓌스텔 드 쿨랑주의 고전적 저서 『고대 도시』는 그레코-로만 시대의 문화와 관습 이외에는 아무것도 다루지 않는다. (누군가 이 책만큼은 다를 거라고 해서 읽었다.) 책 제목은 단지 배경이 도시라는 의미였다. 아니, 도시라는 것도 상상의 산물인지 모르겠다. 왜냐하면 그 책에는 도로, 상하수도, 상수원, 건물, 산업, 시장, 민족별 집성촌, 범죄, 쓰레기, 걸인 등 도시 생활의 현실이라고 할 만한 어떤 것에 대해서도 일언반구 언급이 없었기 때문이다. 사실 "집"이라는 단어도 몇 차례 스치듯 언급되었을 뿐이지 실제 집에 관한 묘사는 없었다.

아니면 거의 비슷한 제목을 가진 메이슨 헤먼드의 현대작 『고대 사회의 도시』(1972)를 보자. 〈하버드 도시사(史) 연구〉 프로젝트의 일환으로 출간된 이 저서는 색인이 훌륭하다. "로마 시민권"이라는 색인 항목에는 무려 24페이지나 기재되어 있으며 로물루스, 트로이 전쟁, 보르네오, 심지어 홍적세(洪積世) 시기라는 단어도 있다. 그러나 다음의 단어들은 하나도 색인에 등장하지 않는다. 수로교(水路橋), 목욕탕, 목욕, 건축, 건물, 범죄, 사망, 질병, 환경, 역병, 인종, 배설물, 음식, 연료, 쓰레기, 가정, 주택, 주거, 동물 배설물, 배관, 전염병, 상하수도관, 공중변소, 하수도, 매연, 거리, 소변, 세탁, 폐기물, 물. 이런 단어들이 색인 목록에서 빠진 것은 이 책 역시 문화와 정치사, 군사 역사에 관한 것이지 도시에 관한 것이 전혀 아님을 드러낸다. 존 E. 스탬바우의 『고대 로마 도시』(1988)는 이 법칙의 훌륭한 예외였음을 짚고 가야겠다. 이 책을 길잡이로 삼아 발견한 소중한 문헌들에서 나는 전(前)근대 도시 일반에 적용되는 사실을 기초로 추론할 수밖에 없었던 내 초기 논점들의 서증(書證)을 입수할 수 있었다. 아울러 본 장의 기초가 된 에세이를 출간한 지 얼마 안 된 시점에, 1940년도에 처음 출간된 제롬 카르코피노의 『고대 로마의 일상 생활』의 개정확장판 영역본을 입수했다. 물론 이 저서는 고전이다. 그러나 초기 교회나 로마 역사에 관해 어떤 정규 훈련도 받지 못한 나로서는 (실상, 분야를 막론하고 어떤 역사에도 정규 훈련을 받은 일이 없다) 고전도 이렇게 우발적으로 발견하곤 했다. 여하튼 고대 문헌과 근대 고고학에 관한 거장적 지식을 가지고 일상생활의 찌질한 면까지도 파고드는 자세에 마음 맞는 지기를 만난 느낌이었다.

스탬바우와 카르코피노를 길잡이 삼아, 그리고 다른 시대의 전(前)근대 도시에 관한 풍부한 역사인구학적 자료를 끌어다 쓰며, 나는 기독교가 부상한 도시들의 중추적인 특성들을 재구성할 수 있었다. 즉, 보기 드문 수준의 도시 무질서, 사회 해체, 불결함, 질병, 비참함, 공포, 문화적 혼돈이 그 특성들이다. 본 장에서 나는 안디옥에 각별한 관심을 기울이며 이 도시들을 묘사함으로써 결론부에서 정립할 논제를 위한 배경을 설정할 것이다. 그 논제는 기독교가 이런 상황들에 대한 해법을 제시한다는 면에서 당대의 이교와 여타 종교 운동에 비해 막강한 경쟁 우위를 가졌고, 또 그 우위를 십분 활용했다는 것이다.

도시의 만성적 참상의 물리적 근원

그레코-로만 도시에 관한 첫 번째 중요한 팩트는 도시들이 면적과 인구, 이 두 가지 측면에서 모두 소규모라는 점이다. 안디옥이 기원전 약 300년에 건설되었을 당시 안디옥 성벽이 남서쪽에서 북동쪽으로 이어지는 축을 따라 둘러싼 면적은 1평방마일(약 2.5평방 킬로미터)이 채 못 되었다. 후에 안디옥은 길이 2마일(3.2킬로), 폭 1마일(1.6킬로) 정도까지 확장되었다(핀리 1977). 다른 여러 그레코-로만 도시들처럼 안디옥은 애당초 요새로 건설되었으므로 면적이 작았다(레빅 1967). 그리고 일단 성벽이 축조된 후 확장하는 건 비용 소모가 아주 컸다.

이렇게 작은 면적 안에 이렇게 대규모의 도시 인구가 살았다는 게 놀랍기 그지 없다. 1세기 말 안디옥의 총인구는 약 15만 명이었다(챈들러와 폭스 1974). 이 인구 총합은 도시의 적격 거주민만을, 즉, 성벽 안에 거주하거나 성벽 바깥을 직접 마주하고 사는 사람들만 계수한 것이다. 그러니까 인근 촌락이나 다프네 같은 다양한 위성 공동체에 사는 사람은 포함시키지 않은 것이다(레빅 1967). 도시의 면적과 인구가 있으니 안디옥의 인구 밀도는 대략 1평방마일 당 7만 5천 명의 거주민 또는 에이커(약 4천 제곱미터) 당 117명으로 간단히 산출할 수 있다. 비교해 보자면 오늘날의 시카고는 에이커 당 21명이 거주하며 샌프란시스코는 23명, 뉴욕시 전반은 37명이다. 맨해튼 섬조차 에이커 당 100명의 거주민 밖에 안 된다. 게다가 맨해튼 사람들은 수직 분산되어 있는 반면 고대 도시는 5층 이상의 건물은 매우 드문 구조로 인구 과밀이 예측된다. 로마에서 고도 20미터(65.6 피트)가 넘는 개인 건물을 짓는 것은 불법이었다. 고도 제한에도 불구하고 그레코-로만 도시 건물은 무너지는 일이 잦았다. 카르코피노는 로마는 "건물이 무너지는 소리, 또는 건물 붕괴를 미연에 방지하기 위해 철거하는 소리로 늘 시끄러웠다. 그리고 '인술라'(로마 공동주택)의 거주민들은 머리 위로 집이 내려앉을까 봐 늘 노심초사하며 살았다"고 보고했다(1940:31-32). 공동주택이 붕괴하는 이유는 너무 가벼운 자재로 건축했고 또 기피대상이었던 고층에 사는 빈곤층이 너무 촘촘히 공간을 분할한 나머지 위층의 하중을 아래층의 서까래와 기초가 견디지 못했기 때문이다. 안디옥에서 지진이 잦았던 점을 감안할 때 안디옥의 공동주택이 6-7층 이상일 확률은 낮다. 그러므로 안디옥은 실제로는 로마보다 더 붐볐을 것이다. 또한 현대의 뉴욕 사람들은 가축과 주거공간을 공유하지 않으며 거리가 통행수단인 소와 말의 오물로 오염되지도 않았음을 고려해야 한다.

이런 인구 밀도 비교도 가히 충격적이지만, 그레코-로만 도시들은 대지 가운데 상당 면적이 공공건물, 기념비, 신전에 할당되었으니 여전히 인구 과밀도를 크게 저평가한 것이다. 폼페이에서는 이런 영역이 도시 면적의 35퍼센트에 달하며(자솀스키 1979) 오스티아는 43퍼센트다(메이그스 1974). 로마는 공공 기념 구역이 도시의 절반을 차지했다(스탬바우 1988). 만일 안디옥이 이 면에서 평균적이라고 가정하면 토지 면적의 40퍼센트를 제하고 인구 밀도를 다시 계산해야 한다. 그렇게 산출된 새로운 수치는 에이커 당 195명이다. 이것을 로마의 인구 밀도와 비교해 보면, 스탬바우의 에이커 당 302명의 추정치(1988)보다는 낮지만, 맥멀른의 에이커당 200명의 추정치(1974)와는 매우 근사치다. 로마와 안디옥 두 도시 모두 고린도보다 다소 과밀했던 것으로 보인다. 나는 고린도의 인구 밀도가 에이커 당 137명이었다고 추산한다. 비교해 보면, 현대 뭄바이의 밀도는 에이커 당 183명이며 콜카타는 122명이다.

그러나 이런 수치들만 가지고는 당시 도시의 일상적인 삶이 얼마나 붐비는 것이었는지 온전히 헤아리기는 어렵다. 마이클 화이트(1987)가

지적했듯이, 많은 저술가들은 당대 사람들이 대개 MGM사의 〈벤허〉에 나오는 대형 아트리움 주택 같은 곳에 살았으리라 생각한다(퀘스터 1987:73 참조). 사실 대다수의 사람들은 다층으로 된 공동주택의 자그마한 쪽방에서 살았다. 카르코피노는 로마에는 "개인주택은 다세대주택 26개 동당 하나 꼴로 있었다"고 추산했으며(1940:23) 이 비율은 그레코-로만 도시들에 전형적인 것이었다고 제시했다. 이런 공동주택 내 밀집도는 극심한 수준이었다. 거주민들은 소수만 제외하고는 죄다 "온 가족이 옹기종기" 단칸방에 모여 살았다(카르코피노 1940:44). 그러므로 스탬바우의 말처럼 프라이버시는 "희귀재"였다(1988:178). 사람들은 이런 건물 안에서 형편 없이 비좁게 살았다. 길거리 역시 너무 좁아 집에서 창 밖으로 몸을 내밀면 길 건너에 사는 사람과 언성을 높이지 않고 대화할 수 있을 정도였다. 비아 아피아(Via Appia) 또는 비아 라티나(Via Latina) 같이 로마 외곽으로 빠지는 유명한 도로들도 폭이 4.8미터부터 6.5미터(또는 15.7에서 21.3 피트)였다! 로마법은 로마 도로의 최소폭을 2.9미터(9.5 피트)로 규정했다(카르코피노 1940:45-46). 그러나 로마시의 여러 지역에는 도보로만 통행 가능한 길이 많았다. 안디옥의 경우, 그레코-로만 사회에서 늘 찬탄의 대상이었던 간선도로가 폭이 고작 9미터 정도(30피트) 밖에 안 되었음을 생각해 보라(핀리 1977).

설상가상으로 그레코-로만 사회의 공동주택은 난로나 벽난로가 구비되어 있지 않았다. 취사는 나무나 숯 화로에서 행해졌고 유일한 열원이 화로였다. 공동주택에는 굴뚝이 없었으므로 방들은 겨울이면 매연으로 자욱했다. 창문을 "닫는" 유일한 방법은 "빗물이 들이칠 때 천이나 가죽으로 덮는 것"이었으므로(카르코피노 1940:36) 공동주택은 질식하지 않을 정도의 외풍은 충분히 있었다. 그러나 외풍은 화재가 급속도로 번질 위험을 가중시켰고 "화재는 부자에게나 빈자에게나 똑같이 끝없는 공포의 대상"이었다(카르코피노 1940: 33).

패커(1967)는 사람들이 이렇게 비좁고 지저분한 처소에서 실제로 장시간 거할 수 있을까 하는 의구심을 가졌다. 그러므로 그는 전형적인 그레코-로만 도시 주민은 공공장소에서 대부분의 시간을 보내고 평균적인 "거주지는 잠자고 물건을 보관하는 용도로만 썼을 것"이라고 결론지었다(패커 1967:87).

인구 밀집도가 높을 때 분명한 한 가지가 있다. 바로 시급한 위생 문제가 발생한다는 것이다. 카르코피노의 저서를 발견하기 전까지는 그레코-로만 도시들의 하수도나 상하수관, 쓰레기 처리, 물 공급 같은 문제들에 관한 세부사항을 조사하는 것처럼 맥 빠지는 일도 없었다. 온종일 수십 권의 그리스 로마 역사책의 색인을 확인해도 이런 단어가 실린 색인은 못 찾기 일쑤다. 물론 수로교는 심심치 않게 나오며 공중 목욕탕이나 공중 목욕탕 옆에 지어진 공중 화장실에 관한 언급도 잦았다. 로마인들의 수로교와 공중 목욕탕에 경탄하는 것은 좋지만 고대 도시의 인간과 동물의 밀집도는 현대의 하수도, 쓰레기처리, 상수 공급 시설에도 엄청난 과부하가 되었을 수준임을 간과해서는 안된다. 게다가 당시에는 비누가 없었다는 사실도 유념해야 한다. 그러므로 당시의 기술력을 감안할 때 그레코-로만 도시들과 거주민들은 극도로 불결했음이 틀림없다.

물 공급을 살펴보자. 수로교는 많은 그레코-로만 도시에 물을 공급했지만 일단 설치된 이후에는 사후 관리가 미비했고 골고루 분포되어 있지도 않았다. 대부분의 도시에서 물은 분수나 공중 목욕탕 같은 공공건물에 깔린 수도관으로 공급되었다. 아주 부유한 집은 개인 상수도가 설치되어 있기도 했지만 대다수 주민들은 물을 양동이로 길어 날랐다. 이로 인해 물 사용이 크게 제한되었다. 바닥 청소나 빨래에 쓸 물은 거의 없었을 것이고 목욕할 물도 많지 않았을 것이다. 나는 공중 목욕탕이 진짜 포괄적인 의미에서 공중이 이용하는 곳이었는지 상당히 의심스럽다. 더 나쁜 것은 물이 심각하게 오염되는 일이 잦았다는 것이다. K. D. 화이트(1984)는 그리스와 로마의 기술에 관한 그의 독보적 연구에서 물이 수로교를 통해 공급되었든지 샘이나 우물에서 길어왔든지 그레코-로만 도시의 대다수는 물독에 물을 저장해 놓고 썼다고 했다. 그는 또한 이르기를, "미처리 상수(上水)가 … 고인 물이 되면 조류와 다른 생명체가 번식하기 좋은 환경이 되며, 물에서 악취가 나고 물맛이 떨어지며 일정 시간 후에는 음용할 수 없게 된다"(1984:168). 폴리니우스가 "모든 물은 끓여먹는 게 낫다"고 권고한 것은 다 이유가 있었다(화이트에서 인용 1984:168).

보다 면밀히 검토해 보면, 그레코-로만 도시가 효과적인 하수도와 위생 시설을 제공했다는 것은 대체로 허구임이 드러난다. 물론 로마의 공중 목욕탕에서 나온 하수를 바로 옆 공중 화장실을 거쳐 도시 밖으로 배출하는 지하 하수도는 있었다. 그러면 도시의 나머지 지역은? 처참한 몰골의 로마 대중이 밤마다 로마 목욕탕에서 상원의원들과 기마병들과 어깨를 마주하고 몸을 담갔다는 건 어불성설이다. (목욕탕의 수용 용량만 봐도 이런 생각이 사회적으로나 물리적으로 넌센스라는 게 드러난다.) 용변 욕구가 일어날 때마다 공중 화장실로 달음질해 갔을 거라는 생각도 어리석기는 마찬가지다. 로마는 근대 이전의 모든 도시처럼 요강 같은 실내용 변기나 구덩이 형태의 재래식 화장실에 의존했다. 실제로 스탬바우(1988)는 대부분의 공동주택은 전적으로 요강에 의존했을 것이라고 시사한다. 하수도는 대부분의 경우 음식물 쓰레기나 요강을 쏟아붓는 작은 개천이었다. 더욱이 야밤에 고층에서 창밖으로 요강을 비우는 일도 다반사였다(드캠프 1966). 카르코피노는 다음과 같이 묘사한다.

다른 가난한 악마들은 가파른 계단을 내려가 먼 길을 걸어 오물 구덩이로 가는 수고를 덜려고 고층에서 요강을 길거리로 비우기도 했다. 설상가상으로 길 가던 행인이 이 환영할 수 없는 선물세례를 맞게 되면 오물 범벅인 채로 때로는 상해까지 입은 채 쥬버날의 풍자시에 나오듯 미지의 공격자를 향해 악을 쓰는 것 외에는 별 도리가 없었다. 『로마대법전』의 많은 구절은 로마 배심원들이 이런 행위를 범죄로까지 인정하지는 않았음을 보여준다(1940:42).

열악한 물 사정과 위생 수준, 경악할 정도의 인간과 동물의 과밀을 감안할 때 그레코-로만 도시는 주민 대부분이 우리의 상상을 초월하는 불결함 가운데 살았음이 분명하다. 공동주택의 칸막이 쪽방들은 연기로 자욱하고 어두침침하고 음습하고 늘 불결했다. 땀과 대소변과 썩는 냄새가 천지에 진동했다. "먼지, 쓰레기, 오물 더미가 쌓여 있었고 사방이 벌레 천지였다"(카르코피노 1940:44). 바깥 거리의 상황도 별반 나을 건 없었다. 진흙, 하수구 개천, 퇴비 거름, 북적이는 인파에다 인간의 시체가 (신생아뿐 아니라 성인까지) 거리에 방치되기도 했다(스탬바우 1988). 최상위 부유층 가정은 넉넉한 공간과 청결을 누렸지만 주변의 더러움과 썩는 냄새가 집 안으로 뚫고 들어오는 것까지 봉쇄하지는 못했을 것이다. 도시의 악취는 수 마일 밖까지 확산되었을 것이며 특히 따듯한 날에는 더 심해 가장 부유한 로마인도 고충이 컸을 것이다. 로마인이 향초를 애용한 것은 당연한 일이었다. 그레코-로만 도시들은 여기저기 고인 물과 드러난 오물이 있는 곳에서 창궐하는 파리, 모기, 그 밖에 다른 벌레의 습격을 받았을 것이다. 그리고 악취처럼 벌레 역시 빈부를 차별하지 않고 모두를 괴롭혔을 것이다.

오물과 벌레와 비좁음에 항상 따라다니는 것이 질병이다. 항생제나 세균에 대한 지식이 부족했던 사회에서는 유독 더 심했을 것이다. 이 부분에 있어서도 로마와 헬라 사회나 기독교의 발흥에 관한 책들을 죄다 들춰보는 헛수고를 해도 '역병' '전염병' 심지어 '질병' 같은 단어도 찾기 어렵다. 이것은 믿기 어려운 일이다. 그레코-로만 사회가 주기적으로 치명적인 역병의 습격을 받았으며 질병과 물리적 고통이 아마도 이 시대의 일상적인 삶을 지배하는 특성이었음을 고려할 때 말이다(패트릭 1967). 가령 예루살렘의 오물 저장통에 있던 부식된 인간의 대변 잔재물을 최근에 분석해 보니 촌충과 편충 알이 가득했다. 이것이 의미하는 바는 "대소변으로 오염된 음식을 섭취했거나 … 사람들이 인간의 배설물과 접촉하는 비위생적인 주거환경에서 살았다"는 것이다(카힐 외. 1991:69). 촌충과 편충 같은 대장 기생충에 감염되었다고 죽는 것은 아니지만 둘 다 빈혈을 유발하고 피해자가 다른 질병에 취약하게 만든다. 더욱이 이런 기생충 감염은 거의 보편적이었으며 대부분의 사람들이 "배설물에서 발생한 다른 박테리아와 원생동물에 의한 질병"을 앓았음은 의심할 나위 없다.

그레코-로만 도시는 감염성 질병의 온상이었다. 왜냐하면 도시는 늘 그랬기 때문이다. 실제로 서부 유럽과 북미 도시가 사망률이 낮아져 농촌으로부터의 추가 이주민 유입 없이도 인구 수준을 유지하게 된 것은 20세기 들어서야 비로소 가능해졌다(리글리 1969). 만일 상대적으로 근대석인 도시의 상황이 이러하다면 로마와 안디옥의 상황은 어떠했겠는가 생각해 보라. 보우크는 로마 제국의 도시들은 사망률을 상쇄하기 위해 상당 수의 이주민 유입을 필요로 했으며, 농촌의 인구가 감소함에 따라 로마의 도시도 위축되기 시작했을 것이라고 고찰한다(1955a:14).

5장에서 제국의 사망률이 높음을 언급했다. 역사 인구학자들은 "고대인의 평균수명이 짧았다"는 데 동의한다(두란드 1960:365). 로마 무덤의 새김 문자를 가지고 기대수명을 추정하려던 학자들 가운데 일부 의견 마찰이 있었지만(번 1953, 러셀 1958, 두란드 1960, 홉킨스 1966) 출생 시 기대수명이 30년 미만이라는 점에 관해서는, 어쩌면 그보다 훨씬 낮은 수준이라는 점에는 아무도 토를 달지 않는다(보우크 1955a).

사망률이 아주 높은 경우에는 살아 있는 사람의 건강도 매우 열악함을 인지해야 한다. 그레코-로만 도시의 거주민 다수는 고질적인 건강 질환을 앓으며 이에 수반되는 통증과 일정 정도의 장애를 안고 살았을 것이다. 그리고 분명 오래 살지 못했을 것이다. 스탬바우는 현대 도시와 비교해 볼 때 그레코-로만 도시의 거리에는 병자의 존재가 두드러진다고 했다. "문헌을 보면 부은 눈, 피부 두드러기, 잘려나간 수족 등이 도시 풍경 묘사에 거듭 등장한다"(1988:137). 바그날은 사진이나 지문인식이 나오기 이전 시대에는 서면으로 계약을 맺을 때 "일반적으로 상대방 신체에서 눈에 띄는 기형이나 상처 부위"를 상대방에 대한 묘사 정보로 제시한다고 보고했다(1993: 187). 그리고 바그날은 채무자 몇 명을 열거한 파피루스(『P. Avinn. 67v』)를 거론하며, 채무자가 모두 상처가 있었다고 했다. 바그날은 또한 이렇게 지적했다.

고대에는 편지를 쓰는 사람들이 건강에 대한 기원, 자신의 건강상태 보고, 수신인의 건강을 묻는 안부 인사에 집착했다. 현대의 독자는 [이것을] 공손한 격식 차리기에 불과하다고 폄하하고 싶은 마음이 들 수 있다. … 그러나 그것은 상당히 그릇된 태도다. 가령 "네 건강에 대해 편지에 쓰지 않았다는 게 너무 놀랍다"는 식으로 편지에 건강상태에 대해 쓰지 않았다고 강한 어조로 책망하는 문장들이 많이 있다(1993:185).

더욱이 우리가 보았듯이 특히 그레코-로만 시대의 여성은 출산과 낙태로 인한 만성적인 감염의 고통을 겪었다. 이교와 초기 기독교에서 공통적으로 병 치유가 중심적인 위치를 차지한 것은 전혀 놀랄 일이 못 된다(맥멀른 1981, 키 1983, 1986).

사회 혼돈과 도시의 만성적 참상

역사학자들은 그레코-로만 도시를 묘사할 때 인구 대부분이 (부자나 빈자나 똑같이) 조상 대대로 그 지역에 거주했던 토박이인 것처럼 그리는 경향이 있다. 그러나 이것만큼 사실과 동떨어진 것도 없으며, 특히 기독교 시대의 첫 몇 세기에는 더욱 그러했다. 상기한 바와 같이 그레코-로만 도시는 인구 수를 그저 현상유지라도 하기 위해 끊임없이 상당 규모의 신착자 유입이 필요했다. 그 결과 어떤 시점에도 '최근에 온' 신착자가 인구에서 매우 큰 비중을 차지했다. 즉, 그레코-로만 도시의 구성원은 낯선 사람들이었던 것이다.

근대 도시의 범죄율이 인구 교체율과 높은 상관 관계에 있다는 것은 익히 알려진 바다. 마을이나 도시의 신착자 포화도가 높을수록 범죄와 비행은 증가한다(크러치필드, 지어켄, 고우브 1983, 스타크 외. 1983). 신착자 수가 많은 곳에서는 대인 애착관계의 결핍이 일어나는데, 우리를 도덕적 질서로 얽어매는 것은 애착관계이기 때문이다(1장 참조). 이 명제에 의하면 그레코-로만 도시에는 범죄와 무질서가 횡행했을 것이며 특히 밤 시간에 더 심했을 것으로 추측할 수 있다. 그리고 실제로 그랬다. 카르코피노는 이렇게 상황을 묘사했다.

도시의 밤은 큰 위험의 땅거미처럼 도처에, 음산하게, 위협적으로 임했다. 사람들은 하나같이 집으로 걸음을 재촉했고 출입문에 바리케이드를 치고는 두문불출했다. 상점에는 정적이 감돌고 안전용 사슬을 상점 출입문 뒤편에 감아 놓았다. … 부자들은 굳이 외출할 일이 생기면 횃불로 길을 비추는 종들의 호위를 받았다. … 로마 시인 쥬버날은 유언을 남기지 않고 외식하러 나가는 것은 부주의로 견책 받을 일이었다고 탄식했다. … 『로마대법전』 몇 쪽만 들춰봐도 도시에 범죄자가 어느 정도

만연했는지 파악할 수 있을 것이다(1940:47).

더욱이 제국의 엄청난 문화적 다양성을 감안할 때 그레코-로만 도시로 밀려오는 신착자의 물결은 매우 다양한 지역 출신으로 이루어져 있었을 것이며 현지 문화는 다양한 인종만큼 여러 개로 분절되어 있었을 것이다. 다시금 안디옥은 시사점이 많은 사례를 제시한다.

셀루쿠스 1세는 안디옥 도시를 건설할 때 수리아인 구역과 헬라인 구역, 이렇게 두 개의 주요 구역으로 도시를 분할했다. 인종 문제에 대해 현실적인 접근을 취했던 이 왕은 두 구역 사이에 분리 벽을 축조하게 했다(스탬바우, 발취 1986). 다우니에 의하면(1963) 토착민의 인종 구성은 셀루쿠스의 마게도냐 군대에서 퇴역한 군인, 그레데인, 구브로인, 아르고스인, 헤라클레이데인(실리피우스 산에 정착했던 사람들), 안티고니아 출신의 아테네인, 인근 팔레스타인의 유대인(그 가운데 일부는 셀루쿠스 군대의 용병으로 복무했다.), 수리아 원주민, 그리고 다양한 인종으로 구성된 노예들이었다. 도시가 성장함에 따라 유대인 인구도 부쩍 증가했던 것 같다(믹스, 윌켄 1978). 그리고 기원전 64년 안디옥이 제국에 함락되었을 때 상당수의 로마인이 이 혼합체에 추가되었다. 로마 통치 시기에 안디옥 도시는 골족과 게르만족, 기타 다른 "야만인"들을 끌어들였으며, 그 가운데 일부는 노예로, 일부는 외인부대로 편입되었다. 스미스의 추정으로는 "시민은 지역별로 분포된 18개의 부족으로 나뉘어져 있었다"(1857: 143). 나는 스미스의 말을 안디옥 내에 18개의 뚜렷이 구별되는 인종별 거주 구역이 있었다는 의미로 받아들인다.

램지 맥멀른은 당시 로마 세계를 "제대로 된 용광로"로 묘사한다(1981: xi). 그러나 용광로 내에서 실제로 어떻게 융합이 일어났는지는 분명하지 않다. 한 가지 분명해 보이는 것이 있다면, 그레코-로만 도시에는 두드러진 인종별 거주 구역으로 드러나는 내부적인 인종 분열이 있었다는 점이다. 이것은 사회통합을 저해하는 심각한 요인이었다. 인종적 다양성과 끊임없는 신착자 유입은 사회 통합을 가로막는 경향이 있고, 그 결과 고도의 일탈과 무질서 등 거주민에게 다양한 고통을 초래한다. 이것이야말로 그레코-로만 도시에서 폭동이 잦았던 주 원인이다.

자연재해와 사회적 재난

고대 도시의 웅장한 유적을 살펴보면 유달리 견고하고 영구적일 것 같다는 인상을 받기 쉽다. 돌로 만들어졌고 수 세기를 버티었으니 그럴 만도 하다. 그러나 대부분의 경우 그것은 허상에 불과하다. 우리 눈에 보이는 것은 무너짐을 반복했던 도시의 마지막 무너진 흔적일 뿐이다. 그레코-로만 도시의 물리적 구조가 일시적인 것이었다면 도시 인구도 그러했다. 도시 인구는 거의 바닥까지 떨어졌다가 다시 증가하는 일을 자주 반복했고 그 과정에서 인종 구성도 급변하기 일쑤였다. 저명한 의학 사학자 A. 카스티글리오니(1947)는 "도시 전체를 파괴한 무시무시한 역병도 있었고 때로는 홍수와 지진까지 겹쳐 일어나기도 했다. 우리 시대의 초기 몇 세기 동안 이탈리아에는 홍수와 지진이 잦았다"(패트릭에서 인용 1967:245).

이런 재앙은 비단 이탈리아에 국한된 것은 아니었다. 소아시아 도시는 자연재해를 더 많이 겪은 것으로 보인다. 정복 전쟁과 폭동의 참상도 있었을 것이다. 안디옥을 강타한 자연재해와 사회적 재앙을 정리하면 배울 점이 많으며 상당히 전형적이기도 하다. 나는 재앙의 목록을 취합하는 데 참고 문헌을 꼼꼼히 검토하지는 않았으며 주로 다우니에 의지했다(1963). 총합 산정에는 아마도 부족한 점이 있을 것이다. 나는 홍수로 인한 인명 피해는 그리 크지 않았기 때문에 여러 심각한 홍수는 열외로 했다. 그래도 재난을 열거한 목록을 보면, 그레코-로만 도시들이 침략과 화재, 지진, 기근, 역병, 처참한 폭동에 얼마나 심각하게 노출되었는지 알 수 있다. 재앙의 목록은 가히 충격적이며, 그것이 인간에 미친 영향까지는 차마 헤아릴 엄두가 안 날 정도다.

약 600년의 간헐적인 로마 통치기 동안 안디옥은 열한 차례 적대 세력의 침공을 받았고 그 가운데 다섯 번은 약탈과 노략이 수반되었다. 또한 도시가 함락되지는 않고 포위당한 적이 두 차례 있었다. 추가로 안디옥은 네 차례 도시 전체 또는 상당 부분이 화재로 소실된 일이 있었다. 이 가운데 세 차례는 우발적 화재였고 한 차례는 페르시아인이 전리품을 강탈하고 생존자는 포로로 잡아간 후 도시 전체에 불을 지른 경우였다. 신전과 여러 공공건물은 석조건물이기 때문에 그레코-로만 도시들의 주 건축양식은 불에 잘 타는 회칠한 목조 건물이 빽빽이 밀집된 형태였다는 점을 잊기 쉽다. 심각한 화재가 빈번했으며 소화용 물 펌프 장비도 없었다. 상기한 네 차례의 대화재 외에도 도시를 파괴한 여섯 차례의 큰 폭동으로 인한 대화재가 발생했다. 내가 큰 폭동이라 함은 사망자가 소수인 빈번한 도시 폭동과 구별되는, 상당한 살상을 수반하는 폭동을 의미한다.

안디옥은 6세기 동안 문자적으로 수백 번의 주요 지진을 겪었지만 여덟 번은 너무 참혹한 지진이라 도시가 거의 괴멸되었고 엄청난 사망자가 발생했다. 다른 두 번의 지진도 그 심각성에 있어서 비슷한 수준이었을 가능성이 있다. 최소한 세 번의 치명적인 역병이 도시를 휩쓸었으며, 각각 사망률이 25퍼센트를 넘었을 것이다. 마지막으로 최소한 다섯 번의 정말 혹독한 기근이 있었다. 모두 합하면 41차례의 자연 재해와 사회적 재난이 있었던 것이다. 즉, 평균 15년마다 한 번 꼴로 재앙이 닥쳤던 셈이다.

도대체 사람들은 왜 그때마다 다시 도시를 재건했을까? 지진 하나만으로도 안디옥을 버릴 충분한 이유가 되지 않았을까? 답은 간단하다. 안디옥은 페르시아 접경 지역으로, 엄청난 전략적 중요성을 지닌 안보의 요충지였다. M. I. 핀리는 이렇게 설명했다.

안디옥은 수리아의 근동을 통제하기에 감탄스러울 정도로 안성맞춤인 요지였다. 비옥한 아미크 평야의 남서부 귀퉁이에 위치하여 오론테스강(江)(현대의 나르엘아시강)이 산을 가로질러 바다로 흘러 들어간다. 오론테스강과 요단강을 타고 남쪽 팔레스타인과 교류하기 좋고, 알레포를 지나 동쪽 유프라테스와 교류하기 좋은 거점이었다(1977:222).

실제로 안디옥은 오론테스강을 '통제'하는 요새였다. 안디옥에는 오론테스강을 가로지르는 7개의 다리가 있었으며 궁전과 서커스장 등 주요 공공건물이 소재한 섬을 오론테스강의 두 물길이 감싸 안고 흘렀다. 바바라 레빅의 설명처럼 "이런 곳을 관리자 없이 내버려둔다는 것은 위험한 일이라 생각했던 로마인들은 가능한 빨리 퇴역 군인을 정착시켰다"(1967:46). 로마가 이렇게 식민지를 이식할 때마다 경제적 기회를 찾아 민간인 정착민들이 대거 몰려왔다. 그러므로 안디옥은 계속 주인이 바뀌며 재건축과 재정착을 거듭했다. 훗날 비잔틴 세력이 수 차례 안디옥을 이슬람으로부터 탈환했고 그 후에는 십자군이 탈환했다.

신약 시대의 안디옥을 정확히 묘사하려면 비참, 위험, 공포, 절망, 증오가 만연한 도시로 그려야 한다. 이 도시에 거주했던 평균적인 가족은 더럽고 비좁은 환경에서 불결하게 살았고, 출생 자녀의 최소 절반이 출생 시 또는 영아기에 사망했으며, 대부분의 어린이가 성년이 되기 전에 부모 가운데 한 사람을 여의었다. 살벌한 인종적 적개심에서 비롯된 증오와 두려움이 도시를 지배했고, 끝없는 나그네의 유입으로 상황은 더 악화되었다. 안정된 애착관계의 네트워크가 너무나도 부실하여 사소한 사건도 군중의 폭력사태로 비화하기 일쑤였다. 범죄가 창궐하고 밤거리는 위험했을 것이다. 그리고 무엇보다도 대재앙이 거듭해서 닥쳤다. 재앙에서 살아남는다 해도 문자 그대로 길거리에 나앉는 일이 다반사인 도시가 바로 안디옥이었다.

이런 상황에 처한 사람들이 자주 절망하며 말세가 가까웠다는 결론을 내렸음은 전혀 이상할 바가 없다. 그리고 그들은 틀림없이 안식과 희망과 구원을 갈망했을 것이다.

결론

이 책의 종결 장들에서는 어떻게 기독교가 그레코-로만 도시 생활의 처참함, 혼돈, 두려움, 잔인함에 대한 대응으로 생겨나 재활성화 운동의 역할을 했는지 살펴보고자 한다. 이런 논의를 예견하는 차원에서 여기서 간단히 말하고자 하는 바는, 기독교가 여러 시급한 도시 문제를 해결할 새로운 규범과 새로운 유형의 사회적 관계를 제시했고, 이로써 그레코-로만 도시인의 삶을 재활성화했다는 것이다. 노숙자와 빈민으로 가득 찬 도시에서 기독교는 구제뿐 아니라 희망도 제공했다. 신착자와 낯선 사람으로 가득 찬 도시에서 기독교는 즉각적 애착관계의 토대를 제공했다. 고아와 과부로 가득 찬 도시에서 기독교는 신개념의 확장된 가족을 제공했다. 폭력적인 인종 분쟁으로 갈가리 찢겨진 도시에서 기독교는 사회 응집의 새로운 토대를 제시했다(cf. 1987:21). 그리고 역병, 화재, 지진과 마주한 도시에서 기독교는 효과적인 간호 서비스를 제공했다.

물론 지진, 화재, 역병, 폭동, 침략이 기독교 시대의 출범과 더불어 발생한 것은 아님을 인식해야 한다. 사람들은 수 세기 동안 기독교 신학이나 기독교적 사회구조의 도움 없이도 재난을 견뎌 왔다. 그러므로 내 말은 고대의 처참한 사회상이 기독교의 출현을 초래했다는 뜻은 전혀 아니다. 내가 주장하고자 하는 바는 일단 기독교가 출현한 후, 기독교가 이런 고질적인 문제에 대해 우월한 대응력을 갖췄음이 선명하게 드러났고, 이 점이 기독교의 궁극적 승리에 큰 몫을 했다는 것이다.

안디옥은 이런 도시의 제반 문제를 혹독하게 겪었고 해결책이 절실히 필요했다. 초기 기독교 선교사가 이 도시에서 따뜻한 환대를 받은 것은 놀랄 일이 아니었다. 선교사들이 가져온 것은 단순한 도시 운동이 아니었다. 그들이 가져온 것은 그레코-로만 도시의 삶을 더 잘 견뎌낼 수 있게 하는 새로운 문화였다.

8
순교자: 희생은 합리적 선택이었다

유세비우스는 그의 저서 『팔레스타인의 순교자들』 1장에서 프로코피우스를 "순교자 가운데 최초"라고 지목했다. 총독 앞으로 불려나간 프로코피우스는 네 명의 황제에게 헌주(獻酒) 의례를 행하라는 명령을 받자 이를 거부했고 "즉각 참수 당했다." 얼마 지나지 않아 팔레스타인 교회의 다른 감독들이 체포되었다. 그들이 마주한 것은 단지 죽음의 위협이 아니었다. 기독교 운동을 말살하기로 작정한 총독은 교회 지도자들이 배교하게 만들려고 고문까지 자행했다. 다음은 유세비우스의 보고다.

본 장은 나의 친구이자 공동 저자로 작업하기도 했던 로렌스 얀나코네(1992, 1994)의 창의적이며 획기적인 이론 작업에서 굉장히 많은 부분을 끌어왔다. 본 장에 포함된 이론적 명제들은 우리가 공저한 에세이(스타크와 얀나코네 1992) 가운데 얀나코네가 주로 담당했던 부분에 이미 실렸던 것이다.

〈순교자〉 로마인에게 순교 당한 기독교인의 총수는 아마도 1천 명 미만이었을 것이다. 그러나 순교자들의 굳건함은 다른 기독교인의 신앙을 강화하는 데 큰 도움이 되었으며 많은 이교도에게 깊은 인상을 남겼다.

수없이 많은 매를 맞은 사람들, 도구를 동원하여 사지를 주리 틀고 옆구리 살갗을 벗겨내는 고문을 당한 사람들, 참기 힘든 고통을 주는 족쇄를 채워 손 관절이 탈골된 사람들이 있었다. 그럼에도 불구하고 그들은 그 일을 견뎌냈다(1850 편).

유세비우스는 그의 책 2장에서 안디옥에서 체포된 로마누스의 이야기를 한다.

재판장이 로마누스에게 화형으로 죽게 될 것이라고 선고하자 그는 반색하고 열렬한 자세로 판결을 받아들인 후 형장으로 끌려갔다. 형 집행관들은 그를 말뚝에 결박하고 그의 주변에 나무 장작을 쌓아 올린 후 불씨를 살리며 황제의 명령이 떨어지기만을 기다렸다. 그때 로마누스가 외쳤다. "불은 어디 있소?" 이 말을 했다는 이유로 로마누스는 다시 황제 앞으로 불려갔고 혀를 잘라 내는 고문을 새롭게 당했다. 그는 이 고문도 너무나도 의연하게 견뎌 냈다. 그의 행동은 신앙을 위해 어떤 어려움도 불사하려는 자들에게는 하나님의 권능이 임해 그들의 짐을 가볍게 하고 열정을 굳게 하는 것을 보여주었다.

8장에는 가자에서 다른 예배자들과 함께 체포된 용감한 발렌티나가 막시무스 앞에 소환된 이야기가 나온다.

형 집행관들이 다른 기독교 여성을 혹독하게 고문하자 눈앞에서 펼쳐지는 무자비하고 잔인하고 비인간적인 광경을 견디다 못한 발렌티나는 모든 [그리스 영웅]을 능가하는 용기로 군중 사이에서 재판장을 향해 외쳤다. "도대체 얼마나 더 나의 자매를 잔인하게 고문할 겁니까?" 이에 그 [막시무스]는 한층 더 악독과 분을 내며 소리친 여자를 당장 대령하라고 명했다. 그렇게 발렌티나는 한가운데로 끌려나왔다. … 막시무스는 처음에는 그녀를 타일러 희생 제사를 드리게 하려 했으나 그녀가 계속 거부하자 강제로 제단까지 끌어오라고 명했다. … 그러자 그녀는 씩씩하게 걸어 나아가 제단을 걷어차고 제단 불(fire)과 단상 위에 있는 모든 것을 뒤엎었다. 거친 짐승처럼 격노한 재판장은 그가 이제까지 자행했던 어떤 고문보다 더 심한 고문을 명했다.

유세비우스에게 순교자의 용맹과 절개는 기독교가 가진 미덕의 방증이었다. 실제로 많은 이교도가 깊은 인상을 받았다. 로마 황제의 시의(侍醫)로 이름을 떨쳤던 그리스인 갈렌은 기독교인을 가리켜 "죽음(그리고 그 이후)을 멸시하는 게 날마다 우리 눈에 뚜렷이 보인다"고 기술했다(벤코에서 인용 1984:141). 그러나 현대 사회과학자들의 반응은 달랐다. 그들은 상상을 불허하는 이런 희생이 뚜렷한 정신병리학적 증세라고 보았다. 몇몇 학자들은 초기 기독교인의 인내력이 피학성(masochism)에 뿌리를 두고 있다고 분석했다(리들 1931, 메닝거 1938, 레이크 1976). 즉,

순교자가 가해자에게 항거한 것은 그들이 고통을 즐기고 어쩌면 고통에서 성적 쾌감을 얻었기 때문인지도 모른다는 말을 우리에게 믿으라는 것이다.

이 맥락에서 도널드 W. 리들은 그가 시카고 신학대학의 셜리 잭슨 케이스의 지도 하에 쓴 단행본 논문 『순교자들: 사회적 통제에 관한 연구』에서 이렇게 주장했다.

> 순교하려는 병적 갈망의 한 요소는 비정상적으로 순교 과정의 고통을 즐기는 것이다. … 극한의 고문이 행해질 것을 알면서도 순교 체험에 자발적으로 자신을 내어주는 것은 분명 피학 성향이 있음을 보여주는 일단(prima facie)의 증거다(1931:64).

이후의 구절에서 리들은 기독교인이 평정심이나 기품을 유지하며 고문을 견디는 경우, 모두 틀림없는 피학성의 증거가 발견된다고 했다. 그는 또한 순교를 자발적으로 수용함으로써 국가에 저항하는 경우를 전부 중증 피학성 사례라고 진단했다.

이런 관점은 사회과학자들 가운데서는 드문 것이 아니다. 실상 처음부터 종교에 관한 사회과학적 연구는 단 하나의 질문으로 추동(推動)되었다. '무엇 때문에 그렇게 하는가?' 어떻게 이성적인 사람이 보이지 않는 초자연적인 존재를 위해 희생하는 게 '가능한가?' 이 질문에 대한 표면적인 답은 거의 늘 종교가 비합리성에 뿌리를 두고 있기 때문이라는 것이다. 사회과학자들이 비합리적인 종교 행태에서 답을 찾는 것은 순교와 같은 비범한 행동에만 국한되지 않음을 유의해야 한다. 실상 사회과학자들은 기독교인이 비합리주의자라는 주장을 기도하기, 도덕률 지키기, 시간과 부(富)의 기부 같은 범상한 행동에도 거리낌 없이 적용한다. 완전한 정신 병리증이든, 정체불명의 두려움이든, 단순히 그릇된 논리와 인식의 오류든, 그 원인을 어디에 귀속시키든 간에 기독교인이 비합리주의자라는 전제는 사회과학 학계를 지배해 온 정설이었다. 그나마 교양 있는 정상인도 종교적일 수 있다는 생각을 하는 소수의 사회과학자들이 있었지만, 그들이 합리성의 시험대를 통과한다고 보는 종교성이란 매우 미온적이고 "내재적인"(intrinsic) 종교성이다.

그러므로 최근까지 종교에 관한 사회 '과학적' 연구는 전혀 과학적이지 못했다. 사회과학자들은 종교를 이해하기보다는 불신하기 급급했다. 이 점은 사회과학자들이 합리적 선택 이론을 이론적 전제로 삼지 않은 '유일한' 영역이 종교적 신념과 행동이라는 것을 인식할 때 한층 분명해진다. 실제로 나의 동료들과 내가 최근 밝힌 바에 의하면, 가장 초창기의 사회과학자들은 모든 형태의 종교에 대한 적개심과 계몽 시대에는 종교가 곧 사라질 것이라는 확신을 사회과학의 양대 신조로 삼았다. 아울러 우리는 오늘날의 사회과학자들은 다른 학문 영역에 비해, 특히 물리학자와 자연과학자에 비해 종교성이 훨씬 떨어진다는 점을 밝혔다

(스타크, 얀나코네, 핑카 1995).

　종교에 대한 비합리주의자 관점을 생성하고 견지해 온 학자들의 견해가 막대한 무게감을 가지는 것은 사실이다. 그럼에도 불구하고 이 접근은 최근 들어 고전을 면치 못하고 있다. 바로 미시경제학에서 유입되어 적절하게 수정된 합리적 선택 이론의 예기치 못한 반격과 다른 반증 때문이다. 본 장은 그 방향으로 한걸음 더 내딛는 것이며 논쟁적 또는 정치적이 아닌 과학적 종교 연구의 토대를 정립하려는 나의 노력의 연장선상에 있다. 본 장에서 나는, 제대로 된 분석을 거치면, 종교적 희생(sacrifices)과 낙인(stigma)은 그것이 비록 심각한 사례들이더라도 통상 합리적인 선택을 반영한다는 것을 밝히고자 한다. 실제로 사람들이 그들의 신앙을 위해 치러야 할 희생이 클수록 그들이 얻는 보상의 가치는 더 크다. 기성 경제학의 언어로 표현하면, 비용 대비 효과 면에서 한계치 내에서는 종교가 고비용일수록 더 나은 거래가 성립된다.

　여기서 더 나아가 나는 합리적 선택 이론으로부터 끌어온 일련의 명제를 소개할 것이다(얀나코네 1992, 1994, 스타크와 얀나코네 1992, 1994). 초기 교회에 이런 명제들을 적용하면 도출되는 결론은 이것이다. 희생과 낙인은 기독교 발흥의 원동력이었다. 희생과 낙인 덕분에 교회는 어떤 일도 불사하려는 지극히 헌신적인 구성원이 대거 포진한 강고한 조직이 될 수 있었다. 이것이 가능했던 것은 기독교가 단연코 최고의 종교적 '거래'(bargain)였기 때문이다.

종교와 합리성

하나의 이론적 명제에서 시작해 보자. '종교는 희소하거나 구할 수 없는 보상에 대한 보상장치를 제공한다.'

보상의 공급이 너무 제한되어 있어 모든 사람이 (그리고 어쩌면 그 누구도) 원하는 만큼 다 가질 수 없을 때 그 보상은 '희소'한 것이다. 모든 보상 가운데 가장 희소성이 큰 보상은 지금 여기에서는 아예 획득이 불가능한 것들이다. 대부분의 인간은 가장 희소한 보상에 가장 큰 가치를 둔다. 종교는 그 보상을 획득할 대안적 수단을 제시하는데, 이것이 바로 종교적 보상장치다. 종교적 보상장치는 갈망의 대상인 보상에 대한 일종의 대체재다.

'보상장치'는 2장에서 고찰했듯이 어떻게 원하는 보상(또는 동등한 대안)을 실제로 획득할 수 있는지에 관한 설명을 제공한다. 하지만 제안된 보상 획득 방법은 다소 정교하고 장기적이다. 그러니까, 종종 실제로 목표를 달성하는 것은 먼 훗날의 일이거나 심지어 다음 세상에서나 가능하다. 그리고 그 설명의 참/거짓 여부를 미리 확인하는 것은 어렵거나 불가능하다. 아이가 자전거를 사달라고 할 때 부모는 1년간 방 청소를 잘하고 B학점 이상만 받으면 자전거를 가지게 될 것이라고 제안한다. 여기서 원하는 보상에 관한 보상장치가 발표된 것이다. 우리는 보상장치와 보상을 구분할 수 있다. 후자는 원하는 대상이고 전자는 원하는 보상을 얻는 것에 관한 제안이다.

보상을 추구하는 존재인 인간은 항상 보상장치보다는 보상을 선호할 것이다. 하지만 우리가 원하는 어떤 것은 어떤 사람에게는 공급이 여의치 않을 경우도 종종 있다. 어떤 보상은 아예 현세의 삶에서 그 누구도 획득이 불가능하기 때문에 선택권조차 없다. 보상장치는 삶의 모든 영역에서 넘쳐난다. 하지만 여기서 우리의 초점은 종교적 보상장치에 있다. 가장 자명한 경우만을 지목하고자 한다. 대부분의 사람은 불멸을 원한다. 허나 젊음의 원천은 여전히 베일에 싸여 있고 어떻게 이생에서 불멸을 성취할지 아는 사람은 아무도 없다. 그러나 많은 종교는 어떻게 장기적으로 불멸이라는 보상을 획득할 수 있는지 방침을 제시한다. 한 사람의 행동이 이런 일련의 방침에 의해 결정될 때 그 사람은 보상장치를 수용한 것이다. 그 사람은 또한 종교적인 헌신을 보여줄 것이다. 그런 방침은 항상 신적 존재와 관련된 어떤 요구사항을 수반하기 때문이다. 실제로 그 방침을 따르기 위해서는 보통 신적 존재와 신적 영감으로 추동(推動)되는 기관과 장기적인 교환 관계(exchange relationship)로 들어가는 것이 필요하다. 즉 효과적인 종교 조직의 바탕에는 그런 교환 관계가 자리해 있다.

나는 종교적 보상장치가 참/거짓인가 여부에 관해서는 아무것도 암시할 바가 없음을 분명히 해두고자 한다. 나의 관심은 인간이 이런 보상장치를 가치 있게 여기고 교환을 가능하도록 만드는 합리적 선택 프로세스에 국한된다.

종교적 보상장치는 독특한 이익과 불이익의 결합이다. 한편으로는 다른 어떤 곳에서도 획득불가한 어마어마한 보상의 미래 전망을 제시한다. 종교적 보상장치는 초자연적 능력을 가정해야만 영생과 먼저 별세한 자와의 재회, 완전케 된 영혼, 끝없는 축복 등을 약속할 수 있다. 죽음과 전쟁, 죄, 인간의 불행이 계속된다고 이런 약속이 무효화되는 것도 아니다. 왜냐하면 그 약속의 진실과 성취는 다른 세계에 근간을 두고 있기 때문이다. 한 개인이 어느 날 이런 결론을 내릴 수 있다. 이생에서도 미덕은 그 자체로 보상이 된다고 말이다. 그러나 과연 미덕이, 처음 된 자가 나중되고 나중 된 자가 처음 되는 다음 세상에서 보상으로 돌아올지에 관해서는 아무도 모른다. 다른 한편, 미덕이 다음 세상에서 보상이 있다고 하더라도 아무도 이 점을 확인할 수 없으며, 실상 다음 세상이 존재하는지 여부조차 우리는 알 수 없다. 그러므로 이런 식의 종교적 보상장치는 평가 가능 영역을 넘어서기 때문에 본질적으로 리스크가 따른다.

이제 인간이 이런 리스크를 수반하는 선택과 마주했을 때 어떻게 선택하는지 분석해 보자. 첫 번째 명제는 사회 과학 전반에 근본적인 것이다. '개인은 보상장치에 관련한 행동을 포함한 제반 행동을 합리적으로 선택한다.'

'합리적 선택'이란 행동의 예상 비용과 수익을 저울질하고 순수익을 극대화하기 위해 행동하는 것을 말한다.

합리성이라는 전제는 사회과학에서는 다양한 형태로 표현된다. 경제학자들은 효용의 극대화라고 말한다. 교환 이론가들의 말을 빌리자면, "사람들은 더 가치 있는 보상이 따른다고 인지하는 활동을 할 가능성이 더 크다"(호만스 1964). 다른 곳에서 나는 "인간은 보상을 극대화하고 비용을 최소화하려고 한다"고 했다(스타크 1992). 굳이 특정 표현을 고집할 이유는 없을 듯하다.

많은 이들이 합리적 선택이라는 명제가 환원주의적(reductionistic, 복잡하고 추상적인 사상이나 개념을 단일 레벨의 더 기본적인 요소로부터 설명하려는 입장—편집자)이라는 이유로 이를 반대한다. 물론 일리가 있는 지적이다. 세상에 있는 가능한 많은 부분을 가능한 작은 것으로 설명하려는 환원주의는 과학의 주된 위험요소다. 그러나 종교적인 행동이 합리적인 선택에 기인한다는 주장이 "허위의식," "신경증," "피학성향"에 기인한다고 비난하는 것보다 딱히 더 환원적인 것은 아니다. 더 나아가 합리적 행위자에 관한 명제는 행위자가 선택가능한 행동에 관한 완벽한 정보를 보유한다거나 보유해야만 한다고 전제하지 않는다. 본 장의 뒷부분에서 나는 종교적 보상장치의 유효성에 관해 더 온전한 정보를 찾고자 인간이 사용하는 수단과 어떻게 정보원을 등급화하여 가장 '확정적인' 평가를 찾아내는지 검토할 것이다. 많은 종교적 보상장치 중에서 어떤 것이 궁극적인 성취를 이루는지에 관해 완벽한 지식을 얻기란 거의 불가능하다. 행위자들은 불완전한 정보를 근거로 선택해야만 한다.

게리 S. 베커는 이렇게 설명했다.

> 그러나 불완전한 정보를 … 비합리적 또는 (언제 바뀔지 모를) 변덕스러운 행동과 혼동해서는 안 된다. 경제학적 접근법에는 비싼 정보는 최적으로 또는 합리적으로 축적한다는 이론이 있다. 이것이 뜻하는 바는, 가령 사소한 결정이 아닌 큰 결정을 내릴 때에는 정보에 더 많은 투자를 한다는 것이다. … 정보 획득에 비용이 많이 들기 때문에 종종 심각한 정보 미비 현상이 초래된다는 전제는 비합리적 행동 또는 … "불합리한" 행동이라고 여타의 논의에서 설명하는 행동을 경제학적 접근법으로 설명할 때 사용된다(1976:6-7).

즉, 비용을 감안하면 더 완전한 정보를 찾는 것이 도리어 비합리적인 경우가 종종 있다는 것이다. 그리고 완전한 정보가 없다고 행동하지 않는 것도 동일하게 비합리적인 경우가 종종 있다. 틀릴 경우의 비용이 더 나은 정보를 구하는 비용보다 훨씬 저렴하고, 행동함으로써 얻을 잠재적 유익이 행동 비용을 훨씬 웃돌기 때문이다.

그러나 만약 인간이 극대화를 추구하는 경향이 있다면, 왜 모든 사람이 동일하게 행동하지 않을까? 여기서는 선호 공리(preference axiom)가 핵심적이다. '특정한 보상이나 수익에 대한 사람들의 상대 평가는 편차가 크다.' 만일 경제학 이론에서 가져온 개념들을 고수한다면 나는 사람들마다 선호 체계가 각기 다르므로 어떤 사람은 특정 보상이나 유익을 다른 사람보다 더 높이 평가할 것이라고 언어화할 것이다. 종교 사회학에는 사람들이 종교적인 것에 관해서는 취향이 확실히 제각각이며,[1] 그 원인은 사람들이 처한 실존적 상황의 다양성에 있다는 것을 규명하는 문헌이 상당수 있다(알가일 1958, 글록과 스타크 1965, 스타크와 베인브리지 1985, 1987, 얀나코네 1988, 1990). 가장 일반적인 차원에서 이 선호에 관한 명제는 사람들이 교환에 참여하는 것이 어떻게 가능한지를 규명해 준다.

내가 선호에 관한 명제를 여기에 포함시키는 이유는 나에 대한 비판자의 주장을 반박하기 위함이 크다. 비판자들은 내가 종교적 행동에 합리성을 상정함으로써 이기적이거나 쾌락주의적이지 않은 행동은 모두 배제했다고, 또 그렇게 함으로써 성도 공동체를 구성하는 이타주의자들과 금욕주의자들의 종교적 동기의 힘을 과소평가한다고 말한다. 이 비판은 완전히 빗나간 것이며 얼핏 추켜세우는 듯 보이는 대상 행위 자체를 하잘것없는 것으로 만드는 것이다. 사람들마다 선호 체계가 다르다고 말하는 것은 테레사 수녀가 성녀의 반열에 오를 만한 근거는 그녀가 보상을 기피하고 비용을 추구했기 때문이 아니라, 그녀가 보상이라고 여기는 그 '무엇'을 추구했기 때문이라고 무덤덤한 언어로 말하는 것과 진배없다. 테레사 수녀를 이타주의자라고 칭한 다음, 그러므로 그녀의 행동은 비합리적이라고 분류하는 것은 인간의 지고한 역량인 사랑의 능력을 부인하는 것이다. 비록 합리적 선택 이론에서는 행위를 행위자의 보상 개념과 일관된 것으로 제한하지만, 그 보상의 실제 콘텐츠에 관해서는 별 토를 달지 않는다. 그래서 사람들이 합리적인 동시에 자비롭고 용감하고 이기적이지 않고 존경받을 만하고 심지어 어리석을 수도 있는 넓은 운신의 폭이 생기는 것이다.

처음의 세 명제를 종합하자면 이런 주장이 된다. 즉, 개개인들은 종교적 보상장치를 평가할 때 다른 선택 대상을 평가할 때와 본질적으로 같은 방식으로 평가할 것이다. 개개인들은 비용과 수익을 평가할 것이고 (여기에는 다른 것들을 포기해야만 어떤 행동을 취할 수 있게 되는 "기회비용"도 포함된다.) 그들의 다른 행동과 결합할 때 순수익을 극대화할 보상장치를 "소비"할 것이다. 구체적으로, 사람들은 다양한 종교적 보상장치가 제시하는 엄청난 보상을 평가할 때, 보상장치에 항상 수반되는 조건을 충족시키는 비용과 제시된 보상을 받지 못하게 될 리스크를 저울질할 것이다.

그러나 사람들은 보상을 추구하는 만큼이나 확실하게 리스크를 회피한다. 그러므로 보상장치는 사람들에게 고전적인 '접근/회피' 딜레마를 야기한다. 개개인은 아무것도 얻지 못하거나 약속한 것보다 훨씬 덜 받을 리스크를 참작하여 보상장치의 비용을 평가하고, 그 비용으로 받을 보상의 가치와 견주어 저울질한다. 그러나 리스크의 발생 확률을 직접 파악할 도리가 없으므로 개개인은 다른 신뢰의 근거를 모색해야만

한다. 즉, 인간은 그들이 선택하려는 보상장치에 관하여 더 온전한 정보를 물색할 것이다.

신뢰성 문제

그러나 현세에서 종교적 보상장치의 가치를 확실히 파악할 수 없다면, 투자에 수반되는 리스크를 어떻게 추정할 수 있을까? 어떻게 추정이 가능한지를 설명하는 다섯 가지 명제가 있다. 처음 두 가지 명제는 이것이다.

'어떤 종교적 보상장치의 가치에 대한 인식은 사회적 상호작용과 교류를 통해 확립된다.'

'개개인은 어떤 종교적 보상장치가 집단적으로 장려, 생산, 소비될 때 그 리스크는 낮고 가치는 높다고 인식한다.'

여기서 우리는 왜 종교가 본질적으로 사회 현상인지를 발견한다. 사적이고 순전히 개인적으로만 종교를 신봉하는 자들은 그 종교의 가치를 평가할 수단이 부족하다. 이런 경우 그들이 종교적 보상장치에 높은 가치를 부여하는 것은 비합리성에 가깝다고 할 수 있다. 아울러 철저히 혼자서만 고독하게 종교활동을 하는 사람들은 격려를 거의 또는 아예 못 받기 때문에 그 종교 활동이 사멸되는 경향이 있다. (금욕적 종교 '은둔자들'은 실상은 격려와 지원을 제공하는 사회적 환경 속에 있다.) 그러나 한 집단 내에서 종교 활동을 하는 사람들은 그들의 종교적 보상장치가 지닌 가치를 추정할 만한 자연스런 토대를 가지고 있다. 이런 사람들은 그들이 상호작용하는 사람들이 표현하는 (종교적 보상장치에 대한) 신뢰도의 평균치를 수용하는 경향이 있다. (의심할 나위 없이 각 보상장치에 자신의 신뢰가 가중치로 반영될 것이다.) 우리가 간략히 살펴보게 될 것처럼, 이것은 높은 헌신도를 설명하는 데 도움이 된다. 높은 헌신도는 작동 중인 보상장치를 유지하기 위한 높은 수준의 투자로 분석할 수 있다. 높은 헌신도를 유지 가능케 하는 것은 자신들의 고해소(告解所) 가입 자격 요건에 관해 매우 엄격한 회중이다. 회의론자들은 보상장치에 부여된 가치를 저하시킨다.

그러므로 종교는 거의 항상 사회적 현상이다. 또는 경제학자라면 종교는 '집단적으로 생산된 재화'라고 표현했을 것이다. 누가 봐도 자명한 것은 예배 의전과 간증 집회, 기도회, 성서 교독, 설교와 찬송 등 많은 종교 활동이 그룹 참여를 요한다는 것이다. 그런데 종교 신앙 자체가 집단적으로 생산되고 유지되는 사회적 산물이라는 주장 역시 진실이다. 집단적 생산은 속임수를 차단하는 안전장치를 제공하는 데 핵심적인 역할을 한다. 그래서 집단에 속하지 않은 채 일대일 관계를 통해 종교 상품을 제공하는 신종교에서는 속임수가 고질적 문제로 대두된다.

이제 또 다른 명제를 고려해 보자. '어떤 종교 집단에 참여하면 세속적인 차원으로는 쉽게 설명되지 않는 구체적인 유익이 있다는 신뢰할 만한 증거가 있을 때 종교적 보상장치는 리스크가 적고 가치는 높

은 것으로 인식된다.'

　사용 후기는 세속적 상품을 홍보하기 위해 흔히 사용되는 수단이다. 간증은 종교 집단에서 그 보상장치에 대한 믿음을 불러일으키고자 주로 사용되는 집단 행동적 수단이다. 물론 어떤 간증도 한 종교의 내세적 약속이 참/거짓이라는 여부를 입증하기에는 역부족이다. 그러나 간증자는 약속이 진실이라는 자신의 개인적 확신을 소통할 수 있고 보통 소통하는 데 성공한다. 더욱이 종교 간증에서는 간증자가 자신이 종교에 헌신하게 된 이유인 종교의 구체적인 효용을 열거한다. 간증자는 개종이나 거듭남 이후에 일어난 개인적인 변화 체험(알콜중독, 약물 의존증, 혼외정사 극복 등)을 들려준다. 좀 더 극적인 간증에서는 재앙을 피하거나 불가해한 치유가 일어난 초자연적 간섭 같은 기적 체험담을 이야기한다. 이런 식으로 사람들은 종교가 "능력이 있으며", 그러므로 종교가 약속하는 바가 진실이라는 증거를 제시한다.

　간증은 그 출처가 개인적으로 아는 지인처럼 믿을 만한 사람일 경우 특히 더 설득력 있게 다가온다. 여기서도 왜 성공적인 종교가 집단적 생산으로 자연스레 흐르게 되는지 알 수 있다. 같은 교회 교인은 낯선 사람보다 훨씬 신뢰할 만하다. 간증은 사람들이 간증자의 주장을 믿는다고 해도 간증자에게 돌아갈 상대적 실익이 별로 없을 때 (아니면 더 나은 것은 손해 볼 일이 많을 때) 그 설득력이 배가된다. 목회자는 양들이 신앙심을 유지하는 것에 생계가 달려 있지만 교우나 친구들은 해당 종교의 유익을 과장해서 얻을 인센티브가 비교적 적다. 그러므로, '종교 지도자들이 그들의 종교적 섬김에 대한 대가로 낮은 수준의 물질적 보상을 받을 때 그들의 신뢰도는 더 높아진다.'

단도직입적으로 말하면, 부유한 목회자는 신뢰도 콘테스트에서 결코 평신도 설교자나 극빈한 금욕주의자의 맞수가 되지 못한다. 발도파 (청빈을 강조한 기독교 운동—편집자) 대표단이 1179년 로마에 상륙하는 것을 지켜본 월터 맵은 이렇게 말했다. "그들은 둘씩 짝 지어 맨발에 양털옷을 입고 아무것도 소유하지 않은 채 사도시대처럼 모든 것을 공유하며 다닌다. … 만약 그들을 받아들인다면 우리가 퇴출될 것이다"(존슨에서 인용 1976:251). 간략히 말하자면, 모든 종교 전통에 끈질기게 남아 있는 강력한 금욕주의의 흐름은 종교적 리스크 문제를 해소하기 위한 자연스러운 발로라는 것이다. 더욱이 동일한 논리로 우리는 이런 결론을 내릴 수 있다. "순교자는 가장 큰 신뢰를 받는 종교적 가치의 표방자다. 그리고 이 점은 순교에 자발적 측면이 있을 때 더욱 그러하다."

배교를 선택하지 않고 자발적으로 고문과 죽음을 받아들이는 한 사람은 그 종교에 상상을 초월하는 지고의 가치를 부여하며 또한 그 가치를 다른 사람에게도 전한다. 실제로 본 장의 뒷부분에서 보고하겠지만, 기독교 순교자들은 다수의 다른 기독교인에게 자신들의 절개를 보여줄 기회를 가졌고, 그들이 전달한 기독교의 가치는 이교도 구경꾼에게도 깊이 각인되었다.

무임승차자 문제

무임승차자 문제는 집단 활동의 아킬레스건이다. 마이클 헤치터는 다음과 같이 무임승차자 문제를 정리했다. "진짜 합리적인 행위자들은, 만일 어느 집단에 직접 참여하지 않고도 공통의 목표를 달성하기 위한 다른 사람들의 활동에서 비롯된 유익을 얻을 수 있다면, 굳이 공통의 목표를 추구하기 위해 그 집단에 참여하지 않을 것이다. 만일 해당 집단의 모든 구성원이 그 유익을 골고루 얻을 수 있다면 … 합리적인 선택은 … 공동의 이해를 달성하도록 돕기보다는 … 무임승차하는 것이다"(1987:27). 그 결과는 말할 나위 없이 기여자 수가 너무 줄어들어 집단적 재화 생산이 부족해지는 것이다. 이렇게 되면 모든 사람이 손해를 본다. 그러나 가장 넉넉히 기부한 사람이 가장 큰 손해를 본다. 이것을 하나의 명제로 기술하고자 한다. '종교는 집단적 행동을 수반하며 모든 집단적 행동에는 무임승차자에 의한 착취가 일어날 가능성이 잠재한다.'

무임승차자 문제로 고통을 당하여 빈혈증에 걸린 교회의 예를 찾으려면 굳이 멀리 갈 필요가 없다. 가장 가까운 자유주의 개신교 교회를 한번 찾아가 보라. 결혼식, 장례, (아마도) 명절 축하행사까지 종교집단에 의존하면서도 반대로 되돌려 주는 건 거의 없거나 전무한 "구성원"을 쉽게 발견할 수 있을 것이다. 그들이 금전적으로는 상당한 기여를 하더라도 그들의 비활동성은 보상장치를 평가절하시키며 헌신도의 "평균적" 수준을 하향평준화시킴으로써 해당 집단의 집단적 종교 재화 생산 능력을 약화시킨다.

그러나 종파와 신종교 집단에서 훨씬 충격적인 사례가 발견된다. 고도로 헌신해야 살아 남을 수 있는 이런 집단에서는 무임승차에 따른 비용은 고스란히 드러난다. 가령 뜨내기 구성원으로 인한 셰이커교의 어려움을 고려해 보자. 이른바 겨울나기 셰이커 교도들은 늦은 가을에 셰이커 공동체에 들어와 겨우내 먹고 잘 것을 얻으며 지내다가 취업 기회가 생기면 떠난다(베인브리지 1982).

로플랜드와 내가 문선명 교도들을 관찰할 동안 (1장 참조) 문선명교도 가입 동기가 이 운동의 목표와 상충되거나 역행하는 "착취자들"로 인해 비슷한 고충을 겪었다. 어떤 이들은 단지 "[문선명교로부터] 저렴한 숙식, 돈 … 또는 섹스와 같은 비종교적인 유익을 뽑아내려고 접근했다"(로플랜드 1977:152). 실제로 라이벌 관계인 심령주의 교회에서 신도 포섭을 위한 기지로 문선명교를 이용하려고 잠입한 경우도 있었다.

무임승차는 셰이커교와 문선명교에만 있는 것이 결코 아니다. 하인 (1983)과 캔터(1972)가 연구한 대부분의 19세기 코뮨(commune)도 "헌신도 문제"로 애로를 겪었다. 이 왜곡된 역학은 집단적 재화 생산을 하는 모든 집단을 위협하며 물질적 자원만큼이나 열정과 결속력 같은 사회적, 심리적 유익에도 영향을 미친다. 종교는 무임승차로 인한 딜레마에 교착된 듯 보인다. 한편으로는, 종교가 신뢰성을 얻는 데에는 무수한 자원자들의 집단적 행동에 의존하는 회중 구조가 요구된다. 다른 한편으로는, 동일한 그 회중 구조가 종교 집단이 효과적으로 기능하는 데 필요한 헌신과 기여도의 수준을 끌어내리는 위협요소가 되기도 한다. 그렇지만 고(高)비용 요건에 그 해법이 있다.

희생과 낙인

여기서 다루고자 하는 고비용 요건은 세속적 재화의 구매 가격 같은 단순한 금전적 비용을 말하는 게 아니다. 그것은 오히려 얼핏 불필요한 비용 같아 보이는 '희생'과 '낙인'이다. 희생과 낙인은 종파와 신종교 집단과 여타 '일탈적' 종교 단체가 가지고 있는 공통점이다. 종교적 '낙인'은 해당 집단의 일원이 되면 따라오는 모든 측면의 사회적 일탈로 구성되어 있다. 가령 한 집단이 외부 사회에서는 정상이라고 보는 어떤 활동을(음주가 한 예다) 금지하거나 세상에서는 비정상적이라고 간주하는 다른 활동을(삭발이 한 예다) 의무화할 수도 있다. 구성원은 이런 요건을 충족시킴으로써 주변 사회의 규범으로부터 일탈한다. '희생'은 (물적 그리고 인간적) 투자와 집단의 가입자 자격을 획득, 유지하기 위해 포기한 기회들로 구성되어 있다. 분명 희생과 낙인은 그 둘이 함께 간다. 상당히 특이한 의복이라는 낙인이 정상적인 직업 생활을 가로막는 것과 같은 이치다.

종교사회학자들에게 더 친숙한 용어로 정리하자면, 희생과 낙인은 둘 다 종교집단과 여타 사회 사이의 '긴장'을 조성하고 반영한다(존슨 1963, 스타크와 베인브리지 1985, 1987, 얀나코네 1988). 희생과 낙인은 주류 "교회"를 일탈적 "종파"나 "신종교 집단"으로부터 확실하게 차별화하는 지점이다.

얼핏 보면 고비용 요건은 틀림없이 종교의 매력을 반감시키는 요인이 될 것 같다. 그리고 실제로 경제학자들의 수요법칙에 의하면 '다른 조건이 불변할 때' 그런 결과가 초래될 것을 예측할 수 있다. 그러나 종교가 이런 유형의 비용을 가입자에게 부과하면 다른 조건이 불변의 상태로 있지 않는 것으로 드러났다. 오히려 정반대다. 고비용 요건을 도입하면 통상 구성원의 헌신도와 참여도를 떨어뜨리는 '무임승차자' 문제가 줄어듦으로써 종교집단이 강화된다. 즉 '희생과 낙인을 도입하면 종교집단이 당면한 무임승차자 문제가 감소되는 것이다.'

여기에는 두 가지 이유가 있다. 첫째, 고비용 요건을 도입하면 집단에 진입장벽이 생긴다. 그냥 쓱 한번 와서 가입자가 얻을 수 있는 유익을 챙기는 게 더 이상 가능하지 않게 된 것이다. 참여하려면 모든 구성원에게 요구되는 희생과 낙인을 받아들여야만 한다. 그러므로 고비용은 무임승차자를, 즉 참여하더라도 헌신도와 참여도가 저조할 잠재적 가입자를 사전에 '걸러내는' 경향이 있다. 비용은 세속적 시장에서 제품에 대한 관심이 얼마나 진지한가를 측정하는, 환불이 되지 않는 등록비 역할을 한다. 값을 지불하려는 사람만이 가입 자격이 주어지는 것이다.

둘째, 고비용은 가입하기로 한 사람들의 참여도를 증가시키는 경향이 있다. 소속 구성원은 무임승차의 유혹이 약화되는 걸 느끼는데, 그 이유는 인간 본성이 어떻게 개조되어서가 아니라 무임승차할 기회가 축소되었고 (그만큼 평형을 이루며) 참여해서 얻을 이익이 대폭 증가했기 때문이다. 만일 우리가 댄스파티나 극장에 가지 않고, 카드 게임도 하지 않고, 술집에도 가지 않고, 동호회에도 가입하지 않는다면, 우리는 금요일의 교회 행사를 간절히 기다릴 것이다.

희생과 낙인의 역학은 다음과 같은 직접적이고 공적인 파급효과를 초래한다(얀나코네 1992). 첫째, '종교 집단은 더 높은 수준의 희생과 낙인을 요구함으로써 구성원으로부터 더 높은 평균치의 헌신도와 참여도를 끌어 낸다. 둘째, 더 높은 수준의 헌신과 참여를 요구함으로써 종교 집단은 구성원을 위해 더 큰 물질적, 사회적, 종교적 유익을 창출할 수 있다.'

얼핏 보면, 구성원이 되는 가입 비용이 증가할수록 가입에 따른 구성원의 유익도 증가한다는 것은 역설인 것 같다. 그러나 집단적으로 생성된 재화의 경우에는 그럴 수 있다. 몇 가지 예를 드는 게 도움이 될 것이다. 교회가 가득 차고 구성원이 열정적으로 참여하며 (모두 찬양과 기도에 동참하는 등) 교회에서 일어나는 일에 다른 사람들이 매우 긍정적인 평가를 피력할 때, 개개인의 긍정적인 예배 경험은 증가한다. 그러므로 각 구성원이 가입 비용을 '지불'하면 각 사람이 더 높은 수준의 집단적 재화 생산으로 '유익'을 얻는다.

더 나아가 종교 집단의 경우 다른 모든 조직과 마찬가지로 '헌신은 에너지'다. 즉, 헌신도가 높을 때 집단은 온갖 양태의 집단적인 행동을 취할 수 있으며 이런 행동은 심리적인 영역에만 국한된 것이 결코 아니다. 가령 교회에 물질의 십일조뿐 아니라 시간의 십일조를 드리라는 주문을 받는 몰몬교도들은 서로에게 풍성한 사회적 서비스를 제공할 수 있게 된다. 그래서 몰몬교도가 되면 얻는 보상 중에는 전적으로 실질적인 보상들이 많다.

이런 명제들은 어쩌면 여러 핵심적인 통찰 가운데서도 가장 핵심적이라고 할 수 있는 다음의 통찰로 이어진다. 고비용 종교에 가입하는 것은 많은 이들에게는 "훌륭한 거래"다.[2] 기존의 비용-효과 분석 하나로도 구성원에게 희생과 낙인을 부과하는 종교의 지속적인 흡인력을 설명하는 데 충분하다. 이 결론은 물론 높은 종교적 비용을 지불하는 것은 그저 비합리성을 반영하는 것이라는, 아니면 최소한 한심한 무지를 반영하는 것이라는 기성 사회과학의 관점과 상극을 이룬다. 그러나 더 정교한 분석을 해보면, 엄격한 종교 조직은 구성원에게 보상장치에 관한 그들의 정보가 충분하다고 믿을 만한 상당한 근거를 제공하며, 그러므로 구성원의 행동은 합리적인 선택 명제를 실현하는 것임이 드러난다. 이것은 왜 최근의 사회과학적 종교 연구에 합리적 선택 이론을 도입하는 것이 주요한 패러다임 전환으로 인식되었는가를 보여준다(워너

1993). 비합리주의자 명제는 전면 후퇴 중이다.

이런 이론적인 배경 하에 나는 초기 기독교를 재고찰하고 싶다. 당시 기독교인이 되는 비용은 어느 정도였을까? 이런 비용이 집단의 헌신도를 강화했다고 볼 수 있을까? 기독교인의 헌신은 신자들에게 이생의 (this worldly) 보상으로 충실하게 이어졌을까? 간략히 말하자면 기독교가 과연 "훌륭한 거래"였는가?

기독교의 희생

기독교인은 그들의 신앙을 위해 많은 것을 감당하는 걸 당연시 여겼다. 기독교에는 이교도의 규범과 관행과 구별되는 긴 목록의 "하지 말라" 조항들이 있었으며, 그 가운데 많은 것들을 5장에서 논의했다. 그러나 기독교인은 동일하게 해야 하는, 그것도 기쁜 마음으로 해야 하는 일들이 있었고, 그 기대치를 충족시키는 고비용을 지불해야 했다. 가령 병자와 약자와 연약한 자를 돌보는 것이다. 본 장의 뒷부분에서 우리는 어떻게 이런 희생들이 통상 보상으로 되돌아왔는지를 살펴볼 것이다. 그러나 여기서 기독교인이 되면 치러야 하는 소소한 희생으로 목록을 확장할 필요는 없을 것이다. 오히려 지금은 종교에 합리적 선택 이론을 적용하려고 할 때 가장 큰 장애요인이 되는 무언가를 정면돌파하려고 한다.

궁극의 희생

아마도 합리적인 사람들은 종교 때문에 돈과 시간을 들여 사회 봉사를 하고 섹스와 결혼에 관한 엄격한 규범을 준수하는 것을 기꺼이 받아들이려고 할 것이다. 그러나 어떻게 합리적인 사람이 위험부담이 큰 무형의 종교적 보상을 얻기 위해 기괴한 고문과 죽음을 받아들일 수 있을까?

무엇보다도, 많은 초기 기독교인들은 그렇게 못 했을 것이다. 그리고 알려진 바에 의하면 그런 상황에 직면했을 때 실제로 신앙을 포기한 사람들도 있었다. 유세비우스는 첫 번째 주교 집단이 체포되었을 때 "어떤 이들은 실제로 과한 공포로 실신하거나 공포감을 못 이긴 나머지 고문이 시작되자마자 주저앉아 즉각 항복했다"고 기술했다(『팔레스타인의 순교자들』 1, 1850 편).

둘째, 박해는 드물게 일어났으며 기독교인 가운데 순교자는 극소수였다. W. H. C. 프렌드에 의하면 순교자 수는 "수천이 아니라 수백에 불과했다"(1965:413). 실제로 마르타 소르디는 네로가 "엄청나게 많은 수의" 기독교인을 학살했다는 타키투스의 주장을 논평하며 "사태의 공포스러움을 감안할 때 단 몇백 명의 희생자로도 이런 표현을 쓰는 것이 정당화되었을 것"이라고 썼다(1986:31). 진실은 로마 정부는 "기독교의 위협"에 크게 신경을 쓰지 않았던 것으로 보인다. 로마는 기독교인을 박해하는 데 놀랄 정도로 적은 노력을 기울였고 일련의 박해가 일어났을 때도 대상은 보통 주교 또는 눈에 띄는 인사들이었다. 그러므로 일반 평신도층의 기독교인에게는 박해의 위협은 너무 경미해서 그들이 짊어져야 할 잠재적 희생에서 그리 큰 부담요소는 아니었을 것이다.

그러나 그 수가 적었을지라도 일부 기독교인은 배교하지 않고 주저함 없이 끔찍한 죽음의 현장으로 나아갔다. 어떻게 이것이 합리적인 선택일 수 있을까? 대부분의 보고된 사건을 통해 보자면, 순교를 직면할 정도의 역량은 집단적으로 생성된 헌신 가운데 특출난 경우에 해당되며, 지명도 있는 구성원들이 순교에 엄청난 지분 가치를 거는 결과를 초래했다.

순교는 공개적으로 행해졌을 뿐 아니라 종종 대규모 구경꾼들 앞에서 이루어졌다. 종종 오랜 준비기간을 거친 후 이루어졌으며 이 준비기간 중에 순교의 문턱에 선 사람들은 열렬하고 직접적인 예찬의 대상이 되었다. 안디옥의 이그나티우스의 사례를 고려해 보자. 1세기 후반 어느 시점에 이그나티우스는 안디옥의 주교가 되었고 트라야누스 황제의 통치기(98-117)에 기독교인으로 사형 판결을 받았다. (정확한 연도는 알려지지 않았다). 그러나 그는 안디옥에서 처형되지 않고 10명의 군사들에 의해 로마로 압송되었다. 그렇게 길고도 느긋한 여정이 시작되었고 서구로 가는 경로는 소아시아에 세워진 초기 교회의 중요한 거점들을 통과했다. 현지의 기독교인들이 그를 만나러 나왔고, 각 행선지에서 이그나티우스는 모여 있는 사람들과 만나 설교하는 것이 허용되었다. 만나러 나온 사람들 모두 기독교인의 정체성이 확연히 드러났지만 누구도 위험에 처한 사람은 없었다. 경비병들은 이그나티우스에게 여행 경로에서 벗어난 에베소와 빌립보 같은 여러 도시의 교회에 편지하는 것을 허용했다. 이그나티우스의 남아 있는 7통의 서신은 신학적, 역사적 컨텐츠 때문에 많은 연구의 대상이 되었다(슈델 1985, 그랜트 1966). 그러나 여기서 중요한 것은 이 서신들이 순교를 위한 영적, 심리적 준비에 관해 이야기하는 바다.

여기에 내세뿐 아니라 '현세에서도' 불멸로 선택되었다고 믿어 의심치 않는 한 남자가 있다. 로버트 그랜트는 서신에서 풍기는 "위풍당당한 개선장군 스타일"을 언급하며 어떻게 이 서신이 필자가 승리의 여정에 있다는 분위기를 전달하는지 말했다(1966:90). 윌리엄 슈델도 이렇게 언급했다.

이그나티우스가 자신의 여행을 회고할 때 스스로를 정복에 나선 영웅으로 여긴다는 것은 의심의 여지가 없다. 그는 자신을 예방한 교회들이 그를 "지나가는 나그네"로 대접하지 않았다고 하며 "내 여행 경로가 육적으로 통과하지 않는 교회에서조차 그 교인들이 내가 거쳐가는 도시에 미리 와서 나를 환대했다"고 했다(1991:135).

이그나티우스는 원형경기장에서의 죽음이 아니라 좋은 마음을 품은 기독교인들이 그를 사면시킬 것을 두려워했다. 그러므로 그는 로마의 동료 기독교인들에게 미리 편지를 써서 그의 순교를 막기 위해 어떤 식으로든 개입하지 말아달라고 당부했다.

실은 나는 여러분의 사랑이 되려 내게 해가 될까 두렵습니다. 물론 여러분은 어렵지 않게 소기의 목적을 달성할 수 있을 것입니다. 그러나 그것은 오히려 여러분이 나에 대한 배려가 부족하여 내가 하나님께로 나아가는 길을 막는 것이 됩니다. 하나님에 대한 희생제물로 내 피를 흘리도록 내버려두라고 부탁드리겠습니다…
나는 모든 교회에 이 편지를 쓰며 여러분이 개입하지 않으면 내가 기꺼이 하나님을 위해 죽을 것을 단호하게 천명하는 바입니다. 나에게 도가 지나친 친절을 베풀지 말 것을 간청합니다. 내게는 들짐승의 먹이가 되는 것은 하나님께 나아가는 통로이니 이 고통을 당하게 내버려 두십시오. 하나님의 밀알인 내가 들짐승의 이빨로 짓이겨져 그리스도의 순전한 떡임을 입증하게 해 주십시오(로마인에게 보내는 서신, 1946 편).

이그나티우스는 영광을 향해 나아가고 있었고, 그 영광은 이생과 그 너머 세계 모두에 해당되는 것이었다. 그는 시대를 초월하여 자신이 기억되리라 기대하며 자신을 바울을 비롯한 앞서간 순교자들에 비교한다. "내가 하나님을 만나러 갈 때 바울의 발자취를 따르기를 바랍니다."

그러므로 우리는 거의 대부분이 순교자로 구성된 성자들을 숭배하는 신종교 집단적 문화와 마주한다(드뢰지, 타보르 1992, 브라운 1981). 이내 모든 기독교인에게 순교에는 비범한 명성과 영광이 잇따른다는 것이 분명해졌다. 이 점을 가장 잘 예시하는 것은 서머나 교회에서 빌로멜리움 교회에 보내는 편지에 들어 있는 폴리캅의 순교에 관한 묘사다(프레맨틀에서 수집 1953:185-192). 폴리캅은 약 156년경 산 채로 화형을 당한 서머나의 감독이었다. 처형 후 그의 제자들이 유골을 회수했다. 로마 관리들은 이를 목격했으나 제지하지는 않았다. 편지는 "그의 성스러운 육신"에 관해 말하며 그의 유골이 "보석보다 더 큰 가치를 가지고 금보다 더 높이 평가된다"고 했다. 편지를 쓴 사람은 서머나의 기독교인이 폴리캅의 유골을 매장한 곳에 "큰 기쁨과 즐거움으로 그의 순교 생일을 축하하기 위해" 매년 모였다고 했다. 편지는 "복된 폴리캅에게 … 영광과 존귀와 위엄과 영원한 보좌가 대대로 있을 지어다. 아멘"으로 맺는다. 편지에는 이런 지침도 들어 있었다. "이 편지를 받으면 더 먼 곳에 있는 형제들에게 전달해 주시오. 그래서 그들도 자신의 종을 택하시는 주님께 영광을 돌리도록 하시오."

오늘날 우리가 거의 모든 기독교 순교자의 이름을 아는 것은, 당대인들이 순교자들이 지극히 거룩한 인물로 후세에 기억되도록 갖은 애를 썼기 때문이다. 피터 브라운은 순교자들이 겪는 고통은 "그 자체로 기적이었다"고 했다(1981:79). 브라운은 『겔라시우스 교령』을 인용했다.

우리는 [공적 낭독문에] 온갖 고문을 겪으면서도 승리의 불꽃을 태우며 놀라운 신앙 고백을 한 성도의 행위를 포함시켜야 한다. 도대체 어떤 기독교 교인이 순교자들이 인간이 인내할 수 있는 수준 이상의 고통을 당했으며 순교자들 스스로의 힘으로 견뎌낸 것이 아니라 하나님의 은혜와 도움으로 견뎠음을 의심할 수 있겠는가?

더군다나 순교는 단지 다음 세계에서의 보상을 약속하는 데 머무르지 않았다. 이 세계에서는 사후의 영예를 약속한 한편 종종 최후의 시련 이전에 매우 큰 보상이 순교자들에게 주어졌다. 가령 기독교인들이 여행 중인 이그나티우스를 만나고 경의를 표하기 위해 몰려든 것처럼, 기독교인들은 로마 당국이 순교자로 지목한 많은 다른 이들에게 애정을 표하고 음식과 섬김을 넉넉히 제공하기 위해 감옥으로 몰려들었다. 아타나시우스의 『성자 안토니의 삶』은 이 점을 생생히 보여준다.

311년 마지막 박해 기간 동안 일부 기독교인들이 이집트에서 체포되어 알렉산드리아로 이송되었다. 이 소식을 접한 안토니를 비롯한 금욕주의 수도승 몇몇은 예비 순교자를 지원하기 위해 수도원 골방을 떠나 알렉산드리아로 갔다. 그곳에 도착해서 안토니는 "법정에서 (순교의) 경쟁자들이 호출될 때마다 그들을 응원하고 환영하고 순교 길에 동행하며 마지막 떠날 때까지 곁을 지키느라 바빴다"(『성자 안토니의 삶』, 1950 편). 결국 수도승들의 "열정"을 참다못한 판사는 "수도승은 법정 출두를 금한다는 명령을 내렸다." 안토니는 "순교하려는 열망을 품었지만" 자원해서 죽는 것은 잘못되었다고 생각하여 명령에 불복하고 다음날 법정에서 꽤 눈에 띄는 자리에 앉았다. 그러나 뜻대로 되지는 않았다. 판사는 안토니를 못 본 척했다. 그러므로 마지막 처형 후 안토니는 "법정을 떠나 다시 수도원 골방으로 돌아왔다. 그리고 그곳에서 양심을 따라 날마다 순교했다."

유진과 애니타 와이너는 순교가 집단 현상이라고 보는 우리의 관점을 가장 선명하게 담아 내는 그림을 아래와 같이 제시한다.

순교로 이어지는 사건들을 집단 전체가 목격할 수 있도록 갖은 노력이 이루어졌다. 동료 기독교인들이 피고인의 감방에 면회를 가서 음식과 옷을 넣어 주고 감옥생활을 견딜 수 있게 돕는 것은 드문 일이 아니었다. 다가오는 신앙의 시험에 극적인 긴장을 더하기 위해 기념행사를 여는 경우도 있었다. 이런 지원의 노력은 순교자로 지목된 사람에게는 극심한 고난의 상황에서 위로와 도움이 되었고 이런 암묵적인 메시지를 전달했다. "당신의 말과 행동을 우리는 지켜볼 것이며 기록할 것입니다." 한마디로 순교는 의미 있으며, 전례(典禮) 형식과 기념행사를 통해 대대로 기억될 것이라는 뜻이다.

모든 순교자들이 무대에 섰다. 어떤 이들은 후회하며 배교했지만 어떤 이들은 그 압박을 견뎠고, 이들은, 적어도 생존자들의 기억 속에서는,

확실히 영생을 얻었다. 순교에 관해 특이한 점은 저 세상에서의 보상에 대한 약속뿐 아니라 이 세상에서 기념될 것이라는 확실성이었다. 순교자는 죽기 전에 그가 생존자들의 기억과 교회의 예배 전례 속에 오롯이 자리매김될 것임을 알았다(1990:80-81).

이것은 여러 기독교인들에게, 특히 유죄 판결을 받을 만큼 지명도가 높았던 자들에게는 매우 중대한 의미가 있는 일이었다. 그들 가운데 많은 이들이 지고의 희생을 할 만한 가치가 있다고 생각했던 것은 전혀 놀랄 일이 못 된다.

순교와 기독교의 자신감

영생에 대한 믿음이 있었기에 기독교인들은 용감하게 죽음을 맞을 수 있었다. 그럼에도 불구하고 초기 교회는 죽음의 문제로 몇 가지 심각한 신뢰성의 위기에 봉착했다. 사도들은 대부분의 개종자가 살아 생전에 주님의 재림을 볼 것이라는 약속을 강조했다. 마가복음 13:30은 우리에게 이렇게 말한다. "내가 진실로 너희에게 말하노니 이 세대가 지나가기 전에 이 일이 다 일어나리라." 그러나 많은 개종자들은 몇 년 안에 "인자가 구름을 타고 큰 권능과 영광으로 오는 것을"(막 13:26) 보지 못한 채 생을 마감했다. 존 A. T. 로빈슨이 지적했듯이 "60년대가 되자 한 세대가 '모두 사라졌다'"(1976:180). 로빈슨은 예수의 재림이 지연되는 것을 둘러싼 문제가 장기간 지속되었음을 인정했고 60년대에 "그 문제가 가장 첨예하게 대두되었다"고 했다.

이 주제에 관한 저술가들은 대체로 70년도의 예루살렘 파괴가 "말세"(Last Days)의 시작으로 널리 간주되며 이로써 최소한 재림을 둘러싼 위기를 지연시키는 데 도움이 되었다고 강조한다. 이것이 사실일지라도 60년대는 곧 돌아오겠다는 예수의 약속과 별개로 기독교의 신뢰성이 심각한 잠재적 위기에 봉착한 시기였다. 다른 곳에서 나는 "암담한 1세대 성장의 산술"과 어떻게 이것이 종종 신흥종교 운동의 "신뢰성을 파괴"하는지, 이로 인해 어떤 문제들이 운동에 야기되었는지 일정 분량을 할애해 기술했다(스타크 1987:21). 즉, 대부분의 신흥종교 운동은 처음에는 아주 작은 규모로 시작하며 초기 기독교와 비슷한 속도로 성장한다. 이런 운동들을 다수 조사한 후 내가 발견한 바는 운동의 개척 세대는 생애 말기에 가까워지면 세상을 구원하려는 희망을 잃고 운동을 내향적으로 돌리는 게 전형적이라는 것이다. 즉, 소망과 헌신을 새롭게 할 무언가가 나타나지 않으면, 1세대는 30-40년간 개종을 위해 노력한 결과를 평가하고 그들이 고작 2-3천 명(그것도 많아봐야)의 구성원을 전도했음을 깨닫고 낙담하기 쉽다. 이런 일이 벌어지면 종종 새로운 수사(rhetoric)가 등장한다. 그 내용은 성장의 중요성을 부각시키지 않으면서 종교 운동이 구원 받을 만한 남은 자들을 모으는 데 성공했으며 실제로 그게 섭리였다고 해명하는 것이다.

이슬람은 선지자의 생전에 개인의 개종이 아니라 정복과 조약으로 빠른 성장을 일구었기 때문에 낙심할 거리가 없었고, 이런 문제를 결코 마주한 적이 없었다. 그리고 몰몬교는 그들만의 몰몬 사회로 파고 들어감으로써, 비록 그 사회가 단일 사회였을지라도 그 사회 내에서는 다수파 신앙이라는 자신감이 있었다. 바울과 베드로와 다른 교회 개척 멤버들이 60년대에 주변을 둘러볼 때 눈에 들어오는 것은 3천 명이 채 못 되는 기독교인이었다. 예수의 재림은 일어나지 않았고 30년 선교 노력의 결실은 미약했다. 신약성서는 이 사람들이 결코 회의(懷疑)를 모르는 사람들이었다고 말하지 않는다. 사실 그들이 때때로 좌절하지 않았다면 이상한 일일 것이다. 만일 좌절했다면 어떻게 그 문제를 극복했을까?

종교는 종종 예언의 실패를 합리화하고 이 난제를 극복하기 위해 그 신념 체계를 충분히 수정할 수 있다고 말하기는 쉽다.[3] 그러나 이런 진술은 단지 묘사적일 뿐이지 어떻게 이런 이행이 신뢰감을 상실하지 않고 달성될 수 있는지에 관해서는, 어떻게 핵심 교리의 수정이 수용될 만큼 신앙이 충분히 강화될 수 있는지에 관해서는 침묵한다. 더욱이 기독교인이 다수를 개종시키려는 희망을 버리는 쪽으로 교리가 변천되는 것을 피할 수 있었을까? 이런 변천은 유사한 집단에서 너무 자주 일어나지 않는가? 어떻게 기독교인은 그들이 계산해 본 성장의 산술이 암울한 수준을 넘어설 때까지 계속 앞으로 나아갈 윤리적 동력을 얻을 수 있었을까?

 60년대에 이중으로 닥친 신뢰의 위기가 정말 심각한 수준이었다면 동일한 10년의 기간 동안 세 차례의 다소 비범한 순교 사건이 일어났음을 주목하는 게 극히 중요하다고 생각한다.

 첫째, 약 62년경, 예수의 형제이자 예루살렘 교회의 수장이었던 야고보와 그를 따르던 사람들이 신임 대제사장 안나스의 손에 붙잡혔다. 안나스는 로마의 유대총독 사망 이후 후임자가 오기 전까지의 공백기를 틈타 야고보와 다른 이들을 산헤드린 공회로 소환하고 유대인의 법을 어겼다는 이유로 유죄판결을 내려 돌로 쳐 죽였다.

 둘째, 사도 바울은 가이사랴 마리티마에 몇 년을 구금되어 있다가 로마로 이송되었고, 가이사에게 제기한 항소 결과를 기다리던 가운데 64년 또는 65년에 로마에서 처형당했다.

 셋째, 65년말 또는 66년경에(로빈슨 1976) 네로 황제가 기독교인을 박해하기 시작했다. 네로는 원형경기장에 들개를 풀어 기독교인을 갈가리 찢어죽이고, 그의 정원에서 기독교인을 십자가에 못박고, "자연광이 사라진 밤을 비추기 위해" 기독교인을 화형시켰다(타키투스, 『연대기』 15.44, 1989 편). 이 최초의 공식적인 로마의 기독교 박해 기간 동안에 베드로 사도가 죽었다.

 당시 가장 존경받고 거룩했던 세 인물이 예수의 재림이 지연되고 추종자가 소수라는 사실에도 위축되지 않고 신앙을 위해 목숨을 내놓았다. 바울은 배교하고 베드로는 도망침으로써 순교의 운명을 피할 수도 있었을 텐데 그들은 각각 순교했다. 초기 기독교인들 사이에 널리 구전되었던 〈쿼바디스?〉 스토리는 (비록 공식적인 정경에는 끝내 포함되지 못했지만) 어떻게 베드로가 로마에서 빠져나가는 길목에서 예수를 만난 후 순교를 결심했는지 생생한 디테일을 제공한다. 여기서 그 이야기를 전할 만한 가치가 있다고 본다.

『베드로행전』에서 우리는 신자인 상류층 로마인의 아내와 개종자들이 베드로에게 체포와 처형이 예정되었으니 로마에서 빠져나가라고 언질을 주는 대목을 읽게 된다. 한동안 베드로는 떠나야 한다는 호소를 묵살한다.

"형제들이여, 우리가 도망자처럼 행동해야 합니까?" 그러나 그들은 베드로에게 말했다. "아뇨, 다만 당신은 계속 주님을 섬길 수 있도록 하기 위함입니다." 그래서 베드로는 형제들의 말을 받아들이고 자신의 뜻을 굽혔다. "당신들은 나와 함께 가지 말아요. 나는 변장하고 혼자 떠나겠소." 베드로가 성문 밖으로 나올 때 주님이 로마로 들어가는 모습이 눈에 들어왔다. 주님을 본 베드로는 말했다. "주님, 어디로 가십니까?(쿼바디스?)" 주님은 베드로에게 말씀했다. "십자가에 못 박히러 간다." "주님, 또다시 못박히시렵니까?" 베드로가 묻자 주님이 그에게 말했다. "그렇다, 베드로야, 나는 다시 못박힌다." 그 말에 베드로는 정신을 번쩍 차렸고 이내 주님이 천국으로 올라가시는 모습이 눈에 들어왔다. 그 후 베드로는 자신에게 일어날 십자가 처형을 두고 주님이 "나는 십자가에 못 박힌다"고 말씀하셨음으로 인해 기쁨과 찬양을 올리며 로마로 되돌아갔다(스테드 역, 반스톤 재판, 1984:442).

다시 그를 따르는 무리 가운데로 돌아온 베드로는 일어난 일을 전하며 십자가 처형을 당하겠다는 결심을 밝혔다. 제자들은 다시 그를 만류했지만 베드로는 이제부터는 그들이 "반석"이 되어 "자신을 통해 다른 사람을 세우는" 일을 해야 한다고 했다. 다음에 이어지는 십자가 처형 장면에서 베드로는 (그 자신의 요청으로 거꾸로 십자가에 못 박혔다) 지켜보는 기독교인들에게 그리스도를 믿는 신앙의 힘에 대해 한참을 십자가상에서 이야기했다.

에드몬슨은 예수와 만난 사건을 계기로 "베드로가 다시 되돌아가 기꺼이 순교했다는 소식을 접하는 사람마다 아무리 요동하는 자라도 마음과 양심에 큰 충격을 받았다"고 고찰했다([1913] 1976:153). 나도 에드몬슨의 말에 동의한다. 베드로가 기꺼이 그의 구주를 십자가까지 따라갈 수 있었던 것은 말세가 지연되었다는 사실에도 불구하고 기독교에 속하기 위해 순교라는 값을 지불하라는 요청을 받지 않은 기독교인의 신앙을 엄청나게 강화하는 역할을 했을 것이다.

내 판단으로는, 60년대의 순교자들은 대속의 증거인 예수의 고난에 자신들의 고난을 더함으로써, 재림 예언의 실패와 소수의 개종자라는 위기를 해소했다. 본 장 앞부분에서 다루었던 신뢰성 논의의 맥락에서 고문과 죽음을 끌어안음으로써 신앙의 가치를 증명하는 사람들보다 더 신뢰할 만한 증인들을 구할 수 있었겠는가라는 질문을 여기서도 던지는 게 적절할 듯하다.

기독교의 보상

그러나 기독교는 비단 희생과 낙인의 종교만은 아니었다. 신앙의 열매 역시 그만큼 많았다. 희생과 낙인의 직접적 결과로 기독교는 무임승차자 문제로부터 대체로 자유로운, 그러므로 매우 강력한 종교를 창출할 수 있었다. 초기 가정교회에서 행해진 예배는 엄청난 정서적 만족감의 공유를 가능케 했을 것이다.

더욱이 신앙의 열매가 영적인 영역에 국한된 것도 아니었다. 초기 기독교는 육신에도 많은 것을 제공했다. 기독교인에게 동기를 부여했던 것은 단순히 구원의 약속만이 아니라 현세에서도 교회에 소속됨으로써 많은 보상을 얻을 수 있다는 것이었다. 그러므로 교회 가입은 큰 대가 지불을 요했지만 실은 남는 거래였던 셈이다. 즉, 구성원에게 많은 것을 요구했던 교회는 그만큼 많은 자원을 보유했고, 그래서 많은 것을 '줄 수' 있었다. 가령 기독교인들은 불우이웃 돕기를 하는 게 당연했기 때문에 많은 이들이 이런 도움을 받았고, 모든 이가 어려운 때를 대비하여 더 큰 안전망을 가졌다고 느꼈다. 병자와 죽어가는 자를 간호하라는 요청을 받았기 때문에 많은 이들이 또한 이런 간호를 받았다. 서로 사랑하라는 요청을 받았기 때문에 그들 역시 서로 사랑을 받았다. 그리고 만일 기독교인들이 이교도보다 훨씬 엄격한 도덕률을 준수해야 했다면, 기독교인들은, 특히 여성들은 그로 인해 한층 안정된 가정 생활을 향유할 수 있었다.

유사한 방식으로, 기독교는 사회의 빈부격차가 증가하는 시점에 사회계급 간 차별을 크게 완화시켰다(믹스, 윌켄 1978). 기독교는 '이생'(this life)에서 모든 이가 부와 권력을 동등하게 누릴 수 있다거나, 그렇게 해야 한다고 설교하지 않았다. 그러나 하나님의 눈에는 모든 이가 동등하며 형편이 더 나은 자에게는 궁핍한 자를 도울 책임을 부여하셨다고 설교했다.

윌리엄 슈델(1991)이 지적했듯이, 이그나티우스는 과부와 어린이를 돌볼 교회의 책임을 강조했다. 실제로 이그나티우스를 통해 분명히 알 수 있는 바는 그가 단지 선행에 관한 교리를 논한 게 아니라 기독교인 가운데 실재했던 거대한 자원봉사와 구제의 구조를 확증했다는 것이다. 터툴리안은 교인들은 자발적으로 교회에 헌금했고 이교도의 신전과 달리 교회는 탐식(貪食)하는 데 헌금을 허비하지 않았다고 했다.

헌금은 만찬을 베풀고 술잔치를 벌이고 식당에 가는 용도로 쓰이지 않았다. 헌금은 가난한 자들을 지원하고 시신을 매장하고, 부모 없는 불우 아동들과 집 밖으로 못 나오는 노인들, 난파선 피해자의 필요를 공급하는 데 쓰였다. 그리고 하나님의 교회의 대의에 충성한다는 이유 하나만으로 광산이나 섬으로 추방되었거나 옥에 갇힌 사람들의 신앙고백을 지원하는 데 쓰였다(『변증록』 39, 1989 편).

4장에서 배교자 율리아누스 황제가 기독교인은 "헌신적으로 구제했다"는 걸 인정하며 이교도 사제들도 이에 필적해야 한다고 촉구한 것을 기억해 보라. 그러나 율리아누스는 이내 개혁의 수단이 부족함을 깨달았다. 이교는 기독교인들이 3세기 넘는 세월 동안 구축한 자발적인 선행 시스템과 유사한 것을 계발하는 데 실패했다. 더욱이 이교는 이런 조직적인 노력을 가능케 하는 종교적 사상이 결여되었다.

그러나 그게 중요했을까? 기독교인의 선행이 정말 그레코-로만 시대의 삶의 질에 변화를 일으켰을까? 현대의 인구학자들은 삶의 질을 가장 압축적으로 측정할 수 있는 잣대가 기대여명이라고 본다. 그러므로 A. R. 번(1953)이 새김 문자를 근거로, 기독교인은 이교도보다 기대여명이 더 길었다는 것을 발견했음은 의미가 있다. 만일 번이 맞다면, 이것으로 증명을 종료한다.

〈이시스 여신상〉 이시스 여신(사진은 하드리아누스 황제의 별장에서 출토된 이시스 여신상)은 그 레코-로만 판테온에 추가된 많은 동방 신 가운데 하나였다. 결국에는 사람들이 이름을 열거할 수 없을 정도로 많은 이교 신들이 생겨났다.

9
 기회와 조직

이 시점에서 초기 교회를 당시의 사회적, 문화적 환경 속에서 좀 더 분명히 자리매김하고 교회와 그레코-로만 세계의 상호작용을 검토하고자 한다. 본 장은 두 개의 주요 부분으로 구성되어 있다. 첫 번째 부분에서 나는 그레코-로만이라는 특정 시공간에서 주요 신흥 신앙이 부상할 만한 '기회'가 어느 정도였는지를 평가할 것이다. 본 장 두 번째 부분에서는 기독교 운동에 내재한 어떤 '조직적' 특성 때문에 이 운동이 그토록 막강한 도전자로 부상할 수 있었는지를 살펴볼 것이다. 그 특성 가운데 다수는 기독교 운동의 박해를 초래한 원인이 되기도 했다.

기회

통상적으로 신흥종교 운동이 맞이할 운명은 대개 자신의 통제권 밖에 있으며 그 운동이 출현한 환경의 특성에 의해 크게 좌우된다. 여기에 두 가지 중요한 요소가 개입된다. 첫째는 종교에 대한 국가의 규제 수준이다. 국가가 기성 신앙(들)에 대한 어떤 도전자도 맹렬히 박해할 태세라면 신흥종교가 성장하기는 극히 어려울 것이다. 두 번째는 신흥종교의 경쟁상대인 기성 종교조직(들)의 활력이다. 통상 사람들은 대개 이미 '오래된' 종교(들)에 그럭저럭 만족감을 느끼며 참여하고 있기 때문에 신흥종교가 비집고 들어갈 만한 유의미한 틈새시장은 존재하지 않는다. 그러나 더러 기성 종교조직(들)이 너무 부실해진 나머지 정말 새로운 무언가가 생겨나고 부흥할 기회가 열리기도 한다.

로마의 종교 규제

많은 측면에서 로마가 허용한 종교적 자유는 매우 높은 수준이어서 미국의 독립혁명 이후 시기와 필적할 만한 정도였다. 그러나 미국의 종교적 자유도 일탈적인 종교 집단에게는 종종 제약을 부과했던 것처럼, 로마에서도 모든 것이 합법은 아니었다. 구체적으로 유대인 그리고 이후에 기독교인은 거짓 신들을 정죄한다는 이유로 '무신론적'이라고 비쳐지는 일이 종종 있었다. 나는 본 장의 뒷부분에서 종교 포트폴리오의 원칙에 근거한 종교 경제와 배타적 헌신에 근거한 종교 경제를 구분하고 이 문제를 더 탐구할 것이다. 여기서는 기독교인은 첫 3세기 거의 대부분의 기간 동안 공식적으로는 공적 악평의 대상이었지만, 비공식적으로는 대부분의 시기에, 대부분의 지역에서 하고 싶은 것은 웬만큼 하는 자유를 누렸다는 점만 간략히 짚고 넘어가고자 한다.

전(前) 장에서 정립했던 것처럼 박해가 끔찍하기는 했지만 빈도수가 높았던 건 아니었고 아주 적은 수의 사람만 해당되는 일이었다. 그러므로 초기 기독교인은 사회적 낙인으로 다소 고통을 겪었더라도 실제 탄압은 별로 받지 않았다. 헨리 채드윅의 보고에 의하면 2세기에 소아시아의 한 로마 총독이 기독교인을 박해하기 시작하자 "그 지역의 기독교인 전체가 기독교 신앙을 천명하고 불의에 항거하기 위해 총독 관저 앞에서 행진을 했다"(1967:55). 이 일화의 의미심장한 대목은 기독교인이 시위할 만한 배짱이 있었다는 게 아니라 시위했다는 이유로 처벌을 받지 않았다는 것이다.

비슷한 방식으로 고고학적 증거를 보면 매우 초기부터 가정교회의 존재를 뚜렷이 식별할 수 있다. 가정교회의 주변 이웃은 그 곳이 기독교인의 회합 장소라는 걸 잘 알고 있었을 것이다(화이트 1990). 뿐만 아니라 이내 많은 기독교인들이 확연히 기독교인 티가 나는 이름을 쓰기 시작했다. 학자들은 오늘날 그 이름들이 기독교식 이름이라는 것을 전혀 어렵지 않게 분간할 수 있다(바그날 1993). 틀림없이 고대의 비기독교인들 역시 기독교와 관련해 그 정도의 인식은 하고 있었을 것이다. 특히 장례와 관련된 새김 문자는 선명한 기독교인의 정체성을 드러내는 경우가 많았다(마이어스 1988, 피네건 1992).

기독교가 비밀 종파가 아니었음은 그들이 성장했다는 사실에서도 확연히 드러난다. 한 집단이 외부인에게 매력 있게 다가가려면 잠재적인 개종자가 최소한 그 집단을 찾아낼 수 있어야 한다. 더욱이 기독교처럼 고속 성장을 하려면 비구성원과도 긴밀한 유대관계를 유지해야 한다. 즉, 개방된 네트워크로 남아 있어야 한다. 그러므로 로마의 탄압이 너무도 일관되고 혹독해서 기독교가 비밀 지하운동이 되었다면 이 책은 쓰이지 않았을 것이다. 기독교가 진짜 지하운동이었다면 그 존재감은 무의미한 수준에 머물렀을 것이다.

다원성(Pluralism)

램지 맥멀른은 그의 역작 『로마 제국의 이방종교』에서 하르낙이 기독교의 확산에 관해 방대한 연구를 했지만 그 반대편에 있던 세력에 대해서는 아무 관심도 기울이지 않았다고 질책한다.

그러나 하르낙이 참조한 수천 권의 문헌에서 나는 단 한 권의 이교도 문헌도 찾을 수 없었다. 비기독교인이 어떤 생각과 신념을 지녔는지 알아내려는 최소한의 흔적으로 보이는 한 줄도 찾기 어려웠다. [기독교] 개종자가 그 전에 어떤 관점을 가졌는지 도외시하고 마치 선교가 백지장 위에 그려지는 것처럼 묘사하는 것은 역사학자의 눈에는 매우 기이한 접근으로 보일 수밖에 없다(1981:206).

정말 그렇다! 기독교가 어떻게 발흥했는지 알려면 어떻게 기독교가 확고한 기득권을 누리며 놀랄 만큼 다채로웠던 이교의 그늘에서 벗어났는지, 어떻게 발흥할 기회를 얻었는지를 살펴보는 것이 핵심이다.

이 문제를 효과적으로 접근하고자 한다면 새로운 사회과학적 도구를 끌어오는 게 도움이 될 것이다. 나의 가장 최근의 이론적 작업에서는 '종교 경제'라는 개념이 핵심 역할을 한다. 종교 경제(religious economy)는 한 사회에서 진행되는 모든 종교적 활동으로 이루어져 있다. 종교 경제는 현재 그리고 잠재적 고객의 시장으로 구성되어 있으며, 그 시장에 서비스를 제공하려는 일련의 '종교 기업'(religious firm)이 있고, 다양한 기업이 종교적 "제품군"을 선보인다는 면에서 상업 경제와 같다. 경건하다고 간주하는 무언가를 시장의 언어로 논하면 불쾌감을 느낄 사람이 있을 텐데, 불쾌감을 줄 의도는 아니었다. 다만 이렇게 함으로써 경제학에서 몇 가지 기본적인 통찰을 빌어와 종교 현상을 설명하는 데 도움을 받으려는 것이다(스타크 1985a, 1985b, 스타크와 베인브리지 1985, 1987, 스타크와 얀나코네 1992, 1994, 펑카와 스타크 1992).

이런 접근법은 많은 혁신을 가능케 한다. 우선 종교 소비자가 아니라 종교 기업의 행동에 주안점을 두는 것이 가능해진다. 이런 초점의 변화는 다음과 같은 통찰을 가능케 한다. 한 사회의 종교적 참여도가 하락세라면 사회과학자는 그 원인을 종교적 수요의 저하에서 찾았다. 역으로 종교성이 증가세라면 개인적 '필요'의 증가를 나타낸다고 상정했다. 그러나 종교 경제라는 맥락 안에서 이런 변화를 검토하면 관심을 종교 '공급자'에게로 돌리게 된다. 즉 어떤 조건 하에서 종교 기업이 '수요를 창출'할 수 있는가? 그리고 게으르거나 사기가 저하된 종교 기업이 잠재적 종교 소비자를 만났을 때 어떤 일이 일어나는가?

종교 경제의 작동방식을 고찰하며 내가 이내 깨달은 바는, 여기서 가장 결정적인 요인은 그 시장이 자유시장인가 아니면 정부가 독점을 목표로 경제를 규제하는 시장인가 여부라는 것이다. 이 깨달음으로 인해 일련의 이론적 명제를 정립했는데, 그 가운데 셋은 여기서도 유용하다. 첫 번째는 이러하다. '단일 종교 기업의 종교 경제 독점력은 국가가 종교 경제를 규제하기 위해 강제력을 동원하는 정도에 달려 있다.' 두 번째는 이러하다. '종교 경제의 비(非)규제도가 높을수록 종교 경제는 매우 다원화되는 경향이 있다.'

'다원적'(pluralistic)이라 함은 경제 내에서 활발하게 활동하는 기업의 수를 일컫는다. 더 많은 기업이 유의미한 시장 지분을 보유할수록 다원성도 커진다.

동일한 논리로, 종교 경제는 국가에 의한 전적으로 강제적인 지원이 있어도 결코 완전한 독점이 될 수 없다. 실제로 중세에 교회 권력이 일시적으로 정점에 달했을 때에도 교회는 이단과 반대파에 둘러싸여 있었다. 물론 국가의 탄압 조치가 충분히 강화되면 국가의 후원을 받는 독점 기업과 경쟁하는 종교 기업은 지하로 들어갈 수밖에 없다. 그러나 탄압이 누그러지면 누그러진 시점과 공간에서 다원성은 다시 피어나기 시작한다.

그러나 일단 다원성이 만개하면 세 번째 명제가 적용된다. '다원성은 신생 종교 기업이 시장의 지분을 확보하는 것을 억제한다.' 그러니까 신생 기업이 효율적이고 성공적인 기업들의 반대를 무릅쓰고 경제 내에서 입지를 확보하는 일은 힘겨운 투쟁일 것이라는 말이다. 이런 여건하에서 어느 신생 기업이 성공적으로 정착한다면 그것은 이미 표준화된 종교 문화에서 크게 벗어나지 않는 단순 변종에 불과할 것이다. 나태해지거나 세속화된 기존 개신교 기업이 새로 부상하는 종파에 자리를 내어주는 것과 같은 이치다(핑카와 스타크 1992). 그러나 진짜 새로운 무언가가 약진하는 것은 (가령 미국에서의 힌두 단체) 극히 드문 일이며, 다원성에 의해 시장의 평형상태가 유지되던 프로세스에 무언가 오작동이 일어났을 때에만 발생한다.

우리는 그레코-로만 종교 경제 내에서 규제가 별로 없었으며 예측했듯이 폭넓은 다원성을 유지했음을 살펴보았다. 얼마나 많은 수의 신종교 집단이 주요 그레코-로만 도시들에서 번창했는지는 파악하기 어렵다. 램지 맥멀른은 거의 모든 지역에 자기 이름으로 신전을 둔 주요 신은 10-15개 정도였고, "그 아래에" 특정 지역에 고유한 신들의 "큰 무더기"가 있었다고 고찰했다(1981:7). 정확한 숫자는 파악할 수 없지만 큰 수의 굉장히 복잡한 혼합체였을 것이다.

어떻게 로마의 신들이 그렇게 숫자가 많고 다양해졌는지에 관해서는 논란이 분분하다. 모두 한목소리를 내는 부분은, 로마의 지배가 확산되는 과정에서 새로 정복한 영토의 신들이 거꾸로 로마뿐 아니라 다른 주요한 무역 거점과 대규모 인구 중심지로 역유입되었다는 것이다. 그리고 이주민(무역상, 뱃사람, 노예)과 장기 해외 복무를 마치고 귀국하는 군인들이 새로운 신앙의 전달자였다는 점도 모두 동의하는 바다. 그러나 그 다음에 무슨 일이 일어났는지에 관해서는 의견이 분분하다. 프란츠 퀴몽([1929] 1956)은 이시스와 같은 신종교 집단이 성공적인 교인 모집 덕분에 성장의 발판을 마련할 수 있었다고 강조했다. 쥘 뒤땅은 이 점을 부인했다. 그는 이시스 숭배는 "토착화되지 못하고 이국적인 신종교"에 머물렀다고 주장했다(맥멀른에서 인용 1981:116). 맥멀른도 이 점에 동의했다. 맥멀른은 새김 문자 수집본을 검토한 후 이렇게 결론 내렸다. "우리는 이 신종교 집단이 새로운 신자 모집을 위해 소통하기보다 가족 구성원 내에서 그 신앙을 전파했다고 본다. 이 점은 이시스 신종교 집단이 어떤 혜택을 누렸는지 설명해 준다"(1981:116).

다른 한편 맥멀른은 유피테르 돌리케누스(Jupiter of Doliche)와 미트라(Mithraism) 신종교 집단은 "전적으로 개종에 의해" 성장하고 확산되었다는 데 동의한다(1981:188). 반면 이시스의 경우는 그 신앙의 기원이 철저히 조상 대대로 전래되는 것을 기반으로 삼고 있어서 심지어 개종 가능성을 배제할 정도였으며, 이런 연결고리가 왜 다른 유사한 신앙에는 적용되지 않는지 이해하기 어렵다. 그러나 어쩌면 현대의 개종 개념이 그레코-로만 시대에 신흥 신종교 집단을 수용하는 현상을 설명하기에는 부족하다는 아더 다비 녹크의(1933) 경고를 청종해야 할지도 모르겠다. 이런 종교들은 "원칙적으로 조상숭배에 대한 대안이라기보다는 보완책이었다"(1933:12). 녹크는 더 나아가 "이교로의 진정한 개종이 있었는가, 이런 질문조차도 기독교가 너무 막강해져서 그 라이벌인 이교가 이른바 반대와 대조로서 존재감을 가지게 된 시점부터 비로소 가능해졌다"고 했다(1933:15).

이교의 취약성

헨리 채드윅은 그의 독자들에게 "콘스탄티누스가 기독교로 개종할 당시 이교는 소멸 직전의 빈사 상태가 전혀 아니었다"고 했다(1967:152). 그리고 E. R. 도즈는 4세기에 "밑을 떠받치고 있던 국가의 손이 빠져나가자마자 이교는 와해되기" 시작했다고 고찰했다([1965] 1970:132). 내가 이 두 명의 유수한 학자들을 인용하는 이유는 역사학자들 사이에 존재하는 어떤 일반적인 공감대를 예시하기 위함이다. 즉, 이교의 몰락은 기독교에 의해 초래되었으며 콘스탄티누스의 개종이 결정타였다는 것이다. 그러니까 이교는 4세기에 기독교의 국교화가 이루어지고 그로 인해 이교 신전에 대한 국고지원이 중단된 이후 급격하게 내리막길을 걸었다는 것이다.

4세기와 5세기에 수없이 많은 신전이 철거되거나 용도 변경되었으며 이교가 몰락했다는 증거에 의혹을 제기할 사람은 아무도 없을 것이다. 맥멀른은 이렇게 고찰했다.

> 한때 찬란했던 비기독교 기득권 체제에 대한 가차 없는 수탈이 시작되었다. (기득권 체제라고 하는 이유는 신전이 지방세의 일부를 거둬갔고 토지를 보유했으며, 사제들은 헌신적이면서도 으스대기 좋아하는 기부자들에게 돈을 받고 별도의 투자를 받아 예배 비용을 충당했기 때문이다.) 수 세기에 걸친 신앙심의 결과로 축적된 지방 덩어리를 도려낸 것이다. 기원후 400년 즈음에는 거의 남은 게 없었을 것이다(1984:53).

그럼에도 불구하고, 기독교의 정치력으로 인해 이교가 약화되었다는 개념은 어떻게 기독교가 '국교화(化) 될 정도로' 대성공을 거둘 수 있었는지는 설명하지 못한다. 앞서 개략적으로 제시한 것처럼, 나는 이론적 토대에 근거하여 다음과 같이 주장하고자 한다. 로마의 다원주의를 구성하는 많은 종교 기업이 활력이 있었다면 기독교는 무명의 종교 운동을 벗어나지 못했을 것이다. 기독교가 이교의 반대를 무릅쓰고 의미 있는 입지를 구축했다면 우리는 이교의 취약성과 그 징후에 관심을 기울여야 한다.

먼저 다원성 그 자체에서 시작해 보자. 어떻게 새로운 신(神)들이 제국을 누비며 추종자들을 추수했는지는 모르지만, 내가 보기에 1세기의 제국은 이미 다원성이 '과잉' 수준이었다. 다양한 새로운 신들이 제국의 다른 지역으로부터 대거 유입되었으며 그 결과 E. R. 도즈가 말했듯이 "혼란스러울 정도로 많은 대안이 무더기로 쏟아졌다. 너무 많은 신종교 집단과 너무 많은 신비주의와 너무 많은 인생 철학자들이 선택권 안으로 들어왔다"([1965] 1970:133). 사람들은 이런 선택권이 너무 방대하다는 데 압도되어 어떤 특정한 신종교 집단에도 큰 지분을 걸기를 꺼리는 경향을 보일 것이다. 더욱이 인구가 증가세에 있지 않으므로 더 많은 신전과 더 많은 신은 (물질적으로나 심적으로나 모두) 각각이 끌어다 쓸 수 있는 자원이 축소되는 결과를 야기할 것이다. 만일 그러했다면 분명 어떤 쇠락의 징후를 감지할 수 있을 것이다. 실제로 상당한 규모였던 이교에 대한 지원의 삭감은 꽤 빨리 그 효과가 나타났을 것이다. 화려한 신전, 전임(專任) 제사장, 신도를 참여시키는 주요 수단인 호사스러운 축제를 특징으로 했던 이교는 사실 유지비용이 많이 들었다. 터툴리안이 『변증』 39에서 한 말을 인용해야겠다.

살리교는 축제를 할 때마다 어김없이 빚을 졌다. 열 번에 걸친 헤라클레스 제사와 희생제 만찬의 비용이 얼마인지는 회계사를 고용하여 계산해 봐야 알 정도였다. 아파투리아, 디오니시아, 애틱 신화에는 최고의 요리사가 배정되었다. 세라피스의 만찬에서 배출되는 연기는 소방수를 불러야 할 정도였다(1989 편).

이 모든 비용은 보통 사람들의 십시일반이 아니라 국고 지원과 소수의 부유한 기부자가 충당했다(맥멀른 1981:112). 만일 자금이 심각하게 위축되면 그 위축 효과는 즉각 가시적으로 나타났을 것이다.

실제로 이교의 쇠퇴를 보여주는 징후는 풍부하다. 로저 S. 바그날은 그의 뛰어난 연구 『고대 후기의 이집트』에서 "신성한 건축물을 헌정하는 새김 문자"가 급격하게 줄어들었음을 보고했다. 바그날은 이어서 이렇게 말했다.

이집트 신전 건물의 건축, 개조, 단장에 대한 황실 지원은 아우구스투스 이후 확연히 줄었고 안토니누스 통치기 내내 점진적으로 축소되다가 급격한 삭감을 거쳐 3세기 중반에는 완전히 사라졌다는 결론을 피하기 어렵다(1993:263).

바그날은 파피루스를 조사한 후 비슷한 결과를 보고하면서, 파피루스는 "3세기 중반 이후에는 깜짝 놀랄 만큼 신전과 사제에 관한 정보에 인색하다"고 지적했다(1993:264). 바그날은 증거를 요약해 보면 이집트의 이교는 "3세기에 확연히 쇠퇴했지만 … 1세기에 이미 내리막길에 접어들었음"을 보여준다고 했다(1993:267). 바그날은 쇠락을 최종적으로 보여주는 "외적 징후"로서 이시스 여신의 축제인 아메시시아가 마지막으로 열렸다고 알려진 것은 257년이었다고 지적했다(1993:267). J. B. 리브스(1995)가 문서화한 바로는 카르타고에서도 전통적인 이교의 영향력이 1세기부터 시작하여 비슷하게 내리막길을 걸었다.

바그날은 이시스를 언급함으로써 이교 쇠퇴의 두 번째 증거를 제시한다. 즉, 종교 경제의 격변성(volatility)이 극대화되었다는 것이다. 동방에서 전래된 신앙들이 갑자기 유행하기 시작했고 많은 이를 포섭했다. 이시스 신종교 집단은 (또는 더 정확히는 이시스와 세라피스의 신종교 집단) 대략 기원전 3세기경 이집트에서 발원한 것으로 더 오래된 전통을 재가공한 것으로 보인다(솔름센 1979). 이 신종교 집단은 알렉산드리아에서 시작하여 제국 전역으로 퍼져나갔다. 그러나 모든 지역으로 퍼진 것은 아니었고 균일한 속도로 퍼진 것도 아니었다.

팀 헤게두스(1994)는 이시스 확산의 규모를 코드화했고, 나는, 그의 작업을 차용하여, 6장에서 논한 22개 그레코-로만 도시 대부분에 이시스 신종교 집단이 상륙한 (만일 상륙했다면) 시점을 점수화할 수 있었다.[1] 이시스와 같은 신흥종교 집단의 확산은 전통적인 이교의 신전과 사당에서 충족시켜주지 못한 종교적 필요를 예시한다는 견해가 있다.

그렇다면 어떤 의미에서는, 이시스 숭배의 확산을 조사하면 시장 기회를 지도화하여 기독교의 확산을 예측하는 게 가능해질 것이다. 나는 이시스의 확산과 기독교의 확산 사이의 상관도가 매우 유의미한 수치인 .67임을 흡족한 마음으로 보고한다. 이시스가 간 곳에 기독교가 뒤쫓아간 것이다.

이교의 취약성을 보여주는 세 번째 측면은 공적 경외심의 부족과 관련되어 있다. 이것은 지나치게 북적거리는 신전 분위기 탓도 있고 이교도의 신 자체에 대한 개념과 관련된 것일 수도 있다. 이 주장을 예증하기 전에, 이런 "먼 옛날의, 문서화가 열악한 시대"는 고사하고 당장 우리 당대의 종교적 세태를 파악하는 것도 극도로 어려운 일이라고 경고한 램지 맥멀른에게 경의를 표해야만 하겠다(1981:66). 이 논점을 예증하기 위해 맥멀른은 이교도 신앙의 일반적인 실상을 보여주는 문헌에서 서로 상충되는 일련의 인용문을 취합했다. 가령 로마에서는 "유베날리스(로마 제국의 정치, 사회를 풍자한 시인—편집자) 시대에는 … 제단이나 신전에 신앙심을 표하는 사람은 누구나 조롱거리가 되었다"고 했던 반면 루시안은 "헬라인 대다수"와 모든 로마인이 "신자"라고 주장했다. 어느 쪽이 맞을까? 나는 이 시대가 "번뇌"의 시대였다거나 이 시대가 "신경쇠약증"에 걸렸다거나 이 시대가 "열정"의 시대였다는 등의 관점을 제기하는 역사적 심리주의를 경멸하는 맥멀른에 전적으로 동의한다. 숙련된 여론조사원으로서 나 또한 맥멀른이 몇몇 문학적 인용이나 소수의 새김 문자를 근거로 "6천만 명의 감정과 생각"을 규정하려는 시도에 회의적인 마음을 십분 공감한다.

그럼에도 불구하고 나는 고대의 종교적 신념에 관한 여론조사를 대체할 만한 무언가가 있다고 생각한다. 필요한 것은 걸러지지 않은 대중의 태도를 보여줄 표본이다. 그렇다면 폼페이 벽화가 지극히 신성모독적이며 더러는 매우 외설적인 그라피티와 그림으로 도배되었다는 고고학적 발견을 고려해 보자. 이것을 폼페이의 최후 운명과 연관 지을 생각은 전혀 없지만, 이것을 보고 나는 폼페이의 신앙심에 대한 전반적 태도에 깊은 의구심을 품게 되었다. 단지 일부 주민이 이런 것을 그려낼 생각을 했다는 것 때문이 아니라 아무도 이것을 지우거나 덧칠할 생각을 하지 않았다는 점이다. 맥멀른은 "다른 곳도 이처럼 잘 보존만 되었더라면 [유사한 그라피티가 존재]했을 것으로 보인다"고 평했다(1981:63). 내가 엉뚱한 결론으로 비약하는 것일 수도 있지만 이 데이터는 내게 이 시대 분위기가 불경스러움이 만연했다고 시사하는 듯하다.

또한 신성모독적인 그라피티가 시사하는 바는 이교의 신들은 오늘날 우리가 생각하는 (또는 초기 기독교인들이 생각하는) 신과 같지는 않았으리라는 것이다. 이교도의 신 개념에 관해 세세하게 논의하는 것은 10장으로 유보하겠지만 그 논의를 여기서 예견하는 것도 유익할 것이다. E. R. 도즈는 "대중적인 헬라 전통에서 신이 인간과 다른 주요한 점은 죽음으로부터 면제되었다는 것과 이로써 초자연적 능력을 얻었다는 것"이라고 고찰했다([1965] 1970:74). 더욱이 사람들이 다양한 신에게 도움을 간구하지만 신들이 진심으로 인간을 아꼈다는 개념은 존재하지 않는다. 아리스토텔레스는 신들은 단순한 인간에게 사랑을 느낄 수 없다고 가르쳤다. 고전 신화에는 신들이 종종 심심풀이로 인간에게 못된 짓을 하는 이야기들로 넘쳐난다. 아더 다비 녹크는 이런 신들을 숭배하며 진실한 믿음을 가지기는 어려웠을 것이라고 고찰했다(1964:4). 그러므로 어쩌면 폼페이의 벽화들이 진짜 전달하는 바는 신들에 대한 가볍고 공리주의적이며 분노심까지 녹아 있는 시대적 태도일 수 있다.

유일신교를 향하여?

많은 저술가들은 기독교가 출현할 당시 고대 세계는 유대교의 본보기에서 영감을 얻어 유일신교(monotheism)를 향하여 힘겹게 걸음을 떼는 중이었다고 한다. 최근의 사회과학적 이론화에 비추어볼 때 실제로 그랬을 개연성이 있으나 몇 가지 중요한 단서 조항을 달아야 한다. 그러므로 나는 여기서 다시금 잠시 멈추고 이번에는 신(神)들의 진화에 관한 몇 가지 이론적 명제를 소개하고자 한다. 여기서 소개하려는 구체적인 명제는 내가 윌리엄 심스 베인브리지와 공동으로 계발한 종교에 관한 형식 이론 안에서 추론한 것이다(1987).

많은 학자들은 종교가 유일신교 쪽으로 진화하는 경향이 있음을 주목했다(e.g. 스완슨 1960, 벨라 1964). 보다 정식으로 명제화하자면 이렇다.

사회가 오래 되고, 대형화하고, 세계화할수록[2] 사회는 더 큰 범주를 아우르는 더 적은 수의 신들을 숭배한다. 그러나 이 경우 논리적 추론의 과정을 따라가다 보니 무엇인가 참신한 것이 도출되었다. 왜냐하면 우리의 이론 체계 내에서 진화의 종착점은 무한한 범주를 아우르는 단일신(초자연적 존재)을 믿는 것으로 정의되는 유일신교가 아니었기 때문이다. 우리가 상정한 체계의 맥락에서 이런 신은 인간의 관심사로부터 거의 완전히 괴리되어 있거나 (유니테리언파나 중국 궁중 철학자들에 의해 맥을 이어온 몇몇 불교 종파들이 그 예다) 그리스 판테온의 신들처럼 위험할 정도로 변덕스러운 존재로 개념화되어야 한다. 여기서 관건은 신도의 합리성뿐 아니라 신의 합리성이다.

우리가 내린 추론의 주요한 결과는 (사탄 같은) 악하고 초자연적인 세력이 가장 합리적인 신성(神性)을 개념화하는 데 필수불가결하다는 것이다. '합리성'은 일관되고 목표 지향적인 활동을 특징으로 한다고 규정할 때, '초자연적인 세력을 두 가지 범주(선과 악)로 구분하는 것은 신에 대한 합리적 초상을 제시한다.' 우리의 체계에서 '선'과 '악'은 신들이 인간과 거래하는 과정에서 품는 의도성(intentions)을 일컫는다. '선'은 인간이 거래에서 이익을 보도록 허용하는 것을 이른다. '악'은 인간에게 강압적 거래나 술수를 써 손해를 끼치려는 의도를 일컫는다.

그러므로 우리는 인간과 어떤 거래도 하지 않고 멀찍이 동떨어져 있음으로 선악의 문제를 초월한 단일 신(a single god) 개념을 생각하거나

(도[道]는 거래 상대로 부적합하다), 하나 이상의 초자연적 실체의 존재를 인정해야 할 필요성을 추론했다. 선과 악은 신들의 목표 지향성을 나타낸다. 즉, 받는 것보다 더 많이 주거나 주는 것보다 더 많이 받으려는 의도를 나타낸다. 이런 의도 가운데 하나만을 품는 신은 둘 다 품는 신보다 더 합리적이다. 선악을 분리할 필요가 있다는 추론은 수천 년의 신학 사상과도 전적으로 일관됨을 주목하자. 우리는 더 나아가 '사회가 오래 되고, 대형화하고, 세계화할수록 선한 신과 악한 신의 구분선이 더 명확해진다'고 추론했다.

이런 이론적 예측은 역사 기록과도 일맥상통한다. 램지 맥멀른의 말을 빌자면 이렇다.

유일신교에 근접한 무언가가, 이러 저러한 접근을 통해, 로마인과 헬라인 가운데 오랜 세월 회자되며 추종자를 끌어들였다. 신을 높은 보좌에 좌정한 군주의 이미지로 그린다는 것은 익숙한 개념이었다. 신이 그의 일을 수행할 천사나 초자연적 존재를 거느린다는 것 역시 사탄이 그의 삼지창을 가지고 다니는 것만큼 익숙한 개념이었다(1984:17).

'하나님 경외자들'의 존재는 더 큰 범주의 더 적은 신을 선호하는 경향이 증가하는 것을 반영한다. 이런 추세는 이교의 타당성이 후퇴일로에 있음을 나타내는 것으로 이해할 수밖에 없다.

사회 해체

앞의 여러 장에서 나는 그레코-로만 사회와 특히 도시의 사람들이 얼마나 고질적인 사회 해체와 주기적으로 일어나는 극한의 위기로 고통을 당했는지 그 심각성을 강조한 바 있다. 나는 또한 이런 문제는 이교의 기관과 교리에 과부하 사태를 초래했으며 이교의 대응이 기독교의 대응과 대비되었음을 주목했다. 이런 논점들을 여기서 다시 설명할 필요는 없지만 명심할 필요는 있다.

요약하자면, 이교의 무기력과 기독교인의 통제 범위 밖에 있는 이교 자체의 취약점으로 인해 기독교에 상당한 확장 기회가 열렸다는 것이다. 만일 종국적으로 이교를 매장시킨 것이 기독교였다고 해도, 이교가 시한부 환자가 된 원인은 기독교가 아니었다.

종교 운동이 통제할 수 없는 여러 요소가 있는 것처럼 통제 가능한 요소도 있다. 본 장의 나머지 부분에서 우리는 초기 기독교로 알려진 종교 기업을 검토하고 이 기업을 그토록 효과적으로 만든 게 무엇이었는지 살펴볼 것이다.

조직

다원성이라는 화두로 되돌아가 보자. 종교 기업에는 두 가지 매우 상이하면서도 기본적인 유형이 있다. 그러므로 다원성에도 매우 이질적인 사회적 함의를 지닌 매우 상이한 두 가지의 유형이 있는 것이다.

한 유형의 종교 기업은 서구 세계에 사는 우리에게 가장 익숙한 것으로서, '배타적인 헌신'을 요구한다. 구성원은 오전에는 교회에 갔다가 오후에는 이슬람 사원에 갔다가 저녁에는 유대교 회당에서 보낼 자유가 없다. 또 다른 유형의 기업은 '비(非)배타적'이며 다수의 종교에 참여하는 것을 당연시한다. 이런 기업은 아시아인에게 친숙하다. 가령 일본에는 대부분의 사람이 하나 이상의 종교적 기호가 있다고 보고한다. 종교 단체에 가입한 사람의 통계치는 전체 인구수의 1.7배에 달한다(모리오카 1975). 배타적인 헌신을 요구하는 기업으로 이루어진 다원적 종교 경제는 집단 사이에 갈등이 일어날 가능성이 높으며, 비배타적 기업으로 이루어진 종교 경제는 종교 갈등을 빚을 일이 별로 없을 것이다.

각 유형의 기업을 좀 더 면밀히 보면 매우 기본적인 차이점이 눈에 띈다. 배타적 기업은 이전 장에서 상세히 논한 프로세스인 종교의 '집단적 생산' 활동을 영위한다. 비배타적 기업은 집단적 생산이 지속가능하지 않기에 '사적으로 생산'된 종교 상품을 주력분야로 삼는다. 로렌스 얀나코네(1995)가 정의했듯이 사적으로 생산된 종교 상품은 중개 집단의 개입 없이 개인 생산자로부터 개인 소비자에게로 이전될 수 있다. 뉴에이지 수정(크리스탈), 별자리표, 심리 치유 등은 사적으로 생산된 종교 상품의 현대판 사례다.

8장에서 얀나코네를 따라 나는 어떻게 종교적 보상장치가 본질적으로 리스크가 있는지, 어떻게 집단적 생산으로 인해 가짜 보상장치로 인식되는 리스크가 크게 감소되는지 설명한 바 있다. 그러나 우리가 인지해야 하는 점은, 다른 모든 조건이 동일하다면 사람들은 금융 투자 같은 여타 리스크에 반응하는 것과 동일한 방식으로 종교 리스크에도 반응할 것이라는 점이다. 즉, 사람들은 '분산화'를 추구할 것이다. 만약 내게 어떤 종교 투자의 조합이 가장 안전한가를 판단할 능력이 없다면 내가 취할 수 있는 가장 합리적인 전략은 다수 또는 전부를 내 포트폴리오에 포함시키는 것이다. 바로 이것이 비배타적 기업과 마주할 때 사람들이 하는 일이다. 그러나 다른 모든 조건이 동일하지 않은 경우가 다반사이며 종교적 지분을 분산시키는 자유가 허용되지 않을 때도 많다.

로렌스 얀나코네(1995)가 계발한 두 가지 이론적 명제가 쟁점을 선명하게 정리해 준다. 첫 번째 쟁점은 이것이다. '종교 기업이 사적으로 생산된 재화를 제공하기 위해 존재하는 경우에는 소비자는 항상 경쟁 세력과 리스크 회피로 말미암아 다수의 기업을 후원하고 그렇게 함으로써 그들의 종교 포트폴리오를 분산시키는 방향으로 나아갈 것이다.' 두 번째 명제는 이렇다. '종교 기업이 집단적 재화의 생산을 활성화시키기 위해 존재한다면 그 기업과 그 후원자들은 무임승차자 문제를 해소하기 위해 항상 배타성을 요구할 것이다.'

분명한 점은, 그레코-로만 이교를 구성하는 종교 기업들은 비배타적이었으며 유대교와 기독교는 배타적 유형이었다는 것이다. 그리고 여기에 기독교가 최종적으로 승리하게 된 주요한 측면이 있다. 배타적 기업은 조직상 훨씬 탄탄했으며 전방위적으로 자원을 동원하고 상당한 세속적 혜택뿐 아니라 높은 신뢰성을 가지는 종교적 보상장치를 제공하는 데도 월등한 능력을 갖췄다. 이런 차이점을 이해하기 위해 비배타적 기업을 좀 더 면밀히 살펴보자.

클라이언트 신종교

1979년에 윌리엄 심스 베인브리지와 나는 비배타적 종교 기업의 성격 규명을 위해 클라이언트 신종교(client cult)라는 개념을 처음 도입했다. 이 용어는 생산자와 소비자의 관계가 성직자와 교인의 관계보다는 전문직 서비스 종사자와 클라이언트(고객) 간의 관계와 훨씬 닮은꼴이라는 것을 부각시키기 위해 사용했다. 또는 에밀 뒤르켐이 주술에 관해 고찰한 바와 같다.

주술사와 그에게 자문을 구하러 온 개인 간에는 지속적인 유대가 없으며 자문을 구하러 온 사람들 간에도 그러하다. … 주술사는 클라이언트 집단이 있을 뿐이지 교회가 있는 건 아니다. 그의 클라이언트들은 상호 간에 어떤 관계도 맺지 않을 가능성이 크고, 아예 서로 모를 수도 있다. 주술사와 클라이언트의 관계도 일반적으로 우발적이며 일시적이다. 그 관계는 의사와 환자의 관계와 똑같다(1915:44).

뒤르켐은 이 문제를 이렇게 정리했다. "주술사가 인도하는 교회는 없다." 즉, 교회의 초석은 장기적, 안정적, 배타적 헌신을 유지하는 사람들이다. 그러나 사람들이 종교 포트폴리오(portfolio, 위험을 줄이고 투자수익을 극대화하기 위해 여러 종목에 분산 투자하는 방식—편집자)를 구축하면 어느 특정 주식에 대한 헌신은 약화되며 그나마도 언제 재고의 대상이 될지 모른다.

토마스 로빈스는 사람들은 "관용성이 없는 유대교와 기독교 신앙으로는 '개종'(convert)을 했지만 그와 달리 이시스나 오르페우스, 미트라 신종교 집단은 그저 '신봉'(adhere)하는 데 그쳤다"고 했다(1988:65). 맥멀른도 동일한 논점을 펼친 바 있다. "기독교인에 대한 이교도의 끔찍한 분노와 잔인성이 극에 달했을 때도 이교도는 어떤 신종교 집단'으로' 사람을 개종시키려는 노력을 하지 않았다. 다만 그들이 보기에 무신론인 상태에서 '벗어나도록' 만들려고는 했다. 누군가는 이것을 보고 거의 광기에 가까운 관용이라고 할 것이다"(1981:132). 유사한 방식으로 비배타적인 여러 신앙이 조합으로 존재할 때 하나의 개별 항목에 부여하는 가치는 낮게 인식될 것이다. 이 점은 신성한 것을 공공연히 무시하는 세태를 설명하는 데 도움이 된다. 가령 대만에서는 전통 토속 신이 소원을 들어 주지 않았다고 신상을 막대기로 후려치는 일이 일어난다. 리비우스는 그레코-로만 시대의 "사람들은 강경한 언어로 신들을 공격했다"고 했으며(『역사』 45.23.19, 1959 편) 리바니우스는 많은 사람들이 매일같이

"일이 틀어질 때마다" 신들을 비방했다고 주장했다(『수사학』 19.12, 1969 편). 폼페이의 벽화를 상기해 보라.

사람들이 자신들의 종교 포트폴리오를 개선하려고 여기저기 쇼핑을 하러 다니면 통상적으로 신생 종교 기업의 창업비용은 매우 저하될 것이다. 이것은 시장 포화에 일조할 것이며 종교 재화의 가격은 비례적으로 떨어질 것이다. 얀나코네가 지적했듯이 경쟁 때문에 비배타적 기업은 전문화될 수밖에 없을 것이며 시간이 지나면 비배타적 기업은 "고도로 특화된 전문점과 상당히 비슷해질 것이다"(1995:289).

비배타적 종교 기업은 주로 사제들로 구성되어 있을 것이고 사제들은 클라이언트에게 그 기업의 신들이 제공하는 효험을 설득함으로써 응당 이득을 볼 것이다. 가령, 사제들은 통상 "희생제물"로 바쳐진 짐승의 고기를 먹었다(베어드 1964:91). 그러므로 이런 기업에서 선보이는 종교적 보상장치는 신뢰성이 떨어질 것이며 그로 인해 가치가 절하된다. 단순화하자면, 이방 신종교는 사람들이 무언가를 더 '행하도록' 만들지 못했다. 락탄티우스가 이교에 관해 말했듯이 이교는 "손쉬운 예배 그 이상도 이하도 아니다"(『신학 체계』 5.23, 1964 편). 이 취약성의 근저에는 '소속하도록' 만들지 못하는 비배타적 신앙의 무능함이 있다.

종교 포트폴리오는 종합 서비스(full-service)를 하는 종교 기업이 부재할 때는 나름 쓸모가 있었을 것이다. 그러나 역사가 시사하는 바는 비배타적 신앙이 배타적 경쟁자의 도전을 받게 되면 상대적으로 규제가 적은 시장에서는 배타적 기업이 승리한다는 것이다.[3] 배타적 기업이 이기는 이유는 그들이 비용 측면에서 더 고가지만 더 나은 거래를 선사하기 때문이다.

8장에서 우리는 종교가 집단적 재화 생산을 고수할 때 많은 것이 달라짐을 보았다. 이런 집단은 얀나코네가 고찰했듯이 배타적 헌신을 요구할 수 있고 또 실제로도 그렇다. 물론 그러려면 부분적인 서비스가 아닌 종합 서비스를 제공해야 하며 얀나코네가 "종교에 대한 백화점식 접근법"이라고 말한 형태의 기업으로 자리매김해야 한다(1995:289). 배타적 기업은 포괄적인 신앙체계와 모든 연령층을 만족시킬 영적, 사회적 활동을 제공해야 한다. 배타적 종교 집단에 가담한다고 해서 사람들의 분산화 충동이 필연적으로 사라지는 것은 아니다. 하지만 참여할 때에만 공유할 수 있는 강력한 종교적 유익을 얻고자 한다면 분산화 기회는 차단된다. 이교의 맹점이 소속하도록 만들지 못하는 데 있었듯이 배타적 신앙의 근본적인 강점은 집단으로서의 위력에 있었다.

E. R. 도즈는 이 점을 누구보다도 잘 피력했다.

기독교 회중은 애초부터 이시스나 미트라교 헌신자 집단보다 훨씬 풍부한 의미의 공동체였다. 교회의 구성원은 공동의 의례뿐 아니라 공동의 삶의 방식으로 결속되었다. … 이웃 사랑이라는 미덕이 기독교의 전유물은 아니지만 [이] 시기의 기독교인은 다른 어떤 집단보다 이웃 사랑을 효과적으로 실천했던 것으로 보인다. 교회는 사회적 안전망의 핵심 요소를 제공했다. … 그러나 이런 물질적인 유익보다 더 중요하다고 사료되는 부분은 기독교 공동체가 제공하는 소속감이었다([1965] 1970: 136-137).

이 공동체 의식과 소속감의 중심 요소는, 모든 배타적 종교 집단의 공통점이기도 한, 성직자와 평신도 간의 강력한 유대였다(뱅크스 1980). 당신이 기독교 성직자에게 다가가는 이유는 종교 재화를 구매하기 위해서가 아니라 기독교적인 삶을 온전히 구현하기 위한 지도를 받기 위함이다. 성직자는 양떼와 거리를 두지도 않았다. 성직자는 신비스러운 비밀을 움켜쥔 배타적인 엘리트가 아니라 선생이요 친구였다. 터툴리안이 설명했듯이 성직자는 "돈으로 구매한 것이 아닌, 확고한 인격"으로 선발된 이들이었다(『변증록』 39, 1989 편). 더욱이 교회는 자원을 조달하려면 평신도 층에 의존해야 했다. 터툴리안은 다음과 같이 언급했다.

하나님의 것이라면 그 어떤 것도 돈으로 사고 파는 예가 없다. 비록 우리가 헌금함을 가지고 있지만 그건 가격이 정해져 있는 종교처럼 구매액으로 채워지지 않는다. 매월 정한 날에 원하는 사람들은 각자 약간의 기부금을 넣는다. 그러나 모든 것은 자발적으로 이루어지며, 기부자가 기쁨을 느끼고 능력이 되고 강요받지 않는 한도 내에서 하는 것이다. 이런 헌금은 과거에도 그랬고 지금도 신앙심의 적립 기금이다.

그 결과 기독교는 국고 지원에 의존하지 않았고 부유한 자의 역할이 크게 축소되었다. 적은 돈으로 내는 십시일반은 금세 불어났다. 초기 교회는 온전한 의미에서의 대중 운동이었으며 엘리트의 전유물이 아니었다. 램지 맥멀른은 로마 당국이 이 사실을 이해하는 데 실패했기 때문에 이상한 식의 박해를 했다고 보았다. 그러니까 지도층만 체포하고 일반 기독교인은 버젓이 활동하는데도 처벌하지 않았던 것이다(1981:129). 로마인들이 기독교를 말살하기로 결정했을 때 "그들은 지도층부터 하향식으로 했다. 당연히 교회 지도자들만 중요하다고 생각했던 것이다." 맥멀른에 의하면 이 판단착오는 엘리트층에 전적으로 의존했던 이교가 상부부터 하향식으로 쉽게 파괴될 수 있었다는 점과 무관하지 않다.

8장에서 지적했듯이 초기 교회에는 금욕주의자들이 넘쳐났는데, 그들이 신앙의 가치에 대해 간증하면 큰 신뢰를 받았을 것이라는 점도 언급할 가치가 있다. 마지막으로 기독교는 고도로 헌신된 평신도에 근간을 둔 대중 운동이었기 때문에 최고의 마케팅 기법을 활용할 수 있었다. 바로 사람 대 사람으로 영향을 미치는 것이다.

결론

기독교가 성장한 이유는 (비록 많은 기적이 일어났지만) 저잣거리에서 기적을 행사해서도, 콘스탄티누스가 기독교가 성장해야 한다고 천명해서도, 심지어 순교자들이 신뢰도를 높였기 때문도 아니었다. 기독교가 성장한 이유는 기독교인이 치열한 공동체 생활을 했기 때문이다. 이 공동체를 통해 소(小) 플리니우스를 그토록 불쾌하게 만들었던, 그리고 엄청난 종교적 소득을 양산한 기독교인의 "불굴의 의지"가 창출되었다. 그리고 성장의 주요 수단은 하나로 뭉쳐 의욕적으로 친구와 친척, 그리고 이웃을 초대하여 "복음"을 나누려고 노력했던 수적으로 증가하는 기독교 신자들이었다.

10

미덕에 관한 소고(小考)

과거와는 대조적으로 오늘날의 역사학자들은 사회적 요인이 어떻게 종교 교리를 형성했는지 논의하기를 즐긴다. 안타깝게도 어떻게 교리가 사회적 요인을 형성했는지에 관해서는 다소 논의를 꺼리는 분위기가 공존한다. 이런 경향은 특히 기독교 발흥의 원인이 우월한 신학에 있다는 주장에 알레르기 반응을 보이는 것으로 심심치 않게 나타난다. 사상은 부수현상에 불과하다는 마르크스주의의 시대착오적이며 터무니없는 주장에 너무 오래 휘둘린 탓에 이런 알레르기가 생긴 역사학자들도 있을 것이다. 그러나 일부 역사학자는 종교적 신앙 자체를, 특히 "승리주의"의 냄새를 풍기는 모든 것을 마음속 깊이 불편하게 여기기 때문에 이런 입장을 취한다. 요즘 시대는 특정 종교 교리가 다른 교리보다

〈"**엄지를 내리라**"〉 격투전에서 승리한 검투사가 상대편 최후의 생존자 위에 올라서 그를 살릴지 죽일지 관중의 신호를 기다리고 있다. 엄지손가락을 내리는 신호는 죽음을 의미했다.

"낫다"고 말하는 것을 취향이 촌스럽다고 본다.¹ 마이클 화이트(1985)와 자로슬라브 펠리컨(1962) 두 사람 모두가 지적했듯이 하르낙은 교리의 우월성을 주장한다는 이유로 심심치 않게 조소의 대상이 되곤 했다.

물론 앞 세대의 역사학자들이 그들의 독실한 기독교 신앙 탓에 기독교의 발흥을 신이 인도한 미덕의 필연적 승리로 만들어 버린 것은 사실이다. 실제로 화이트가 지적했듯이 하르낙과 그의 학파에게 '확장'이라는 용어는 '복음적 메시지의 승리'와 거의 동의어로 … 사용되었다"(1985 : 101). 그러나 이런 치우침이 보다 철저한 학문성(비록 하르낙보다 더 철저한 사람을 상상하기 어렵지만)의 발목을 잡았다고 해서 신학 자체를 무의미한 것으로 폄하하는 것까지 정당화되는 것은 아니다. 실제로 앞의 몇 장에서 교리가 지대한 중요성을 띠는 경우가 종종 있음이 분명히 드러났다. 분명 교리는 역병이 돌던 시기의 환자 간호, 낙태와 영아 살해 거부, 출산율 제고, 열정적인 조직문화 형성에 중추적인 역할을 했다. 그러므로 나는 본 연구를 마무리하며, 내가 보기에는 기독교 발흥의 '궁극의 요인'이라고 여겨지는 무언가를 정면으로 다루는 게 필요하다고 생각한다.

나의 논제를 기술하자면 이렇다. '기독교의 중심 교리는 매력적이고 해방적이며 효과적인 사회관계와 조직을 촉발하고 지탱했다.'

나는 이 종교의 독특한 교리가 기독교를 역사상 가장 광범위하고 성공적인 재활성화 운동 가운데 하나로 자리매김했다고 믿는다. 그리고 기독교의 발흥은 이 교리가 실제로 삶의 구체적인 측면에서 조직과 개인의 행동 양식을 결정한 결과다. 본 장에서는 이 두 가지 논점을 간략히만 다룰 것이다. 이미 앞의 아홉 장 전반에 걸쳐 암묵적으로, 또는 종종 매우 직접적으로 다루었기 때문이다.

말씀

유대교/기독교나 이슬람 문화권에서 성장한 사람이라면 누구나 이교 신들을 우습게 보는 경향이 있다. 이교의 신은 크고 작은 숱한 신 가운데 하나로, 각각 매우 제한된 범위와 능력과 관심사를 가졌다. 더욱이 도덕적 결함도 만만찮은 것으로 보인다. 신들끼리 몹쓸 짓을 하거나 인간에게 추악한 장난을 치기도 한다. 그러나 대부분의 경우 신들은 '저 아래' 세상에서 일어나는 일에는 거의 무관심한 것처럼 보인다.

나름의 교육을 받은 이교도는 "하나님이 세상을 이처럼 사랑하사…"라는 단순한 구절 앞에서 당황했을 것이다. 아울러 신이 인간이 서로를 어떻게 대하는지에 관심을 가진다는 발상은 어불성설이라고 생각했을 것이다.

이교도의 관점에서 보자면, 하나님(God)이 인간에게 어떤 행위를 요구한다는 유대교나 기독교의 가르침은 전혀 새로울 바가 없었다. 이교에서도 신들은 항상 희생제와 예배를 요구했기 때문이다. 하나님이 인간의 갈망에 반응한다는 것도 전혀 새로울 바가 없었다. 그들도 신들이 희생제를 받는 대신 인간에게 서비스를 제공한다는 개념이 있기 때문이다. 그러나 4장에서 고찰했듯이 하나님이 자신을 사랑하는 자들을 사랑한다는 발상은 그야말로 새로운 것이었다.

실제로 E. A. 저자가 상세하게 고찰한 것처럼, 고전시대 철학자들은 자비와 동정심을 병리학적인 감정으로, 그러니까 합리적인 사람이라면 누구나 피해야 할 성격상의 결함으로 간주했다. 자비란 '노력하지 않은' 자에게 도움이나 위안을 제공하는 것이므로 정의와 상반되었다. 그러므로 "자비는 실상 전혀 이성의 통치를 받지 않으며" 인간은 "자비라는 충동을 절제하는 법"을 배워야만 한다. "받을 자격이 없는 자가 자비를 구하는 외침"에는 "응답하지 말아야 한다"(저지 1986:107). 저지는 또 이렇게 고찰했다. "동정심은 현자(賢者)에게는 걸맞지 않은 성격적 결함이며 아직 성인이 못 된 사람만 동정심을 핑계삼을 수 있었다. 동정심은 무지에 근거한 충동적인 반응이었다. 플라톤은 그의 이상국가에서 걸인들을 국경 바깥으로 내다버림으로써 걸인 문제를 근절하려 했다."

기독교는 이런 시대적 분위기 속에서 자비가 주요한 미덕이며 자비로운 신이 인간에게도 자비로울 것을 요구한다고 가르쳤다. 하나님이 인류를 사랑하시기 '때문에' 기독교인은 '서로 사랑'하지 않으면 하나님을 기쁘시게 하지 못한다는 논리는 완전히 새로운 무언가였다. 아마 더 혁명적이었던 것은 기독교인의 사랑과 구제는 가족과 부족의 경계를 넘어서까지 확장되어야 한다는, "각처에서 … 우리의 주 되신 예수 그리스도의 이름을 부르는 모든 자들"(고전 1:2)에게로까지 나아가야 한다는 원칙이었을 것이다. 실제로 사랑과 구제는 기독교 공동체를 넘어서까지 확장되어야 한다. 4장에서 길게 인용한 바 있는 키프리안 주교가 카르타고에서 그의 양떼들에게 가르친 내용을 상기해 보라.

그 후 우리끼리만 아끼고 사랑과 관심을 베푸는 것은 마땅한 일이지 칭찬받을 일은 아니라고 덧붙이며, 누군가 온전해지려면 이방인이나 세리보다 무언가를 더해야 하며 악을 선으로 이기고 하나님과 같이 자비와 선을 행하고 원수조차 사랑해야 한다고 했다. … 그러므로 선행의 대상은 단지 믿는 가정이 아니라 모든 사람이었다(하르낙에서 인용 1908:1:172-173).

이것이야말로 혁명적인 무언가였다. 실제로 이것은 일련의 비극적인 참상 아래 신음하는 로마 사회를 재활성화하는 문화적 토대가 되었다.

육신

웨인 믹스는 그의 최근 역작 『기독교 도덕성의 기원』에서 우리가 "도덕이나 윤리에 관해" 말할 때 "우리는 사람에 관해 말하는 것이다. 텍스트는 윤리가 없다. 사람은 윤리가 있다"고 우리에게 일깨워 주었다 (1993:4). 기독교 텍스트와 가르침이 일상에서 삶으로 실천될 때만 비로소 기독교는 인간의 경험을 탈바꿈시켜 비참함을 극복할 수 있었다.

이런 비참함 가운데 단연 으뜸은 인종적 다양성과 이에 수반되는 들끓는 증오심의 요지경이 빚어내는 문화적 혼돈이었다. 로마는 제국을 통일하면서 문화적 혼돈이라는 대가를 지불하고 정치경제적 통일성을 이룩했다. 램지 맥멀른은 로마 제국이 포괄하는 "언어, 신종교 집단, 전통, 교육 수준의 다양성"이 어마어마한 수준이었다고 썼다(1981:xi). 그레코-로만 도시는 이런 문화적 다양성의 소우주였음을 인식해야 한다. 다양한 문화적 배경을 가지고 다양한 언어를 구사하며 온갖 종류의 신들을 숭배하는 사람들을 정신없이 한데 몰아넣은 것이 그레코-로만 도시였다.

내 판단으로는 기독교가 제국 내에서 재활성화 운동으로서 주요하게 쓰임 받은 부분은 '민족성(ethnicity)을 완전히 탈피한' 통일성 있는 문화를 제시한 것이다. 민족적 유대를 단절하지 않아도 모든 이가 환영받았다. 그러나 바로 이런 이유로 기독교인 가운데에는 민족성이 점차 희석되고, 새롭고 보다 보편적이며 실로 세계시민적인 규범과 관습이 등장하기에 이르렀다. 이런 식으로 기독교는 인종 장벽을 처음에는 우회했다가 나중에는 압도했다. 인종 장벽이야말로 오랜 세월 유대교가 재활성화의 토대로 쓰임 받는 것을 가로막았던 요인이었다. 이교 신들과 달리 이스라엘의 하나님은 백성에게 실제로 도덕률과 책임을 부과했다. 비록 앨런 시걸(1991)의 말처럼 1세기의 유대교가 흔히들 인식하는 것보다는 포괄적이었다고 해도, 유대인의 하나님을 받아들이려면 유대인의 민족적 정체성을 덧입어야 했다. 나는 '하나님 경외자들'의 존재가 이 포괄성의 예시라는 시걸의 말에 동의한다. 하지만 '하나님 경외자들'은 율법을 전적으로 수용하지 못한다는 바로 그 이유로 디아스포라 유대인 공동체의 주변부에 머물렀다. 이렇게 율법은 개종을 가로막는 주요한 인종 장벽으로 남아 있었던 것이다. 실제로 내가 3장에서 주장했듯이 디아스포라의 많은 헬라 유대인이 기독교에 큰 매력을 느낀 이유는 바로 부담스럽게 여기던 민족적 정체성의 속박을 풀어주었기 때문이다.

기독교는 또한 5장의 대부분을 할애하여 다룬 남녀 관계와 가족 내 관계를 위시한 사회적 관계의 해방을 촉발했다. 그리고 7장에서 고찰했듯이 계급 간 격차를 크게 완화시켰다. 노예와 귀족이 그리스도 안에서 서로 형제로 반겼다는 것은 단순한 수사(修辭) 이상이었다.

그러나, 아마도 그 무엇보다도, 기독교는 변덕스러운 잔인성과 대리만족적 죽음의 갈망으로 가득 찬 세상에서 인류에 대한 새로운 개념을 제시했다(발튼 1993). 퍼피츄아의 순교에 관한 기술을 고려해 보자. 여기서 우리는 원형경기장에 선 적은 무리의 결연한 기독교인들이 군중들이 지켜보는 가운데 들짐승의 공격을 받으며 오랜 시간 고통 속에 잔인하게 죽어가는 광경에 대한 상세한 묘사를 접한다. 그러나 여기서 또한 알 수 있는 바는 기독교인이 황제에게 희생제를 드리라는 요구에 굴복하여 목숨을 건졌더라도 다른 누군가가 짐승에게 던져졌을 것이라는 점이다. 사실 이것은 황제의 어린 아들의 생일을 기념하기 위해 거행된 경기였다. 경기가 거행될 때마다 사람들이 죽어야 했다. 수십 명, 때로는 수백 명이 죽었다(발튼 1993).

돈을 받고 자원한 검투사와는 달리 들짐승에게 던져진 사람들은 종종 유죄판결을 받은 범죄자였다. 이들의 운명을 두고 자업자득이라고 할 수도 있을 것이다. 그러나 여기서의 쟁점은 사형이 아니다. 그렇다고 매우 잔인한 형태의 사형은 더욱 아니다. 쟁점은 스펙터클 쇼다. 경기장의 군중에게는 사람이 짐승에 의해 갈가리 찢겨 잡아먹히고 무장 격투전으로 희생당하는 장면을 지켜보는 게 궁극의 쇼였던 것이다. 한 소년의 특별한 생일 선물이 될 정도로 말이다. 이런 사람들의 정서 상태가 어떠했을지 헤아리기란 쉬운 일이 아니다.[2]

여하간 기독교인은 잔인성과 쇼 관람 둘 다 정죄했다. "너희는 살인하지 말지니라"고 터툴리안은 독자들을 일깨웠다(『스펙터클』). 그리고 경기 관람이 일반화되자 기독교인은 이런 '경기'를 관람해선 안 된다고 금했다. 더 중요한 점은 기독교인이 이교도가 관습적으로 가볍게 행하는 잔인성과는 전적으로 양립 불가한 도덕적 비전을 효과적으로 선포했다는 것이다.

결론적으로 기독교가 개종자에게 선사한 것은 그들의 인간성에 다름 아니다. 이런 의미에서 미덕은 그 자체로 보상이 되었다.

미주

***

1장 개종과 기독교의 성장

1. 폴 존슨은 250년경 시작된 데시우스 황제의 박해는 "기독교인이 이제 훨씬 숫자가 많아졌고" 그 수가 빠르게 증가하는 것 같다는 사실에 대한 반작용이었다는 통찰력 있는 주장을 했다(1976:73).
2. 이 운동 내에서 그녀의 호칭은 어김없이 '미스'(Miss)였다.
3. 신약성서를 읽어보면 (특히 여러 사도들이 쓴 서신을 보면) 거의 시발점부터 기독교 운동은 매우 크고 번창하는 사업이었다는 결론을 내리기 쉽다. 그러므로 베드로가 그의 첫 번째 서신에서 "본도, 갈라디아, 갑바도기아, 아시아, 비두니아에 흩어지 나그네"를 안부인사에 포함시킨 것을 보면 여기서 포괄하는 수신인은 압도당할 만큼 큰 숫자였던 것처럼 느껴진다. 실제로 바울은 로마서 16장에서 20명이 넘는 그리스도인에게 안부인사를 전했다. 나의 동료 마이클 윌리엄스는 세미나 학생들에게 이런 서신의 수신인의 총 규모가 어느 정도일지 가끔 물어보곤 했다. 학생들은 어김없이 수천 명에 달하는 숫자일 것이라고 했다. 반면 나는 바울이 처형당하고 베드로가 십자가에 못박혔던 60년대의 기독교인 수는 총 2-3천명 사이였을 것이라고 추산한다. 나의 추정치를 변호하자면, 당시 여러 도시에서, 심지어 로마에서조차도 교인 규모와 무관하게 기독교인은 여전히 개인 가정 집에서 예배를 드렸음을 주목해야 할 것이다. 나의 문선명교 체험이 시사하는 바가 있으리라 생각하며 잠시 언급하고자 한다.
    1960년대 초반 샌프란시스코에서 수년간 포교활동을 한 후 미스 김은 이 단체를 소규모의 선교팀으로 쪼개 각 팀을 새로운 도시로 파송해야 한다고 판단했다. 그녀는 구성원들이 너무 자기들끼리 시간을 많이 보내는 점을 우려했고, 더 비옥한 선교지가 어딘가에 기다리고 있을 것이라고 보았다. 그러므로 그녀는 젊은 구성원들을 두세 명씩 묶어 달라스, 덴버, 버클리 등의 타지로 파송했다. 그녀의 팀들은 새 도시에 정착했고 소수의 신규 개종자들이 유입되기 시작했다. 이로써 미스 김의 기대치는 부분적이나마 충족되었다. 바울처럼 미스 김은 많은 서신을 썼고 종종 상당한 분량을 교리와 교리 해석의 문제에 할애했다. 미스 김의 편지들은 안부 인사로 넘쳐났다. 만약 내가 편지를 소장하고 있다면 독자의 규모 면에서 신약성서의 서신들과 정확한 비교를 할 수 있었으리라 생각한다. 다음은 미스 김의 서신에 전형적으로 나오는 안부인사를 내 기억대로 가상으로 옮긴 것이다. "엘라 자매에게, 하워드 형제에게, 달라스에서 방문 중인 도로시에게, 그리고 산호세의 통일교에 참여하는 모든 사람들에게 아버지의 이름으로 문안드립니다." 헌데 미스 김이 이런 편지를 보낼 시점에 미국 전역의 통일교도 수는 아직 200명이 채 못 되었을 것이다. 엘라, 하워드, 도로시는 아마도 산호세에 거주하는 유일한 문선명 교도였을 것이다. 미스 김이 자주 언급한 '참여하는 사람들'은 아직 교회 구성원은 아니지만 교인들과 종교에 관해 논의할 의향이 있는 사람들이었다.

2장 초기 기독교의 계급적 기반

1.   가장 지명도 있는 반대자는 예일 역사학자 케네스 스캇 라투레트(1937:109-110)였다.
2.   아직도 기독교가 프롤레타리아 운동이었을 뿐 아니라 이것이 학계의 지배적 관점이라고 우기는 마르크스주의자들이 있다(참조 게이저 1975).
3.   신실한 몰몬교도였던 애링튼과 비튼이 19세기 몰몬 반대자들이 몰몬 개종자들을 부랑자와 건달로 규정한 것을 두고 대부분의 몰몬교인이 매우 가난했다는 뜻으로 해석한 것은 애석한 일이다. 추정하건대 많은 몰몬교인이 서부로의 대이동 과정에서 심각한 금전적 손실을 입었고 그로 인해 역경을 겪었던 것 같다. 그러나 이것은 몰몬교인의 사회적 출신 배경과 본질적 계급 지위와는 무관하다. 몰몬교가 시작된 때와 장소를 감안할 때 적절한 비교 대상은 바로 주변환경에 속한 사람들이어야 한다. 즉 파크 애비뉴가 아니라 서부 개척지의 사람들과 비교해야 한다.
4.   나는 이 데이터를 인종적 유대관계가 없는 신종교 운동으로 제한했다. 그러므로 불교, 힌두교, 무슬림교, 신도(神道), 도교, 바하이스트교, 라스타파리안교는 제외시켰다.

5장 기독교의 성장과 여성의 역할

1.   여기서 유의할 점은 2차 개종자는 처음 입교할 당시에는 미온적이나 일단 조직 내로 깊이 들어간 후에는 매우 열정적이 되는 일이 심심치 않게 있다는 것이다.
2.   킹제임스 역본의 이런 면모를 알게 된 것은 로렌스 R. 얀나코네가 지적해 준 덕분이다.
3.   보기: 플라톤, 『공화정』 5 (1941 편), 아리스토텔레스 『정치론』 2, 7 (1986 편)

6장 도시 제국의 기독교화: 정량적 접근

1.   나는 두 도시 모두 거주민이 4만 명 미만이라는 챈들러와 폭스의 판단을 출발선으로 삼았다. 그렇지 않았다면 다른 도시들과 함께 목록에 포함시켰을 것이다. 그러나 두 도시가 각각 당대의 주요 도시 목록에 빈번하게 나타나므로(그랜트 1970 참조) 두 도시의 인

구가 4만 명을 크게 밑도는 것은 아니라고 보는 것이 타당할 듯하다. 나는 J. C. 러셀(1958)이 그의 고전적 저서에서 2세기의 아테네 인구가 2만 8천 명이라고 추정한 것을 발견했다. 당시 아테네는 서서히 쇠락하던 시기였으므로 100년도의 인구는 좀 더 많았으리라 추측하는 것이 합리적일 듯하다. 나의 3만이라는 수치는 이렇게 도출된 것이다. 살라미스는 1세기에 경제가 크게 번창했으므로(스미스 1857) 인구가 아테네보다 조금 많은 것으로 추정하는 것이 안전할 듯하다. 이것이 바로 나의 3만5천이라는 수치의 근거다.

7장   도시의 혼돈과 위기: 안디옥의 사례

막스 베버는 기독교의 배경이 "도시를 벗어난 곳이었다면 그렇게 성장했을 개연성은 매우 저조"했을 것이라고 생각했다(1961:1140).

8장   순교자: 희생은 합리적 선택이었다

1. 하지만 선호 체계의 관념은 내재적일 뿐이다.
2. 이 명제들을 정식으로 끌어내는 작업은 얀나코네 1992를 참조하라.
3. 『예언이 빗나갈 때』(페스팅거, 릭켄, 쇼터 1956)라는 책을 잘 아는 많은 역사학자들은 내가 왜 이 현상의 인지 부조화 설명에 의존하지 않았는지 궁금해 할 것이다. 간략히 말하자면 인지 부조화 이론은 굳은 신념을 가진 사람들이 그 신념에 반하는 증거를 접했을 때 보이는 전형적인 반응은 신념을 폐기하는 것이 아니라 그 신념이 진실임을 다른 이들에게 더 힘써 열정적으로 전파하는 것이다. 이 명제를 종교적 예언에 처음 적용했을 때 페스팅거와 그의 동료 연구자들은 외계인이 비행접시를 타고 와서 그들을 다른 세계로 데려갈 것이라는 예언이 빗나가기 전후와 그 과정 중에 작은 오컬트 집단을 관찰했다고 주장했다. 예언이 현실화되지 않자 그 집단은 자신들의 메시지를 전파하기 위한 노력을 오히려 배가했다는 것이 페스팅거 측의 주장이다. 이 명제는 후에 여러 차례 검증대에 올랐는데 그 가운데 예견한 결과가 나온 경우는 한 건도 없었다. 더욱이 근래에 처음 발표된 연구 결과를 비판하는 사람들이 나왔고 그들은 애초에 관찰 집단에서 포교활동의 증가가 일어났는지 의문을 제기했다(베인브리지, 출판 준비 중). 이 집단의 여성 지도자가 외계인 도래를 예언한 기사가 지역 신문에 실린 후, 어느 날 갑자기 다수의 낯선 사람들이 불쑥 그녀의 집을 찾아와 그녀의 예언과 예언 능력에 대한 절대적 신뢰를 표했다. 이런 일이 없었더라면 이 집단은 결성되지 않았을 것이며 외계인의 도래를 열렬히 기다리지도 않았을 것이라는 점은 전적으로 분명해 보인다. 이 '개종자들'은 모두 사회과학자들이었다.

9장　기회와 조직

1.　다음은 이시스가 여러 도시에서 설립된 날짜를 나타낸다.
　　기원전 200년　알렉산드리아, 멤피스, 에베소, 아테네, 서머나
　　기원전 100년　시라쿠스, 고린도, 버가모
　　1세기　안디옥, 로마
　　기원후 200년　카르타고, 런던
　　기원후 300년　메디오라눔(밀란)
　　그런 일 없음　가디르(카디즈), 다메섹, 에데사, 아파미아

　　다른 도시들은 적절한 데이터가 부족하다.

2.　문화적 다양성의 정도와 뚜렷한 하위문화의 수와 종류가 정의 기준이다.
3.　일본에서 급성장한 소카 가키가 그 뚜렷한 증거다. 다른 일본 종교들과 달리 소카 가키는 추종자에게 배타적 헌신을 요구한다. 몰몬 교회가 아시아에서 성공한 것 역시 이와 관련이 있다.

10장　미덕에 관한 소고(小考)

1.　교리가 근본주의적이지 않는 한 모든 교리들은 다 똑같이 좋다고 보는 것이다. 나는 이 관점에 동의하지 않는다.
2.　칼린 A. 발튼(1993)은 이렇게 하려는 흥미진진한 시도를 했다.

참고문헌

***

Aharoni, Yohanon, and Michael Avi-Yonah. 1977. *The Macmillan Bible Atlas*. Rev. ed. New York: Macmillan.

Alba, Richard D. 1976. "Social Assimilation among American Catholic National-Origin Groups." *American Sociological Review* 41:1030-1046.

_____. 1985. *The Italians*. Englewood Cliffs, NJ: Prentice-Hall.

Argyle, Michael. 1958. *Religious Behaviour*. London: Routledge and Kegan Paul.

Aristotle. 1986. *Politics*. Buffalo, NY: Prometheus Books.

Arrington, Leonard J., and Davis Bitton. 1979. *The Mormon Experience*. New York: Knopf.

Athanasius. [Ca. 357.] 1950. *Life of St. Anthony*. Ancient Christian Writers series. New York: Paulist Press.

Athenagoras. [Ca. 177.] 1989. *The Ante-Nicene Fathers*. Edited by Alexander Roberts and James Donaldson. Vol. 2. Grand Rapids, MI: Eerdmans.

Ayerst, David, and A.S.T. Fisher, 1971. *Records of Christianity*. Vol. 1. Oxford: Basil Blackwell.

Bagnall, Roger S. 1982. "Religious Conversion and Onomastic Change in Early Byzantine Egypt." *Bulletin of the American Society of Papyrologists* 19:105-124.

_____. 1987. "Conversion and Onomastics: A Reply." *Zeitschrift für Papyrologie und Epigraphik* 69:243-250.

_____. 1988. "Combat ou Vide: Christianisme et Paganisme dans l'Egypte Romaine Tardive." *Ktema* 13:285-296.

_____. 1993. *Egypt in Late Antiquity*. Princeton: Princeton University Press.

Bainbridge, William Sims, 1982. "Shaker Demographics 1840-1900: An Example of the Use of the U.S. Census Enumeration Schedules." *Journal for the Scientific Study of Religion* 21:352-365.

_____. In press. *The Sociology of Religious Movements*. New York: Routledge.

Bainbridge, William Sims, and Rodney Stark. 1980. "Superstitions: Old and New." *The Skeptical Inquirer* 4:18-31.

Bainbridge, William Sims, and Rodney Stark, 1981. "The Consciousness Reformation Reconsidered." *Journal for the Scientific Study of Religion* 20:1-16.

Baird, William. 1964. *The Corinthian Church—A Biblical Approach to Urban Culture.* New York: Abingdon Press.

Banks, Robert. 1980. *Paul's Idea of Community: The Early House Churches in Their Historical Setting.* Grand Rapids, MI: Eerdmans.

Barker, Eileen. 1981. "Who'd Be a Moonie?" In *The Social Impact of New Religious Movements,* edited by Bryan Wilson, 59-96. New York: Rose of Sharon Press.

———. 1984. *The Making of a Moonie—Brainwashing or Choice?* Oxford: Basil Blackwell.

Barnabas, Saint. [Ca. 100.] 1988. *The Epistle of Barnabas.* In *The Apostolic Fathers,* edited by J. B. Lightfoot and J. R. Harmer. Grand Rapids, MI: Baker Book House.

Barnstone, Willis, ed. 1984. *The Other Bible: Ancient Esoteric Texts.* San Francisco: Harper and Row.

Barton, Carlin A. 1993. *The Sorrows of the Ancient Romans: The Gladiator and the Monster.* Princeton: Princeton University Press.

Barton, Steven. 1982. "Paul and the Cross: A Sociological Approach." *Theology* 85:13-19.

———. 1984. "Paul and the Resurrection: A Sociological Approach." *Religion* 14:67-75.

Bauer, Walter. 1971. *Orthodoxy and Heresy in Earliest Christianity.* Philadelphia: Fortess.

Becker, Gary S. 1976. *The Economic Approach to Human Behavior.* Chicago: University of Chicago Press.

Bellah, Robert N. 1964. "Religious Evolution." *American Sociological Review* 29:358-374.

Benko, Stephen. 1984. *Pagan Rome and the Early Christians.* Bloomington: University of Indiana Press.

Blaiklock, E. M. 1972. *The Zondervan Pictorial Bible Atlas.* Grand Rapids, MI: Zondervan.

Blau, Joseph L. 1964. *Modern Varieties of Judaism.* New York: Columbia University Press.

Boak, Arthur E. R. 1947. *A History of Rome to 565 A.D.* 3d ed. New York: Macmillan.

———. 1955a. *Manpower Shortage and the Fall of the Roman Empire in the*

West. Ann Arbor: University of Michigan Press.
_____. 1955b. "The Populations of Roman and Byzantine Karanis." *Historia* 4:157-162.
Brown, Peter. 1964. "St. Augustine's Attitude to Religious Coercion." *Journal of Roman Studies* 54:1107-1116.
_____. 1978. *The Making of Late Antiquity*. Cambridge: Harvard University Press.
_____. 1981. *The Cult of the Saints*. Chicago: University of Chicago Press.
_____. 1988. *The Body and Society: Men, Women and Sexual Renunciation in Early Christianity*. New York: Columbia University Press.
Burn, A. R. 1953. "Hic breve vivitur." *Past and Present* 4:2-31.
Cadoux, Cecil J. 1925. *The Early Church and the World*. Edinburgh: T. & T. Clark.
Cahill, Jane, Karl Reinhard, David Tarler, and Peter Warnock. 1991. "Scientists Examine Remains of Ancient Bathroom." *Biblical Archaeology Review* 17 (May-June): 64-69.
Carcopino, Jerome. 1940. *Daily Life in Ancient Rome*. New Haven: Yale University Press.
Case, Shirley Jackson. 1928. "The Acceptance of Christianity by the Roman Emperors." In *Papers of the American Society of Church History*, pp. 45-64. New York: G. P. Putnam's Sons.
Castiglioni, A. 1947. *A History of Medicine*. Translated by E. B. Krumbhaar. London: Routledge and Kegan Paul.
Celsus, Aulus Cornelius. [Ca. 25.] 1935-1938. *De medicina*. Translated by W. G. Spenser. 3 vols. Cambridge: Harvard University Press.
Chadwick, Henry. 1967. *The Early Church*. Harmondsworth, Middlesex: Penguin Books.
Chadwick, Henry, and G. R. Evans. 1987. *Atlas of the Christian Church*. New York: Facts on File.
Champagne, Duane. 1983. "Social Structure, Revitalization Movements and State Building: Social Change in Four Native American Societies." *American Sociological Review* 48:754-763.
Chandler, Tertius, and Gerald Fox. 1974. *Three Thousand Years of Urban Growth*. New York: Academic Press.
Chuvin, Pierre. 1990. *A Chronicle of the Last Pagans*. Cambridge: Harvard University Press.
Clark, Gillian. 1993. *Women in Late Antiquity: Pagan and Christian Lifestyles*.

Oxford: Clarendon Press.

Cochrane, Charles Norris. [1940] 1957. *Christianity and Classical Culture.* London: Oxford.

Collingwood, R. G., and J.A.L. Myres. 1937. *Roman Britain and the English Settlements.* 2d ed. London: Macmillan.

Collins, John J. 1983. *Between Athens and Jerusalem: Jewish Identity in the Hellenistic Diaspora.* New York: Crossroad.

Conzelmann, Hans. 1973. *History of Primitive Christianity.* Nashville: Abingdon Press.

Crutchfield, Robert, Michael Geerkin, and Walter Gove. 1983. "Crime Rates and Social Integration." *Criminology* 20:467-478.

Cumont, Franz. [1929] 1956. *Oriental Religions in Roman Paganism.* New York: Dover Publications.

Cyprian [Ca. 250.] 1958. *Treatises.* Translated by Mary Hannan Mahoney. Edited by Roy J. Deferrari. New York: Fathers of the Church.

Danielou, Jean, and Henri Marrou. 1964. *The First Six Hundred Years.* Vol. 1 of *The Christian Centuries.* New York: Paulist Press.

de Camp, L. Sprague. 1966. *The Ancient Engineers.* Norwalk, CT: Burndy Library.

_____. 1972. *Great Cities of the Ancient World.* New York: Dorset Press.

Deissman, Adolf. [1908] 1978. *Light from the Ancient East.* Grand Rapids, MI: Baker Book House.

_____. 1929. *The New Testament in the Light of Modern Research.* Garden City, NY: Doubleday, Doran & Company.

Demerath, Nicholas J., II. 1965. *Social Class in American Protestantism.* Chicago: Rand-McNally.

Department of Economic and Social Affairs. 1973. *The Determinants and Consequences of Population Trends.* Vol. 1. Population Studies, no. 50. New York: United Nations.

Devine, A. M. 1985. "The Low Birth-Rate in Ancient Rome: A Possible Contributing Factor." *Rheinisches Museum* 128:3-4, 313-317.

deVries, Jan. 1967. *Perspectives in the History of Religions.* Berkeley and Los Angeles: University of California Press.

The Didache [Ca. 100.] 1984. In *The Apostolic Fathers*, edited by J. B. Lightfoot and J. R. Harmer, pp. 229-235. Grand Rapids, MI: Baker Book House.

Dio Cassius. [Ca. 200.] 1987. *The Roman History: The Reign of Augustus.* Lon-

don: Penguin Classics.
Dodds, E. R. [1965] 1970. *Pagan and Christian in an Age of Anxiety.* New York: Norton.
Downey, Glanville. 1962. *Antioch in the Age of Theodosius the Great.* Norman: University of Oklahoma Press.
_____. 1963. *Ancient Antioch.* Princeton: Princeton University Press.
Droge, Arthur J., and James D. Tabor. 1992. *A Noble Death: Suicide and Martyrdom among Christians and Jews in Antiquity.* San Francisco: HarperSanFrancisco.
Durand, John D. 1960. "Mortality Estimates from Roman Tombstone Inscriptions." *American Journal of Sociology* 75:365-373.
Durkheim, Emile. 1915. *The Elementary Forms of Religious Life.* George Allen & Unwin.
Durry, M. 1955. "Le Mariage des filles impubères dans la Rome antique." *Revue Internationale des Droits de l'Antiquitè,* ser. 3, 2:263-273.
Edmonson, George. [1913] 1976. *The Church in Rome in the First Century.* New York: Gordon Press.
Elliott, John H. 1986. "Social-Scientific Criticism of the New Testament: More on Methods and Models." *Semeia* 35:1-33.
Eusebius. [Ca. 325.] [1850] 1991. *The Ecclesiastical History of Eusebius Pamphilus, Bishop of Cesarea, in Palestine.* Translated by Christian Frederick Cruse. Grand Rapids, MI: Baker Book House.
_____. 1927. *The Ecclesiastical History and The Martyrs of Palestine.* 2 vols. Translated by Hugh Jackson Lawlor and John Ernest Leonard Oulton. London: Society for Promoting Christian Knowledge.
_____. 1949. *Eusebius, The Ecclesiastical History.* 2 vols. Vol. 1 translated by Kirsopp Lake. Vol. 2 translated by John Ernest Leonard Oulton. Loeb Classical Library. Cambridge: Harvard University Press.
_____. 1965. *Eusebius, The History of the Church.* Translated by G. A. Williamson. Harmondsworth, Middlesex: Penguin Books.
Farmer, William R. 1986. "Some Critical Reflections on Second Peter." *The Second Century* 5:30-46.
Ferguson, Everette. 1990. "Deaconess." "Mithraism." In *The Encyclopedia of Early Christianity,* edited by Everette Ferguson, 258, 609. New York: Garland.
Festinger, Leon, Henry W. Riecken, and Stanley Schachter. 1956. *When Prophecy*

Fails. Minneapolis: University of Minnesota Press.

Finegan, Jack. 1992. *The Archeology of the New Testament*. Rev. ed. Princeton: Princeton University Press.

Finke, Roger, and Rodney Stark. 1992. *The Churching of America, 1776-1990: Winners and Losers in Our Religious Economy*. New Brunswick: Rutgers University Press.

Finley, M. I. 1977. *Atlas of Classical Archaeology*. New York: McGrawHill.

———. 1982. *Economy and Society in Ancient Greece*. New York: Viking.

Fischer, Claude S. 1975. "Toward a Subcultural Theory of Urbanism." *American Journal of Sociology* 80:1319-1341.

Fox, Robin Lane. 1987. *Pagans and Christians*. New York: Knopf.

Frank, Harry Thomas. 1988. *Discovering the Biblical World*. Rev. ed. Maplewood, NJ: Hammond.

Fremantle, Anne. 1953. *A Treasury of Early Christianity*. New York: Wiking Press.

Frend, W.H.C. 1965. *Martyrdom and Persecution in the Early Church*. Oxford: Basil Blackwell.

———. 1984. *The Rise of Christianity*. Philadelphia: Fortress Press.

———. 1990. "Persecution in the Early Church." *Christian History* 9(3):5-11.

Friedlander, Moritz. 1898. *Der vorchristliche judische Gnostismus*. Gottingen: Vandenhoeck and Ruprecht.

Furnish, Victor Paul. 1988. "Corinth in Paul's Time: What Can Archaeology Tell Us?" *Biblical Archaeology Review* 15 (May-June): 14-27.

Fustel de Coulanges, Numa Denis. [1864] 1956. *The Ancient City*. Garden City, NY: Doubleday.

Gager, John G. 1975. *Kingdom and Community: The Social World of Early Christianity*. Englewood Cliffs, NJ: Prentice-Hall.

———. 1983. *The Origins of Anti-Semitism*. New York: Oxford.

Gallup Opinion Index. 1977. *Religion in America*. Princeton: American Institute of Public Opinion.

Gay, John D. 1971. *The Geography of Religion in England*. London: Duckworth.

Gerlach, Luther P., and Virginia H. Hine. 1970. *People, Power, Change: Movements of Social Transformation*. Indianapolis, IN: Bobbs-Merrill.

Gibbon, Edward. [1776-1788] 1960. *The Decline and Fall of the Roman Empire*. An abridgement by D. M. Low. New York: Harcourt, Brace and Company.

———. 1961. *Autobiography*. New York: Median Books.

Gilliam, J. F. 1961. "The Plague under Marcus Aurelius." *American Journal of Philology* 94:248-255.

Glazer, Nathan, and Daniel P. Moynihan. 1963. *Beyond the Melling Pot*. Cambridge: MIT Press.

Glock Charles Y. 1959. "The Religious Revival in America?" In *Religion and the Face of America*, edited by Jane Zahn, pp. 25-42. Berkeley: University Extension.

_____. 1964. "The Role of Deprivation in the Origin and Evolution of Religious Groups." In *Religion and Social Conflict*, edited by Robert Lee and Martin E. Marty, 24-36. New York: Oxford University Press.

Glock, Charles Y., and Rodney Stark. 1965. *Religion and Society in Tension*. Chicago: Rand-McNally.

_____. 1966. *Christian Beliefs and Anti-Semitism*. New York: Harper and Row.

Goldstein, Jonathan. 1981. "Jewish Acceptance and Rejection of Hellenism." In *Jewish and Christian Self-Definition*, edited by E. P. Sanders, A. I. Baumgarten, and Alan Mendelson, 64-87, Philadelphia: Fortress Press.

Goodenough, Erwin R. 1931. *The Church in the Roman Empire*. The Berkshire Studies in European History. New York: Henry Holt and Company.

Gorman, Michael J. 1982. *Abortion and the Early Church*. Downers Grove, IL: InterVarsity Press.

Gottfredson, Michael R., and Travis Hirschi. 1990. *A General Theory of Crime*. Palo Alto: Stanford University Press.

Grant, Michael. 1978. *The History of Rome*. New York and London: Faber and Faber.

Grant, Robert M. 1966. *Ignatius of Antioch*. Camden, NJ: Nelson.

_____. 1970. *Augustus to Constantine: The Rise and Triumph of Christianity in the Roman World*. New York: Harper and Row.

_____. 1972. "Jewish Christianity at Antioch in the Second Century." In *Judeo-christianisme*. Paris: Recherches de Science Religieuse.

_____. 1977. *Early Christianity and Society: Seven Studies*. San Francisco: Harper and Row.

Greeley, Andrew J. 1970. "Religious Intermarriage in a Denominational Society." *American Sociological Review* 75:949-952.

Green, Henry A. 1985. *The Economic and Social Origins of Gnosticism*. Atlanta: Scholars Press.

———. 1986. "The Socio-Economic Background of Christianity in Egypt." In *The Roots of Egyptian Christianity*, edited by Birger A. Pearson and James E. Goehring, 100-113. Philadelphia: Fortress Press.

Greenspoon, Leonard J. 1989. "Mission to Alexandria: Truth and Legend about the Creation of the Septuagint, the First Bible Translation." *Bible Review* 5 (August): 34-41.

Gryson, Roger. 1976. *The Ministry of Women in the Early Church*. Collegeville, MN: The Liturgical Press.

Guttentag, Marcia, and Paul F. Secord. 1983. *Too Many Women? The Sex Ratio Question*. Beverly Hills, CA: Sage.

Hammond, Mason. 1972. *The City in the Ancient World*. Cambridge: Harvard University Press.

Harkness, A. G. 1896. "Age at Marriage and at Death in the Roman Empire." *Transactions of the American Philological Association* 27:35-72.

Harnack, Adolf. 1894. *History of Dogma*. English ed. London: Williams and Norgate.

———. 1908. *The Mission and Expansion of Christianity in the First Three Centuries*. Translated by James Moffatt. 2 vols. New York: G. P. Putnam's Sons.

Heaton, Tim B. 1990. "Religious Group Characteristics, Endogamy, and Interfaith Marriages." *Sociological Analysis* 51:363-376.

Hechter, Michael. 1987. *Principles of Group Solidarity*. Berkeley and Los Angeles: University of California Press.

Hegedus, Tim. 1994. "Social Scientific Approaches to the Urban Expansion of the Cult of Isis in the Greco-Roman World: An Analysis Based on Forty-four Cities." Unpublished paper. Centre for Religious Studies, University of Toronto.

Hengel, Martin. 1975. *Judaism and Hellenism*. Philidelphia: Fortress Press.

Hexham, Irving, Raymond F. Currie, and Joan B. Townsend. 1985. "New Religious Movements." In *The Canadian Encyclopedia*. Edmonton: Hurtig.

Hine, Robert V. 1983. *California's Utopian Colonies*. Berkeley and Los Angeles: University of California Press.

Hirschi, Travis. 1969. *Causes of Delinquency*. Berkeley and Los Angeles: University of California Press.

Hock, Ronald F. 1980. *The Social Context of Paul's Ministry: Tentmaking and Apostleship*. Philadelphia: Fortress Press.

———. 1986. "Response to Rodney Stark's 'Jewish Conversion and the Rise of

Christianity.'" Paper read at the Social History of Early Christianity Group of the Society of Biblical Literature, Atlanta.

Holmberg, Bengt. 1980. *Paul and Power: The Structure of Authority in the Primitive Church as Reflected in the Pauline Epistles.* Philadelphia: For tress Press.

Homans, George C. 1964. "Bringing Men Back In." *American Sociological Review* 29:809-818.

Hopkins, Donald R. 1983. *Princes and Peasants: Smallpox in History.* Chicago: University of Chicago Press.

Hopkins, Keith (M.K.). 1965a. "The Age of Roman Girls at Marriage." *Population Studies* 18:309-327.

_____. 1965b. "Contraception in the Roman Empire." *Comparative Studies in Society and History* 8:124-151.

_____. 1966, "On the Probable Age Structure of the Roman Population." *Population Studies* 20:245-264.

Horbury, William, 1982. "The Benediction of the NINIM and Early Jewish-Christian Controversy." *Journal of Theological Studies* 33:19-61.

Iannaccone, Laurence R. 1982. "Let the Women Be Silent." *Sunstone* 7 (May-June): 38-45.

_____. 1988. "A Formal Model of Church and Sect." *American Journal of Sociology* 94:S241-S268.

_____. 1990. "Religious Practice: A Human Capital Approach." *Journal for the Scientific Study of Religion* 29:297-314.

_____. 1992, "Sacrifice and Stigma: Reducing Free-Riding in Cults, Communes, and other Collectives." *Journal of Political Economy* 100:271-292.

_____. 1994, "Why Strict Churches Are Strong." *American Journal of Sociology* 99:1180-1211.

_____. 1995. "Risk, Rationality, and Religious Portfolios." *Economic Inquiry* 33:285-295.

Ignatius of Antioch. [Ca. 100.] 1946. *The Epistles of Ignatius of Antioch.* Translated by James A. Kleist. Westminster, MD: The Newman Bookshop.

Isaac, Ephraim. 1993. "Is the Ark of the Covenant in Ethiopia?" *Biblical Archaeology Review* 19:60-63.

Jashemski, Wilhelmina F. 1979. *The Gardens of Pompeii.* New Rochelle, NY: Caratzas.

Johnson, Benton. 1963. "On Church and Sect." *American Sociological Review*

28:539-549.
Johnson, Paul. 1976. *A History of Christianity.* New York: Atheneum.
Jongman, Willem. *Economy and Society in Pompeii.* Amsterdam: Gieben, 1988.
Josephus, Flavius. [Ca. 100.] 1960. *The Complete Works,* Grand Rapids, MI: Kregel Publications.
Judge, E. A. 1960. *The Social Pattern of Christian Groups in the First Century.* London: Tyndale.
_____. 1986. "The Quest for Mercy in Late Antiquity." In *God Who Is Rich in Mercy: Essays Presented to D. B. Knox,* edited by P. T. O'Brien and D. G. Peterson, 107-121. Sydney: Macquarie University Press.
Justin Martyr. [Ca. 150.] 1948. *Writings of Saint Justin Martyr.* New York: Christian Heritage.
Kanter, Rosabeth Moss. 1972. *Commitment and Community.* Cambridge: Harvard University Press.
Katz, Steven T. 1984. "Issues in the Separation of Judaism and Christianity after 70 C.E.: A Reconsideration." *Journal of Biblical Literature* 103:43-76.
Kautsky, Karl, [1908] 1953. *Foundations of Christianity.* American ed. New York: Russell and Russell.
Kee, Howard Clark. 1983. *Miracle in the Early Christian World.* New Haven: Yale University Press.
_____. 1986. *Medicine, Miracle and Magic in New Testament Times.* Cambridge: Cambridge University Press.
_____. 1989. *Knowing the Truth: A Sociological Approach to New Testament Interpretation.* Minneapolis: Fortress Press.
Koester, Helmut 1987. *History Culture and Religion of the Hellenistic Age.* New York: Walter de Gruyter.
Kosmin, Barry A. 1991. "Research Report of the National Survey of Religious Identification." New York: CUNY Graduate Center.
Kox, Willem, Wim Meeus, and Harm 't Hart 1991. "Religious Conversion of Adolescents: Testing the Losland and Stark Model of Religious Conversion." *Sociological Analysis* 52:227-240.
Kraemer, Ross Shepard, 1992. *Her Share of the Blessings.* New York: Oxford University Press.
Kreissig, Heinz. 1967. "Zur socialen Zusammensetzung der frühchristlichen Gemeinden im ersten Jahrhundert u.Z." *Eirene* 6:91-100.

Lactantius. [Ca. 308.] 1964. *The Divine Institutes*. New York: Fathers of the Church.

Larsen, Otto. 1962. "Innovators and Early Adopters of Television." *Sociological Inquiry* 32:16-33.

Latourette, Kenneth Scott. 1937. *A History of the Expansion of Christianity*. Vol. 1, *The First Five Centuries*. New York: Harper & Brothers.

Layton, Bentley. 1987. *The Gnostic Scriptures*, Garden City, NY: Doubleday.

Levick, Barbara. 1967. *Roman Colonies in Southern Asia Minor*. Oxford: Clarendon.

Lewis, Naphtali. 1985. *Life in Egypt under Roman Rule*. Oxford: Clarendon.

Libanius. [Ca. 350.] 1969. *Orations*. Loeb Classical Library. Cambridge: Harvard University Press.

Lightfoot, J. B., and J. R. Harmer, eds. 1988. *The Apostolic Fathers*. Grand Rapids, MI: Baker Book House.

Lindsay, Jack. 1968. *The Ancient World: Manners and Morals*. New York: G. P. Putnam's Sons.

Littman, R. J., and M. L. Littman. 1973. "Galen and the Antonine Plague." *American Journal of Philology* 94:243-255.

Livy. [Titus Livius, ca. 1.] 1959. *The History of Early Rome*. New York: Putnam.

Lofland, John. 1966. *Doomsday Cult*. Englewood Cliffs, NJ: PrenticeHall.

_____. 1977. "'Becoming a World-Saver' Revisted." *American Behavioral Scientist* 20:805-818.

Lofland, John, and Rodney Stark, 1965. "Becoming a World-Saver: A Theory of Conversion to a Deviant Perspective." *American Sociological Review* 30:862-875.

Longenecker, R. N. 1985. "Antioch of Syria." In *Major Cities of the Biblical World*, edited by R. K. Harrison, 8-21. Nashville: Thomas Nelson.

MacLennan, Robert S., and A. Thomas Kraabel. 1986. "The God-Fearers—A Literary and Theological Invention." *Biblical Archaeology Review* 12 (September-October): 47-53.

MacMullen, Ramsay, 1974. *Roman Social Relations: 50 B.C. to A.D. 284*. New Haven: Yale University Press.

MacMullen, Ramsay. 1981. *Paganism in the Roman Empire*. New Haven: Yale University Press.

_____. 1984. *Christianizing the Roman Empire*. New Haven: Yale University

Press.

———. 1988. *Corruption and the Decline of Rome*. New Haven: Yale University Press.

———. 1990. *Changes in the Roman Empire: Essays in the Ordinary*. Princeton: Princeton University Press.

Malherbe, Abraham J. 1977. *Social Aspects of Early Christianity*. Baton Rouge: Louisiana State University Press.

Malina, Bruce J. 1981. *The New Testament World: Insights from Cultural Anthropology*. Atlanta: John Knox.

———. 1986. *Christian Origins and Cultural Anthropology*. Atlanta: John Knox.

Marcus Aurelius. [Ca. 175.] 1916. *The Communings with Himself of Marcus Aurelius Antoninus, Emperor of Rome* [oftem published under the title *Meditations*]. London: William Heineman.

Marks, Geoffrey, and William K. Beatty. 1976. *Epidemics*. New York: Scribner's.

Martin, David. 1990. *Tongues of Fire: The Explosion of Protestantism in Latin America*. Oxford: Basil Blackwell.

Marx, Karl, and Friedrich Engels. 1967. *Marx and Engels on Religion*. New York: Schocken Books.

May, Gerhard. 1987-1988. "Marcion in Contemporary Views: Results and Open Questions." *The Second Century* 6:129-151.

McNeill, William H. 1976. *Plagues and Peoples*. Garden City, NY: Doubleday.

Meeks, Wayne A. 1983. *The First Urban Christians*. New Haven: Yale University Press.

———. 1993. *The Origins of Christian Morality*. New Haven: Yale University Press.

Meeks, Wayne A., and Robert L. Wilken. 1978. *Jews and Christians in Antioch in the First Four Centuries of the Common Era*. Missoula, MT: Scholars Press.

Meiggs, R. 1974. *Roman Ostia*. 2d ed. Oxford: Oxford University Press.

Menninger, Karl. 1938. *Man against Himself.* New York: Harcourt Brace.

Meyers, Eric M. 1983. "Report on the Excavations at the Venosa Catacombs 1981." *Vetera Christiamorum* 20:455-459.

———. 1988. "Early Judaism and Christianity in the Light of Archaeology." *Biblical Archaeologist* 51:69-79.

Miller, Alan S., and John P. Hoffman. 1995. "Risk and Religion: An Explanation of Gender Differences in Religiosity." *Journal for the Scientific Study of Religion*

34:63-75.

Minucius Felix. 1989. "Octavius." *The Ante-Nicene Fathers*. Edited by Alexander Roberts and James Donaldson. Vol. 4. Grand Rapids, MI: Eerdmans.

Mooney, James. 1896. *The Ghost Dance Religion and the Sioux Outbreak of 1890*. Fourth Annual Report of the Bureau of Ethnology to the Secretary of the Smithsonian Institution. Washington, DC: U.S. Government Printing Office.

Morioka, Kiyomi. 1975. *Religion in Changing Japanese Society*. Tokyo: University of Tokyo Press.

Mumford, Lewis. 1974. "Forward." In Chandler and Fox 1974.

Neel, James V., et al. 1970. "Notes on the Effect of Measles and Measles Vaccine in a Virgin Soil Population of South American Indians." *American Journal of Epidemiology* 91:418-429.

Nelson, Geoffrey K. 1969. *Spiritualism and Society*. New York: Schocken Books.

Niebuhr, B. G. 1855. *The History of Rome*. English trans. London: Walton and Maberly.

Niebuhr, H. Richard. 1929. *The Social Sources of Denominationalism*. New York: Holt.

Nock, Arthur Darby. 1933. *Conversion: The Old and the New in Religion from Alexander the Great to Augustine of Hippo*. Oxford: Clarendon.

――――. 1964. *Early Gentile Christianity and Its Hellenistic Background*. New York: Harper and Row.

Noonan, John T., Jr. 1965. *Contraception: A History of Its Treatment by the Catholic Theologians and Canonists*. Cambridge: Harvard University Press, Belknap Press.

Nordquist, Ted. 1978. *Ananda Cooperative Village*. Uppsala: Borgstroms.

O'Dea, Thomas F. 1957. *The Mormons*. Chicago: University of Chicago Press.

Origen. [Ca. 230.] 1989, *The Ante-Nicene Fathers*. Edited by Alexander Roberts and James Donaldson. Vol. 4. Grand Rapids, MI: Eerdmlans.

Ostow, Mortimer. 1990. "The Fundamentalist Phenomenon: A Psychological Perspective." In *The Fundamentalist Phenomenon*, edited by Norman J. Cohen, 99-125. Grand Rapids, MI: Eerdmans.

Packer, James E. 1967. "Housing and Population in Imperial Ostia and Rome." *Journal of Roman Studies* 57:80-95.

Parkin, Tim G. 1992. *Demography and Roman Society*. Baltimore: Johns Hopkins University Press.

Patrick, Adam. 1967. "Disease in Antiquity: Ancient Greece and Rome." In *Diseases in Antiquity,* edited by Don Brothwell and A. T. Sandison, 238-246. Springfield, IL: Charles C. Thomas.

Pearson, Birger A. 1973. "Friedlander Revisited: Alexandrian Judaism and Gnostic Origins" *Studia Philonica* 2:23-39.

———. 1986. "Earliest Christianity in Egypt: Some Observations." In *Roots of Egyptian Christianity,* edited by Berger A. Pearson and James E. Goehring, pp. 132-156. Philadelphia: Fortress Press.

Pelikan, Jaroslav. 1962. "Introduction to the Torchbook Edition [of the reissue of Adolf Harnack]." In *The Mission and Expansion of Christianity in the First Three Centuries,* 1:v-vii. New York: Harper and Row.

———. 1987. *The Excellent Empire: The Fall of Rome and the Triumph of the Church.* San Francisco: Harper and Row.

Plato. 1941. *Republic.* New York: Modern Library.

Pliny the Younger. [Ca. 112.] 1943. "Letter to the Emperor Trajan on Christians in Bithynia." In *Documents of the Christian Church,* edited by Henry Bettenson, pp. 5-7. London: Oxford University Press.

Pomeroy, Sarah B. 1975. *Goddesses, Whores, Wives, Slaves: Women in Classical Antiquity.* New York: Schocken Books.

Popper, Karl R. 1959. *The Logic of Scientific Discovery.* New York: Harper and Row.

———. 1962. *Conjectures and Refutations.* New York: Basic Books.

Ramsay, W. M. 1893. *The Church in the Roman Empire before A.D. 170.* New York: G. P. Putnam's Sons.

Rawson, Beryl, ed. 1986. *The Family in Ancient Rome.* Ithaca, NY. Cornell University Press.

Reik, Theodore. 1976. *Masochism in Sex and Society.* New York: Pyramid Books.

Richardson, Cyril C., ed, and trans, 1953. *Early Christian Fathers.* Vol. 1. Philadelphia: The Westminster Press.

Riddle, Donald W. 1931. *The Martyrs: A Study in Social Control.* Chicago: University of Chicago Press.

Riddle, John M., J. Worth Estes, and Josiah C. Russell. 1994. "Birth Control in the Ancient World." *Archaeology* 47(2):29-35.

Rives, J. B. 1995. *Religion and Authority in Roman Carthage from Augustus to Constantine.* New York: Oxford University Press.

Robbins, Thomas. 1988. *Cults, Converts and Charisma: The Sociology of New Religious Movements.* Beverly Hills, CA: Sage.

Roberts, Colin H. 1979. *Manuscript, Society, and Belief in Early Christian Egypt.* London: Oxford.

Robinson, John A. T. 1976. *Redating the New Testament.* Philadelphia: The Westminster Press.

Roetzel, Calvin J. 1985. *The World That Shaped the New Testament.* Atlanta: John Knox.

Russell, J. C. 1958. *Late Ancient and Medieval Population.* Published as vol. 48, pt. 3 of the *Transactions of the American Philosophical Society.* Philadelphia: American Philosophical Society.

Russell, Jeffrey Burton. 1977. *The Devil: Perceptions of Evil from Antiquity to Primitive Christianity.* Ithaca, NY. Cornell University Press.

Sanders, Jack T. 1993. *Schismatics, Sectarians, Dissidents, Deviants.* Valley Forge, PA: Trinity Press International.

Sandison, A. T. 1967. "Sexual Behavior in Ancient Societies." In *Diseases in Antiquity,* edited by Don Brothwell and A. T. Sandison, 734-755. Springfield, IL: Charles C. Thomas.

Schoedel, William R. 1985. *Ignatius of Antioch.* Philadelphia: Fortress Press.

_____. 1991. "Ignatius and the Reception of the Gospel of Matthew in Antioch." In *Social History of the Matthean Community: Cross Disciplinary Approaches,* edited by David L. Balch, 129-177. Minneapolis: Fortress Press.

Scroggs, Robin. 1980. "The Sociological Interpretation of the New Testament: The Present State of Research." *New Testament Studies* 26:164-179.

Segal, Alan F. 1991. "Matthew's Jewish Voice." In *Social History of the Matthean Community: Cross Disciplinary Approaches,* edited by David L. Balch, 3-37. Minneapolis: Fortress Press.

Shepard, William R. 1980. *Shepard's Historical Atlas.* Totowa, NJ: Barnes &Noble.

Shinn, Larry D. 1983. "The Many Faces of Krishna." In *Alternatives to American Mainline Churches,* edited by Joseph H. Fichter, pp. 113-135. New York: Rose of Sharon Press.

Simon, Marcel. 1964. *Verus Israel: Etude sur les relations entre chrétiens et juifs dans l'empire romain.* Paris: Boccard.

Smith, Patricia, and Gila Kahila. 1991. "Bones of a Hundred Infants Found in Ashkelon Sewer." *Biblical Archaeology Review* 17 (July-August): 47.

Smith, William, ed. 1857. *Dictionary of Greek and Roman Geography.* London: Walton and Maberly.

Snow, David, and Cynthia Philips. 1980. "The Lofland-Stark Conversion Model: A Critical Reassessment." *Social Problems* 27:430-447.

Snyder, Graydon F. 1985. *Ante Pacem: Archaeological Evidence of Church Life before Constantine.* Macon, GA: Mercer University Press.

Solmsen, Friedrich. 1979. *Sarapis under the Early Ptolemies.* Études préliminaires aux Religions orientales dans l'Émpire romain, 25. Leiden: Brill.

Sordi, Marta, 1986. *The Christians and the Roman Empire.* Norman: University of Oklahoma Press.

Stager, Lawrence E. 1991. "Eroticism and Infanticide at Ashkelon." *Biblical Archaeology Review* 17 (July-August): 34-53.

Stambaugh, John E. 1988. *The Ancient Roman City.* Baltimore: Johns Hopkins University Press.

Stambaugh, John E., and David L. Balch. 1986. *The New Testament in Its Social Environment.* Philadelphia: The Westminster Press.

Stark, Rodney, 1964. "Class, Radicalism, and Religious Involvement." *American Sociological Review* 29.698-706.

_____. 1971. "The Economics of Piety." In *Issues in Social Inequality,* edited by Gerald W. Thielbar and Saul D. Feldman, pp. 485-503. Boston: Little Brown.

_____. 1984. "The Rise of a New World Faith." *Review of Religious Research* 26:18-27.

_____. 1985a. "Europe's Receptivity to Religious Movements." In *New Religious Movements: Genesis, Exodus, and Numbers,* edited by Rodney Stark, pp. 301-343. New York: Paragon.

_____. 1985b. "From Church-Sect to Religious Economies." In *The Sacred in a Post-Secular Age,* edited by Phillip E. Hammond, pp. 139-149. Berkeley and Los Angeles: University of California Press.

_____. 1987. "How New Religions Succeed: A Theoretical Model." In *The Future of New Religious Movements,* edited by David G. Bromley and Phillip E. Hammond, pp. 11-29. Macon, GA: Mercer University Press.

_____. 1992. *Sociology.* 4th ed. Belmont, CA: Wadsworth Publishing Company.

_____. 1994. "Modernization and Mormon Growth." In *A Sociological Analysis of Mormonism,* edited by Marie Cornwall, Tim B. Heaton, and Lawrence Young, pp. 1-23. Champaign: University of Illinois Press.

Stark, Rodney, and William Sims Bainbridge. 1979. "Of Churches, Sects, and Cults: Preliminary Concepts for a Theory of Religious Movements." *Journal for the Scientific Study of Religion* 18:117-131.
____. 1980. "Networks of Faith: Interpersonal Bonds and Recruitment to Cults and Sects." *American Journal of Sociology* 85:1376-1395.
____. 1985. *The Future of Religion: Secularization, Revival, and Cult Formation*. Berkeley and Los Angeles: University of California Press.
____. 1987. *A Theory of Religion*. Bern and New York: Peter Lang.
Stark, Rodney, W. S. Bainbridge, Robert Crutchfield, Daniel P. Doyle, and Roger Finke. 1983. "Crime and Delinquency in the Roaring Twenties." *Journal of Research in Crime and Delinquency* 20:4-23.
Stark, Rodney, William Sims Bainbridge, and Lori Kent. 1981. "Cult Membership in the Roaring Twenties." *Sociological Analysis* 42:137-162.
Stark, Rodney, and Charles Y. Glock. 1968. *American Piety*. Berkeley and Los Angeles: University of California Press.
Stark, Rodney, and Laurence R. Iannaccone. 1991. "Sociology of Religion." In Edgar F. Borgatta, editor-in-chief, *Encyclopedia of Sociology*. New York: Macmillan.
____. 1992. "Rational Choice Propositions about Religious Movements." In *Religion and the Social Order*, vol. 3-A: *Handbook on Cults and Sects in America*, edited by David G. Bromley and Jeffrey K. Haddon, pp. 241-261. Greenwich, CT: JAI Press.
____. 1994. "A Supply-Side Reinterpretation of the 'Secularization' of Europe." *Journal for the Scientific Study of Religion* 33:230-252.
Stark, Rodney, Laurence R. Iannaccone, and Roger Finke. 1995. "Rationality and the 'Religious Mind.'" Paper read at the annual meetings of the Western Economics Association, San Diego.
Stark, Rodney, and Lynne Roberts, 1982. "The Arithmetic of Social Movements: Theoretical Implications." *Sociological Analysis* 43:53-68.
Steinberg, Stephen. 1965. "Reform Judaism: The Origin and Evolution of a 'Church Movement" *Journal for the Scientific Study of Religion* 5:117-129.
Stonequist, Everett V. 1937. *The Marginal Man*. New York: Scribner's.
Strecker, Georg. 1971. "On the Problem of Jewish Christianity." Appendix 1 in Walter Bauer, *Orthodoxy and Heresy in Earliest Christianity*. Philadelphia: Fortress Press.

Swanson, Guy E. 1960. *The Birth of the Gods.* Ann Arbor: University of Michigan Press.

Tacitus, Cornelius. [Ca. 100.] 1984. *The Histories.* New York: Penguin Classics.

———. 1989. *The Annals of Imperial Rome.* New York: Penguin Classics. Tcherikover, Victor. 1958. "The Ideology of the Letter of Aristeas." *Harvard Theological Review* 51:59-85.

Tertullian. [Ca. 200.] 1959. *Disciplinary, Moral and Ascetical Works.* New York: Fathers of the Church.

———. 1989. *The Ante-Nicene Fathers.* Edited by Alexander Roberts and James Donaldson. Vols. 3 and 4. Grand Rapids, MI: Eerdmans.

Theissen, Gerd. 1978. *Sociology of Early Palestinian Christianity.* Philadelphia: Fortress Press.

———. 1982. *The Social Setting of Pauline Christianity: Essays on Corinth.* Philadelphia: Fortress Press.

Thompson, Edward H. 1991. "Beneath the Status Characteristic: Gender Variations in Religion." *Journal for the Scientific Study of Religion* 30:381-394.

Thornton, Russell. 1981. "Demographic Antecedents of a Revitalization Movement: Population Change, Population Size, and the 1890 Ghost Dance." *American Sociological Review* 40:88-96.

Thucydides. [Ca. 420 B.C.E.] 1954. *The Peloponnesian War.* London: Penguin.

Thurston, Bonnie Bowman. 1989. *The Widows: A Women's Ministry in the Early Church.* Minneapolis: Fortress Press.

Toby, Jackson. 1957. "Social Disorganization and Stake in Conformity: Complementary Factors in the Predatory Behavior of Hoodlums." *Journal of Criminal Law, Criminology, and Police Science* 48:12-17.

Troeltsch, Ernst. [1911] 1931. *The Social Teachings of the Christian Churches.* American ed. New York: Macmillan.

Volinn, Ernest. 1982. "Lead Us from Darkness." Ph.D. diss., Columbia University.

von Hertling, L. 1934. "Die Zahl der Christen zu Beginn des vierten Jahrhunderts." *Zeitschrift für Katholische Theologie* 58:245-264.

Wallace, Anthony F. C. 1956. "Revitalization Movements." *American Anthropologist* 58:264-281.

———. 1966. *Religion: An Anthropological View.* New York: Random House.

Wallis, Roy, ed. 1975. *Sectarianism.* New York: Wiley.

———. 1982. *Millennialism and Charisma.* Belfast: The Queen's University.

Walsh, Joseph. 1931. "Refutation of the Charges of Cowardice against Galen." *Annals of Medical History* 3:195—208.
Walsh, Michael. 1986. *The Triumph of the Meek: Why Early Christianity Succeeded.* San Francisco: Harper and Row.
Warner, R. Stephen. 1993. "Work in Progress toward a New Paradigm for the Sociological Study of Religion in the United States." *American Journal of Sociology* 98:1044-1093.
Watt, W. Montgomery. 1961. *Muhammad: Prophet and Statesman.* London: Oxford University Press.
Weber, Max. 1946. "The Sociology of Charismatic Authority." In *From Max Weber: Essays in Sociology,* edited by H. H. Gerth and C. Wright Mills, 245-252. New York: Oxford University Press.
_____. 1961. "Religion and Social Status." In *Theories of Society,* edited by Talcott Parsons, Edward Shills, Kaspar D. Naegele, and Jesse R. Pitts, 1138-1161. New York: The Free Press.
Weiner, Eugene, and Anita Weiner. 1990. *The Martyr's Conviction: A Sociological Analysis.* Atlanta: Scholars Press.
Weiss, Johannes. [1937] 1959. *Earliest Christianity: A History of the Period A.D. 30-150.* 2 vols. New York: Harper Torchbooks.
White, K. D. 1984. *Greek and Roman Technology.* London: Thames and Hudson.
White, L. Michael. 1985. "Building God's House: Social Aspects of Architectural Adaptation among Pagans, Jews, and Christians." Paper presented at the annual meeting of the Society of Biblical Literature.
White, L. Michael. 1986. "Adolf Harnack and Early Christian 'Expansion': A Reappraisal of Social History." *Second Century* 5:97-127.
_____. 1987. "Scaling the Strongman's 'Court'(Luke 11:21)." *Foundations and Facets Forum* 3:3-28.
_____. 1990. *Building God's House in the Roman World: Architectural Adaptions among Pagans, Jews, and Christians.* Baltimore: Johns Hopkins University Press.
_____, ed. 1992. *Social Networks in the Early Christian Environment: Issues and Methods for Social History. Semeia* 56. Atlanta: Scholars Press.
Wilken, Robert L. 1971. *Judaism and the Early Christian Mind.* New Haven: Yale University Press.
_____. 1983. *John Chrysostom and the Jews.* Berkeley and Los Angeles: Uni-

versity of California Press.

———. 1984. *The Christians as the Romans Saw Them*. New Haven: Yale University Press.

Williams, Michael. 1985. *The Immovable Race: A Gnostic Designation and the Theme of Stability in Late Antiquity*. Nag Hammadi Studies, vol. 29. Leiden: E. J. Brill.

Wilson, Bryan. 1961. *Sects and Society*. Berkeley and Los Angeles: University of California Press.

———. 1970. *Religious Sects*. New York: McGraw-Hill.

———. 1975. *Magic and the Millennium*. Frogmore, England: Paladin. Wire, Antoinette Clark. 1991. "Gender Roles in a Scribal Community." In *Social History of the Matthean Community*, edited by David L. Balch, 87-121. Minneapolis: Fortress Press.

Wrigley, E. A. 1969. *Population and History*. New York: McGraw-Hill.

Wuthnow, Robert. 1976. *The Consciousness Reformation*. Berkeley and Los Angeles: University of California Press.

Zinsser, Hans. [1934] 1960. *Rats, Lice and History*. New York: Bantam.

찾아보기

***

70인역(septuagint) 94, 101
A. R. 번(A. R. Burn) 283
E. A. 저지(E. A. Judge) 55, 317
E. R. 도즈(E. R. Dodds) 293, 295, 299, 309
H. 리처드 니버(H. Richard Niebuhr) 61
J. B. 리브스(J. B. Rives) 297
J. C. 러셀(J. C. Russell) 20, 151, 324
L. 마이클 화이트(L. Michael White) 10, 12, 25, 226, 315
L. 폰 헤르틀링(L. von Hertling) 22, 23
W. H. C. 프렌드(W. H. C. Frend) 98, 102, 105, 268
W. M. 램지(W. M. Ramsay) 59
가디르(Gadir)카디즈(Cadiz) 200, 203, 207, 326
가이사랴 마리티마(Caesarea Maritima) 200, 203, 207, 210, 212, 278
갈레리우스 황제(Galerius) 29
갈렌(Galen) 119, 134, 138, 161, 175, 246
개종(Conversion) 17-52, 90-92, 154-157
개혁파 유대교(Reform Judaism) 87-88, 111
거드 타이센(Gerd Theissen) 58, 96
거하드 메이(Gehard May) 104
게오르그 슈트렉커(Georg Strecker) 103
고린도(Corinth) 200, 203, 206, 207, 210, 218, 226
고린도의 디오니시우스(Dionysius of Corinth) 27

그레이든 F. 스나이더(Graydon F. Snyder) 26
김영운(Kim Young Oon) 36
낙태(Abortion) 182-185, 189-191
네로 황제(Nero) 268, 278
네이든 글레이저(Nathan Glazer) 84, 85
네트워크(network) 사회적(social) 43-46, 91-93, 99-109, 117, 288
누마 데니스 퓌스텔 드 쿨랑주(Numa Denis Fustel de Coulanges) 222
다메섹(Damascus) 200, 203, 207, 210
다원성(Pluralism) 288-293, 295-298, 303
대니얼 P. 모이니한(Daniel P. Moynihan) 84, 85
대런 셔르캇(Darren Sherkat) 12
데이빗 마르틴(David Martin) 156
데이빗 브롬리(David Bromley) 12
데이빗 L. 발취(David L. Balch) 12
델피(Delphi) 151
도널드 W. 리들(Donald W. Riddle) 247
도미티아누스 황제(Domitian) 185
도시(Cities): 취사 및 열원(cooking and heating in) 227; 범죄(crime in) 222, 223, 235, 241; 인구 밀도(density of population in) 225, 226; 지진(earthquakes in) 226, 238, 239, 242; 역병 및 건강 (epidemics and health in) 223, 232, 238, 239, 233, 234, 242; 인종별 거주 구역 및 분열(ethnic areas and conflicts in) 236,

237; 화재(fires in) 228, 238-239, 242; 주택(housing in) 223, 225, 227; 벌레 및 기생충(insects and parasites in) 231, 232; 신참자(newcomers in) 235, 236, 237, 241; 폭동(riots in) 237, 238, 239, 242; 위생 및 하수도(sanitation and sewers in) 222, 223, 228, 230; 거리(streets in) 223, 226, 227, 230, 231, 233; 물(water in) 223, 228-229, 231
디아스포라(Diaspora) 82, 93-109, 111, 208-211, 320
디오 카시우스(Dio Cassius) 151, 163
디오클레티아누스 황제(Diocletian) 29
램지 맥멀른(Ramsay MacMullen) 218, 237, 288, 291, 298, 302, 311, 319
런던(London) 200, 203, 207
레이몬드 커리(Raymond F. Currie) 21
로널드 호크(Ronald Hock) 10, 44, 45, 205
로렌스 E. 스테이거(Lawrence E. Stager) 181
로렌스 R. 얀나코네(Laurence Iannaccone) 12, 166, 243, 304, 305, 308, 309, 325
로마(Rome): 공동체(community in) 57, 59, 158; 도시(city in) 57, 157, 199
로마누스(Romanus)245
로버트 L. 윌켄(Robert L. Wilken) 10, 24
로버트 M. 그랜트(Robert M. Grant) 21, 22, 27, 58, 270
로빈 레인 폭스(Robin Lane Fox) 25, 42, 58, 153, 161, 171, 199
로빈 스크록스(Robin Scroggs) 47, 79
로이 월리스(Roy Wallis) 48
로저 바그날(Roger Bagnall) 12, 31-32, 110, 233-234, 296-297

루이스 멈포드(Lewis Mumford) 198
리비우스(Livy) 307
리처드 알바(Richard Alba) 85
마르시아 구텐타그(Marcia Guttentag) 157-158, 160, 170, 195
마르쿠스 아우렐리우스(Marcus Aurelius) 115, 119, 120, 134, 175, 178-179, 190
마르키온(Marcion) 103-105
마르타 소르디(Marta Sordi) 57, 78, 173, 268
마이클 월쉬(Michael Walsh) 174
마이클 헤치터(Michael Hechter) 261
마이클 A. 윌리엄스(Michael A. Williams) 12, 31, 323
막스 베버(Max Weber) 48, 49, 325
메디오라눔(밀란) 199-214
메이슨 해먼드(Mason Hammond) 222
멤피스(Memphis) 199-214
모하메드(Muhammad) 40, 77, 91
몰몬교(말일성도예수그리스도교회) (Mormons)(Church of Jesus Christ of Latter-day Saints) 24, 34, 40, 45, 61, 69-70, 74-75, 77, 91-92, 266, 277
문화적 연속성(Cultural continuity) 90, 96, 208
미누시우스 펠릭스(Minucius Felix) 87, 191
미트라교(Mithraism) 170, 309
바르코바 반란(Bar-Kokhba revolt) 82, 103, 105
바울(Paul) 55, 57, 67-68, 76-77, 96-97, 100, 104, 108, 152-153, 166-169, 171, 174, 188-189, 192, 205, 209, 271, 277-279, 323
박해/핍박(Persecution) '순교자'를 보라
발렌티니아누스 황제(Valentina) 149

배리 코스민(Barry Kosmin) 72
버가모(Pergamum) 199-214
버거 피어슨(Birger Pearson) 213
베드로(Peter) 171, 174, 277, 279-280, 323
베릴 로슨(Beryl Rawson) 180
보니 보우먼 써스톤(Bonnie Bowman Thurston) 169
보상(Rewards) 63-65, 281-283
브라이언 윌슨(Bryan Wilson) 50, 70, 122
빅토르 체리코버(Victor Tcherikover) 95
사데(Sardis) 199-214
사망률(력)(mortality rates) 119-121, 138-142
사춘기(결혼)(Puberty) 162-166
산아 제한(Birth control) 185-186, 191-192
살라미스(Salamis) 199-214, 325
새뮤얼 홀드하임(Samuel Holdheim) 87, 95-96
서머나(Smyrna) 199-214
성자 안토니(Antony) 273-274
성장률(Growth and Growth rates) 19-33, 92-93, 156-157
세네카(Seneca) 180
셜리 잭슨 케이스(Shirley Jackson Case) 28, 247
소(小) 플리니우스(Pliny the Younger) 167, 169, 175, 229, 312
순교(자)(Martyrs) 78, 169, 243-283, 286-288, 312
순응 지분(Stakes in conformity) 38
스탠리 K. 스토워스(Stanley K. Stowers) 12
스파르타(Sparta) 159
시라쿠스(Syracuse) 199-214
시르타(Cirta) 153

신종교(Cults) 41, 60-62, 78
아더 다비 녹크(Arthur Darby Nock) 90, 293, 300
아더 보우크(Arthur Boak) 121, 178-179, 233
아돌프 하르낙(Adolf Harnack) 34, 59, 136, 152-153, 172-173, 201, 203, 209, 213-214, 288, 315
아리스토텔레스(Aristotle) 135, 181, 185, 300
아미크(Amik) 230
아브라함 J. 말러비(Abraham J. Malherbe) 58
아우구스토두눔(Augustodunum)(오탱)(Autun) 200, 203, 207
아우구스투스 황제(Augustus) 177, 180
아울루스 코르넬리우스 켈수스(Aulus Cornelius Celsus) 183
아일린 바커(Eileen Barker) 70
아타나시우스(Athanasius) 273
아테네(Athens) 132-133, 158-160, 199-203, 206-207, 210, 236
아파미아(Apamea) 199-212
안디옥(Antioch) 45, 162-174, 221-242
안디옥의 이그나티우스(Ignatius of Antioch) 59, 174, 269-273, 282
알렉산드리아(Alexandria) 13, 93, 97, 117, 121, 128, 133, 152, 167, 190, 192, 199, 203, 206, 210, 212, 273, 297
알렉산드리아의 디오니시우스(Dionysius of Alexandria) 27, 117, 121, 128, 133
알렉산드리아의 클레멘트(Clement of Alexandria)13, 167, 192
애착(관계)(Attachments) 37-40, 43, 142-145, 209 또한 네트워크를 보라.
앤토니 F. C. 월리스(Anthony F. C. Wal-

lace) 122, 123
앨런 시걸(Alan Segal) 319, 320
어빙 헥샘(Irving Hexham) 21
어윈 R. 구디너프(Erwin R. Goodenough) 22, 55
에데사(Edessa) 200, 203, 207, 213
에드워드 기번(Edward Gibbon) 22, 58
에릭 마이어스(Eric Meyers) 102, 109
에밀 뒤르켐(Emile Durkheim) 306
에베소(Ephesus) 199, 203, 207, 210, 212, 270
에브라임 아이작(Ephraim Isaac) 112
역병(전염병)(Epidemics) 115-147, 178, 223, 238-239, 252, 242, 315
영아 살해(infanticide) 150, 154, 159, 160, 180-182, 189, 191, 195, 315
영지주의(영지파)(Gnostics) 211-216
예수(Jesus) 40, 75-76, 90, 135, 275-280
오리겐(Origen) 21, 113, 168
요하네스 바이스(Johannes Weiss) 112
요한 크리소스톰(John Chrysostom) 106, 107
웨인 믹스(Wayne Meeks) 9, 69, 169, 171, 197, 318
윌리엄 슈델(William Schoedel) 270, 282
윌리엄 심스 베인브리지(William Sims Bainbridge) 60, 155, 300, 306
윌리엄 H. 맥닐(William H. McNeal) 118, 120, 121, 126, 139
윌리엄 R. 개럿(William Garrett) 12
유대교(Judaism) 75, 81-113, 181
유대인(Jews) 10, 43, 81-113, 또한 디아스포라를 보라
유세비우스(Eusebius) 13, 18, 28, 33, 117, 162, 243-246, 268
유일신교(Monotheism) 300-302

유진과 애니타 와이너(Eugene and Anita Weiner) 274
율리아누스 황제(Julian) 131, 132, 137, 283
율리우스 시저(Julius Caesar) 177
이교도(Pagans) 28, 124-125, 130-138, 291-303, 306-311, 323
이시스(Isis) 217, 284, 292, 293, 297, 298, 309
자로슬라브 펠리컨(Jaroslav Pelikan) 315
재활성화 운동(Revitalization movements) 123, 241, 315, 319
잭 린제이(Jack Lindsay) 151, 186
장 다니엘루(Jean Danielou) 57
제롬 카르코피노(Jerome Carcopino) 223, 228, 230, 231, 235
조셉 스미스(Joseph Smith) 40, 69, 91, 236, 237
조앤 B. 타운센드(Joan B. Townsend) 21
족내혼(endogamy) 171
족외혼(exogamy) 19, 171, 175, 177, 195
존 로플랜드(John Lofland) 35, 39, 42, 92, 262
존 엘리엇(John Elliot) 10
존 A. T. 로빈슨(John A. T. Robinson) 275
종교 경제(Religious economy) 11, 286, 289-291, 297, 304
종교 포트폴리오(Religious portfolio) 286, 305, 307-308
종교적 보상장치(religious compensators) 65, 68, 250-258, 304, 306, 308
종파(Sects) 49-50, 60-76, 262-264, 288, 291
주변성(Marginality) 86-88, 95-96, 101, 111
집사(여집사)(Deacon, deaconess) 167-

169
천연두(Smallpox) 115-116, 120-121
출산력(Fertility) 19, 177-195
카르타고(Carthage) 117, 121, 198-215, 297
카를 카우츠키(Karl Kautsky) 55
카리스마(Charisma) 48-49
칼리스투스(Callistus) 154, 171-172
캐롤린 오시크(Caroline Osiek) 10
케이스 홉킨스(Keith Hopkins) 162-165
코넬리스 타키투스(Cornelius Tacitus) 30, 57, 163, 178-191, 268
코르도바(Cordova) 200, 203, 207
콘스탄티누스(Constantine) 21-22, 28-29, 293, 312
퀸투스 마케도니쿠스(Quintus Macedonicus) 179
크리스천사이언스(Christian Science) 35, 70, 155
클라이언트 신종교(Client cults) 306-308
클로드 S. 피셔(Claude S. Fischer) 203-204, 213, 216
키프리안(Cyprian) 117, 121, 127-128, 137-138
터툴리안(Tertullian) 136, 173-174, 183, 187, 282, 295, 310, 321
터티우스 챈들러(Tertius Chandler) 198-199
토마스 로빈스(Thomas Robbins) 307
통일교(문선명) 36, 70
투키디데스(Thucydides) 132-134
트라야누스(Trajan) 167, 177, 269
팀 헤게두스(Tim Hegedus) 297
퍼피츄아(Perpetua) 320
폴 세코르드(Paul Secord) 157-158, 160, 170, 195

폴 존슨(Paul Johnson) 93, 104
폴리캅(Polycarp) 272
폼페이(Pompeii) 114, 226, 299-300, 308
폼포니아 그레시나(Pomponia Graecina) 57, 172
프란츠 퀴몽(Franz Cumont) 292
플라톤(Plato) 98, 181, 185, 317
플루타르크(plutarch) 163, 165-166
피에르 슈뱅(Pierre Chuvin) 19
피츠버그 강령(Pittsburgh Platform) 87
피터 브라운(Peter Brown) 42, 146, 154, 169, 176, 272
피학성(Masochism) 246-247
필로(Philo) 97-100
하나님 경외자들(God-fearers) 95-96, 108, 208, 302, 320
하레 크리슈나(Hare Krishna) 21, 89
하워드 클라크 키(Howard Clark Kee) 10
하인츠 크라이시히(Heinz Kreissig) 58
한스 진세르(Hans Zinsser) 114, 119
한스 콘젤만(Hans Conzelmann) 21
합리적 선택 이론(Rational choice theory) 248-249, 256, 266-267
헨리 머로우(Henry Marrou) 58
헨리 채드윅(Henry Chadwick) 154-155, 161, 287, 293
홍역(Measles) 116

옮긴이_ **손현선**

연세대 영어영문학과와 한국외국어대학원을 졸업하고 주한미국대사관 공보원 수석 통역사로 일했다. 역서로는 『하나님은 어떻게 예수가 되셨나』, 『매티노블의 조선회상』, 『리비아는 네 거야』(좋은씨앗) 등이 있다.